GESTÃO DA CULTURA CORPORATIVA
Como as organizações de alto desempenho gerenciam sua cultura organizacional

www.editorasaraiva.com.br

Sílvio Luiz Johann
Professor de pós-graduação da fundação Getúlio Vargas e da
Universidade de Belgrano (Buenos Aires)

GESTÃO DA CULTURA CORPORATIVA

Como as organizações de alto desempenho gerenciam sua cultura organizacional

Rua Henrique Schaumann, 270
Pinheiros – São Paulo – SP – CEP: 05413-010
PABX (11) 3613-3000

SAC | 0800-0117875
De 2ª a 6ª, das 8h30 às 19h30
www.editorasaraiva.com.br/contato

Diretora editorial	Flávia Alves Bravin
Gerente editorial	Rogério Eduardo Alves
Planejamento editorial	Rita de Cássia S. Puoço
Editoras	Luciana Cruz
	Patricia Quero
Produtoras editoriais	Daniela Nogueira Secondo
	Rosana Peroni Fazolari
Comunicação e produção digital	Nathalia Setrini Luiz
Suporte editorial	Najla Cruz Silva
Arte e produção	Setup Bureau Editoração Eletrônica
Capa	Alexandre Rampazzo
Imagem da capa	Photonica
Produção gráfica	Liliane Cristina Gomes
Atualização da 5ª tiragem	Join Bureau
Impressão e acabamento	Gráfica Paym

ISBN 978-85-02-04251-3

CIP-BRASIL. CATALOGAÇÃO NA FONTE
SINDICATO NACIONAL DOS EDITORES DE LIVROS, RJ.

Johann, Sílvio Luiz
  Gestão da cultura corporativa : como as organizações de alto desempenho gerenciam sua cultura organizacional / Sílvio Luiz Johann. – São Paulo : Saraiva, 2004.
  Bibliografia.
  ISBN 978-85-02-04251-3
  1. Administração de empresas 2. Corporações. 3. Cultura organizacional I. Título. II. Título : Como as organizações de alto desempenho gerenciam sua cultura organizacional.

03-2410   CDD-658.001

Copyright © Sílvio Luiz Johann
2010 Editora Saraiva
Todos os direitos reservados.

1ª edição
1ª tiragem: 2004
2ª tiragem: 2005
3ª tiragem: 2006
4ª tiragem: 2009
5ª tiragem: 2014

Nenhuma parte desta publicação poderá ser reproduzida por qualquer meio ou forma sem a prévia autorização da Editora Saraiva. A violação dos direitos autorais é crime estabelecido na lei nº 9.610/98 e punido pelo artigo 184 do Código Penal.

351.651.001.005

SOBRE O AUTOR

Sílvio Luiz Johann
Johann@editorasaraiva.com.br

Professor convidado do programa de pós-graduação FGV Management, da Fundação Getulio Vargas. Doutorando em Organizações e Recursos Humanos pela Faculdade de Psicologia Social na Universidade de Barcelona, Espanha. Mestre em Administração (PPGA). Consultor organizacional em diversas empresas e instituições, dentre as quais a Usiminas, o Ministério da Educação da Argentina e a Organização dos Estados Americanos — OEA. Docente convidado da Universidad de Belgrano (Buenos Aires). Suas áreas de interesse são a Liderança e o Desenvolvimento de Equipes de Alto Desempenho e a Gestão da Cultura Organizacional.

APRESENTAÇÃO

No contexto altamente competitivo e em mutação acelerada que caracteriza o mundo dos negócios na atualidade, as organizações se vêem confrontadas com uma nova realidade, em que os valores sociais se mostram cambiantes, ou seja, há uma profusão de novas idéias e teorias e, principalmente, impera o advento de renovadas abordagens na tecnologia de gestão organizacional. A intensidade e a velocidade das mudanças são tão acentuadas que, inegavelmente, é difícil para as organizações em geral acompanhar o chamado *pulsar do mercado*. O que, constantemente, está sendo colocado à prova é a capacidade cultural de cada empresa de oferecer respostas efetivas aos novos desafios. Nesse cenário, saudamos a publicação do presente livro, tanto pela atualidade do tema como pela oportunidade que oferece de descortínio das características — e, também, do manejo — da cultura organizacional das melhores e maiores empresas que atuam no Brasil.

Certamente, esta obra fortalecerá a tendência de afastamento gradativo dos profissionais que atuam em organizações — consultores, executivos e outros — de uma visão de mundo que considera a cultura de uma empresa como decorrente exclusivamente de um processo natural ou de uma espécie de geração espontânea, que vai modelando as crenças e os valores da organização ao longo do tempo. Nessa concepção, um tanto quanto obsoleta, mas que ainda prevalece, a empresa fica prisioneira da sua cultura, num vôo cego em que a organização apresenta grandes dificuldades para distinguir, questionar e aprimorar conscientemente os seus valores culturais. Esses profissionais, julgamos, continuarão a se aproximar de outra vertente do pensamento, moderna, na qual se insere o presente livro, que defende com convicção e com substância a idéia de que a cultura organizacional pode — e deve — ser convenientemente gerenciada. Aliás, reforçando essa tendência, a grande mídia tem repercutido o fato de que muitos empresários e executivos de renome, como Jack Welch e Ricardo Semler, para ficarmos com apenas dois exemplos, têm-se dedicado de corpo e alma à gestão planejada da cultura das suas organizações.

Para nós, que temos como responsabilidade coordenar uma instituição direcionada à educação no campo da Administração de alto nível, a iniciativa de Sílvio Johann — professor-convidado da Fundação Getulio Vargas — oferece um inestimável suporte para que ocorra uma transposição do que é abordado em sala de aula para a prática cotidiana das empresas. Além de identificar traços característicos da cultura organizacional das empresas de elevado desempenho, este livro permite conhecer como essas empresas ativam os seus mecanismos de gerenciamento da cultura, como os rituais organizacionais, os modelos sociais e outros.

Esperamos, sinceramente, que os leitores façam um bom uso do conteúdo deste livro!

Dr. Norman de Arruda Filho
Superintendente do ISAE/FGV — Instituto Superior de
Administração e Economia, da Fundação Getulio Vargas

Prefácio

Sexta-feira à tardinha, numa capital do Norte do Brasil. O táxi desliza suavemente sobre o asfalto. Chegamos ao nosso destino: uma instituição educacional de elite no centro da cidade. Diretores e coordenadores nos recepcionam. Cumprimentos. Cordialidade. Levam-nos até o segundo andar do prédio, aonde os alunos começam a chegar. Analisamos a relação com o perfil da turma: pessoas com formação acadêmica diversificada — engenheiros, administradores, psicólogos, analistas de sistemas. A maioria com muita vivência profissional. Executivos e diretores. Todos em busca de novos conhecimentos. Empregabilidade. Realização pessoal e profissional. São 19h e, junto com o fim de semana, está começando nosso contato direto com a realidade de dezenas de empresas de todos os portes, públicas e privadas, brasileiras e multinacionais. E ali também começa este nosso livro.

Início da aula. As expectativas são altas; afinal, estamos em um curso MBA recentemente classificado entre os melhores do país. Mostramos o nosso plano de vôo — a disciplina é eminentemente prática, voltada para resultados. Muitos casos, testes, debates e exercícios em grupo. Os alunos se sentem motivados a participar ativamente. E manter esse entusiasmo ao longo de todo o dia de sábado e boa parte do domingo será o segredo do sucesso.

Começa a aula e, com ela, a nossa missão pessoal: contribuir para o aperfeiçoamento das práticas de gestão organizacional e, de certa forma, para a melhoria econômica e social do nosso país. Determinamos a primeira atividade para os grupos. A partir de então, o tempo será o senhor do nosso destino...

Domingo à tarde. A turma trabalhou bem. Os temas fluíram. Estamos nos momentos finais. Os conceitos, as análises e os debates ganham nova cor e significado. Os participantes comentam o que farão no dia seguinte: reuniões com seus pares, novas leituras... Sentimo-nos gratificados, mas lançamos mais um desafio aos alunos. Propomos o desenvolvimento de um trabalho extraclasse, pragmático, real: um diagnóstico. A formulação de um plano de ação para revalorar as práticas da empresa de cada um. Tiramos dúvidas, negociamos datas. Descontração. Alívio por ter valido a pena investir um fim de semana ensolarado nessa aprendizagem. Despedidas, abraços, afeto, agradecimentos. Fizemos amigos. Fizemos diferença.

Madrugada de segunda-feira. Acordamos com o avião tocando a pista em Brasília. Conexão demorada. Novo embarque, mais uma ou duas escalas. E essa será a rotina de uma agenda carregada para as próximas semanas — aulas em Campinas, João Pessoa, Joinvile, Ipatinga, Manaus, Ponta Grossa, Santo André, Blumenau, São Luís (do Maranhão), Macapá, Natal, Belo Horizonte, Curitiba. Outros desafios nos esperam. Muitos tomadores de decisão passarão a fazer reflexões semelhantes. E, nos cursos *in company*, os participantes usufruirão a vantagem de ter uma mesma empresa como objeto de análise.

Lar, doce lar. Ao longe, da janela do nosso *home-office*, avistamos o estuário do rio Guaíba, que na realidade é um lago. Estamos transitoriamente em nossa base. Telefonemas, recados, e-mails. Plugados diretamente à FGV no Rio de Janeiro, conveniados com todos os Estados. Contatos com alunos de todo o Brasil. Revisão de provas, novas apostilas e exercícios. Pressão de prazos. Senso de urgência. O ritmo de vida não se detém; ao contrário, mostra-se inabalável e implacável. Buscamos consolo nas memórias do guru e mestre Peter Drucker, que assegura ter atravessado, em sua vida profissional, um período no qual proferia mais de 60 palestras anuais no interior dos Estados Unidos, a maioria em universidades locais, num tempo em que *viajar significava passar noites e mais noites em ônibus-pullmann sacolejantes, sendo jogado de uma cidade para outra [...], mas essas aulas e conferências eram a melhor maneira de ver e conhecer o país*[1].

Nossa parceria com a FGV já completou vários anos. Nesse período, convivemos em sala de aula com milhares de alunos. Compartilhamos — e também agregamos — conhecimento com eles. Com suas análises, recolhemos realidades de centenas de empresas, verificando seus pontos fracos e fortes, inovações e mecanismos criativos. Com foco naquilo *que funciona, que está dando resultados*. E muitas delas são classificadas dentre as maiores empresas que atuam no Brasil — nacionais e multinacionais. Culturas corporativas direcionadas para o alto desempenho, em sua maioria. E, ao aprender com elas, pretendemos compartilhar o conhecimento adquirido.

Este livro insere-se nesse último objetivo.

O Autor

Johann@editorasaraiva.com.br

---

[1] DRUCKER, P. *Reminiscências*: de Viena ao Novo Mundo. São Paulo: Pioneira, 1982. p. 334.

SUMÁRIO

CAPÍTULO 1
A CULTURA CORPORATIVA E O ALTO DESEMPENHO

Objetivos 1
Introdução 1
Estudos sobre a cultura corporativa e o desempenho empresarial 4
A cultura organizacional pode ser gerenciada? 8
    Reflexão sobre a desimportância estratégica da gestão da cultura
    organizacional 9
Fundamentos da cultura corporativa 10
    Culturas densas, subculturas e contracultura organizacional 10
A figura do mito/herói organizacional 11
    As empresas públicas, o vácuo cultural e a influência da cultura popular 12
Identificação dos mitos/heróis organizacionais 14
O legado cultural do piloto e do camelô 15
Caso para discussão: SBT – Sistema Brasileiro de Televisão 17
Resumo 20
Glossário/Conceitos-chave 22
Análise da cultura da sua empresa 23
Leitura recomendada 23

CAPÍTULO 2
A ESTRUTURA DA CULTURA CORPORATIVA

Objetivos 25
Introdução 25
Constructo da cultura corporativa 27
O *self* organizacional e a zona de sombras 28
    Conformações do *self*/zona de sombras organizacional 29
    E como lidar com o *self*/zonas de sombras? 35
Ideologia central 36
Força motriz organizacional 39

A internalização de novos valores adjacentes 42
Caso para discussão: Caixa Econômica Federal 50
Resumo 52
Glossário/Conceitos-chave 53
Análise da cultura da sua empresa 54
Leitura recomendada 54

CAPÍTULO 3

REVALORAÇÃO DA CULTURA CORPORATIVA

Objetivos 55
Introdução 55
   "Manter e mudar" 56
   Visão sistêmica da revaloração 56
Modelo conceptual de revaloração da cultura corporativa 57
Mecanismos básicos de gerenciamento da cultura corporativa 63
   Pesquisa-ação de clima organizacional 64
   Como estruturar uma pesquisa-ação de clima organizacional 66
   Rituais corporativos 68
   Executivos e líderes como modelos sociais 71
   Construção do modelo social: gestores da mudança 72
   Atributos desejáveis no modelo social 73
   O que se espera de um gestor de mudanças 75
   Formação de sucessores e liderança 76
   Comunicação/ações de endomarketing 76
   Instrumentos e ações de endomarketing 77
   Delimitando o público interno 78
   Estratégias de endomarketing a serviço da cultura 79
      Compartilhamento da ideologia central e dos novos valores adjacentes . . 79
      Atração, retenção e doutrinamento de talentos 80
      Fomento das bases da cultura de alto desempenho 80
      Positivação da imagem institucional — interna e externa 81
   Internalização de padrões comportamentais na interação com os
   clientes internos e externos 83
      Skinner e os padrões comportamentais 85
Caso para discussão: Usiminas 91
Resumo 95
Glossário/Conceitos-chave 97
Análise da cultura da sua empresa 99
Leitura recomendada 99

Sumário

XIII

CAPÍTULO 4

MECANISMOS AVANÇADOS DE REVALORAÇÃO DA CULTURA CORPORATIVA

Objetivos 101
Introdução 102
Reaprendizagem organizacional 103
    Ativação dos sensores externos da cultura corporativa 105
    Ancoragem das mudanças na cultura corporativa 106
Gestão de talentos 108
    Montagem do portfólio de executivos 108
    Educação corporativa 111
Cidadania corporativa 111
Gestão participativa 114
    Compreendendo a natureza da administração participativa 116
    R. Semler e J. Welch: os arautos da nova cultura organizacional . . 119
A matriz de indicadores e a quinta perspectiva do *balanced scorecard* 121
Caso para discussão: Norberto e a Organização Odebrecht 131
Resumo 135
Glossário/Conceitos-chave 138
Análise da cultura da sua empresa 138
Leitura recomendada 140

CAPÍTULO 5

LIDERANDO A REVALORAÇÃO DA CULTURA CORPORATIVA

Objetivos 141
Introdução 141
Exemplos clássicos de revaloração da cultura 145
A revaloração da cultura na General Electric 150
Administrando a cultura corporativa nas fusões e aquisições 156
O gerenciamento e a liderança da cultura corporativa 160
Caso para discussão: As peripécias, no Brasil, da cultura corporativa da
    AES   – Applied Energy Service 165
Resumo 169
Glossário/Conceitos-chave 170
Análise da cultura da sua empresa 172
Leitura recomendada 172

Referências bibliográficas 173
Índice remissivo 177

Site do Livro

O *site* do livro oferece diversos recursos extras *exclusivos* para o *professor* devidamente cadastrado no endereço www.saraivauni.com.br, como transparências e banco de testes, sempre que possível, agregados a notas de ensino para o professor.

Assim, o exercício para ser desenvolvido em grupos busca sensibilizar os alunos para a possibilidade — e a conveniência — de que a cultura organizacional seja gerenciada de forma planejada. Juntamente com a descrição da atividade, há recomendações para o professor.

As transparências, disponíveis em *slides* de Power Point, trazem os pontos-chave do livro, além de diversas ilustrações e esquemas sobre o assunto. Divididas por capítulo, elas resumem a matéria, ao mesmo tempo que a complementam e proporcionam aplicações práticas e exemplos.

O professor também terá acesso a um banco de testes automatizados, com dezenas de questões sobre o livro, dos mais variados tipos (preencha a lacuna, verdadeiro ou falso, múltipla escolha). Disponível na versão completa e na versão rápida, ele próprio pode montar a prova, além de trazer o gabarito de respostas.

Outro destaque do *site* são os testes de auto-preenchimento, que trazem disponíveis para professores e alunos/leitores em geral, a respectiva pontuação, grade de respostas/tabulação e avaliação, com o objetivo de aproximar os aspectos teóricos de uma abordagem pragmática. Por exemplo, o teste percepção sobre as imagens do *self* organizacional, fundamentado nas idéias de Gareth Morgan, é uma interessante aplicação dos aspectos teóricos do *self* organizacional, fazendo com que, mediante a análise de uma determinada empresa (de escolha livre), o aluno possa exercitar sua percepção sobre esta faceta importante da cultura organizacional. Já o teste de identificação da força motriz organizacional, baseado nas idéias de Tregoe e Zimmermann, analisa a força motriz de uma dada empresa.

O *site* também conta com um guia de estudo, com gabarito de respostas. Um dos objetivos ao tecer as perguntas e respostas que fazem parte desta seção foi esclarecer as dúvidas mais freqüentes com relação à gestão da cultura organizacional.

O caso do *site* é um amplo estudo sobre uma das mais admiradas empresas da atualidade: a General Electric. Devido à sua complexidade, ele pode ser respondido em grupo e utilizado em vários capítulos do livro. Há ainda questões para incentivar o debate e sugestões de respostas.

Capítulo 1

A CULTURA CORPORATIVA E O ALTO DESEMPENHO

Objetivos

- Ampliar a base de informações do leitor sobre a correlação entre cultura corporativa e o alto desempenho organizacional.

- Fazer com que o leitor perceba que há resistências e preconceitos que geralmente tendem a inibir o gerenciamento planejado da cultura organizacional.

- Proporcionar discernimento sobre as diferenças entre subculturas e contracultura organizacional.

- Reconhecer a influência e a importância do mito/herói na formatação da cultura corporativa.

Introdução

Numa visita ao Novo México, o psicanalista suíço Carl Gustav Jung[1] entrou em contato com um cacique indígena da tribo Pueblo. Nesse encontro, o cacique descreveu a Jung o espanto que lhe inspiravam os brancos:

> Seus lábios são delgados, o nariz pontudo, o rosto todo enrugado. Seus olhos têm uma expressão de espanto; eles estão sempre procurando alguma coisa. Estão sempre inquietos e descontentes. O que será que estão procurando? Nós não sabemos o que eles querem. Não conseguimos entendê-los. Nós achamos que eles são loucos.

---

[1] STEVENS, A. *Jung*: sua vida e pensamento. Petrópolis: Vozes, 1993. p. 388-389.

Jung lhe perguntou por que ele achava que os brancos eram loucos:

*Eles dizem que pensam com a cabeça, mas nós pensamos **aqui**, respondeu-lhe o cacique, apontando para o coração.*

Naquela oportunidade, Jung reforçou a sua convicção íntima de que a primazia de *pensar com a cabeça*, que havia possibilitado à cultura ocidental o domínio do mundo por meio da ciência, da tecnologia e da força das armas, também havia bloqueado a capacidade de *pensar com o coração* e de viver pela alma, originando uma grande sensação de tédio e de vazio. Tradicionalmente, as pessoas sempre procuraram compensar essa falta de sentido da sua existência com a prática religiosa, e é inegável que a religião vem cumprindo essa nobre e importante função na sociedade. Tão importante que Jung chegou a afirmar que, dentre todos os seus pacientes com mais de 35 anos, não havia um sequer cujo problema, em última análise, não fosse o de procurar e encontrar uma visão religiosa da vida. Para ele, essa era uma dificuldade coletiva da cultura ocidental.

Por outro lado, como o ambiente das grandes corporações empresariais é uma espécie de microcosmo da sociedade, nele também se encontra presente a angústia do ser humano, com a falta de sentido existencial e com as emoções muitas vezes sufocadas pelo mundo dos números e da razão. De fato, a palavra *corporação* suscita imagens de autoridade, burocracia, competição, poder e lucro[2]. O termo também evoca imagens de máquinas, em que prevalece a cadeia de comando entrelaçada por *superiores* dirigindo *subordinados*. Para suprir a carência dos indivíduos de religarem-se a algo superior e encontrarem um sentido para a sua existência, em muitas corporações a cultura organizacional passa a assumir o papel que a religião ocupa na sociedade, tornando-se uma espécie de religião corporativa. Não se trata de blasfêmia ou de uma afirmação inconseqüente; não estamos defendendo a idéia de que a cultura de uma empresa possa levar a Deus ou que tenha caráter sagrado ou divino. Mas não há como negar que muitas corporações consolidaram seus mitos, cristalizaram seus dogmas, suas crenças, seus valores e, por meio de rituais e do estabelecimento de códigos de moral e de conduta — assim como as religiões —, criaram uma identidade comum a seus integrantes.

Cultura: religião corporativa?

Desse modo, a cultura corporativa, quando bem trabalhada — ou gerenciada —, oferece um sentido de *pertencência* às pessoas que atuam na mesma organização, dando-lhes um profundo significado em comum, na forma de uma visão de futuro, de objetivos e de metas desafiadoras. Não há lugar para o vazio, para

---

[2] STEVENS, 1993, p. 388-389.

A Cultura Corporativa e o Alto Desempenho

o tédio e para a desesperança. Assim como nas religiões, de maneira geral, quando a cultura de uma empresa é bem administrada, ao longo do tempo leva à formação de um exército de devotados colaboradores que, conforme o caso, podem atingir o limiar da fanatização. Não há como escapar do fato de que uma cultura corporativa bem gerida pode apresentar uma forte correlação com produtividade e lucro; afinal, assim evidenciam as pesquisas fundamentadas, como veremos mais adiante, e nessa direção apontam a própria lógica e o senso comum.

Recentemente, numa grande cidade brasileira, dois executivos descem do táxi e dirigem-se a passos largos para o edifício-sede da rede de supermercados Supereco, no qual os aguarda uma importante reunião de negócios. Como diretores de uma corporação européia interessada em expandir suas atividades no Brasil, eles vão participar de uma importante rodada de negociações.

Já na sala de reuniões, decorada com obras de arte, são apresentados ao grupo do primeiro time da empresa anfitriã. Troca de cumprimentos formais, protocolares, e o convite para iniciar a reunião. Por um momento, todos ficam de pé ao redor de uma gigantesca mesa oval e, quando os dois visitantes fazem menção de sentar-se, todos os representantes da rede de supermercados perfilam-se, erguem seus punhos para o alto e, em uníssono, lançam um verdadeiro brado de guerra, que ecoa no ambiente:

— Supereeecoooo!!!

Esse episódio real, embora o nome da empresa seja fictício, representa o sonho de todo empresário ou executivo competente, mas que só poucos conseguem vivenciar na realidade: dispor de um quadro funcional leal, devotado, profundamente comprometido com a sua organização. E qual o dirigente que nunca idealizou que ao simples estalar dos dedos planos e decisões saíssem do papel e ganhassem o entusiasmo dos demais colaboradores? Melhor ainda, que a iniciativa pelas melhorias partisse dos próprios funcionários, num ritmo de autopropulsão organizacional?

Num passado recente, com mercados estáveis e clientes fidelizados, talvez não fosse tão importante dispor dessa devoção. Atualmente, contudo, com o mundo se organizando em torno de grandes corporações, cujos processos globalizantes são de tal modo complexos que desestabilizam seu próprio ambiente[3], esse recurso pode-se tornar um diferencial competitivo.

---

[3] HOBSBAWM, E. *O novo século*. São Paulo: Companhia das Letras, 2000.

Modismos

Nesse acelerado processo de mudança, as empresas em geral têm-se defendido como podem, aderindo à reengenharia, ao *benchmarking*, ao *seis sigmas*, ao *downsizing* e a outras novas receitas que lhes acenem com a sobrevivência do negócio. Sem entrar no mérito da questão, o fato é que essas alternativas apresentam severas limitações quando se trata de obter um elevado e permanente grau de comprometimento por parte dos colaboradores. Até porque algumas delas causam danos irreversíveis à relação de confiança mútua entre capital e trabalho, ruptura essa que pode significar a verdadeira diferença entre o sucesso e o insucesso da empresa. E do seu sonho de alcançar patamares de alto desempenho.

■ ESTUDOS SOBRE A CULTURA CORPORATIVA E O DESEMPENHO EMPRESARIAL

Na década de 1990, as conceituadas Harvard Business School e Stanford University deram guarida a pesquisas que procuraram comprovar — e conseguiram — que o alto nível de devoção era um dos maiores responsáveis por vantagens competitivas de longo prazo, advindas do comprometimento das pessoas com os valores e as práticas de suas empresas. A seguir, trataremos de alguns aspectos interessantes evidenciados por essas pesquisas.

Pesquisa da HARVARD BUSINESS SCHOOL

Na pesquisa da Harvard Business School, coordenada por John Kotter e James Heskett[4], 202 empresas norte-americanas, de 22 setores industriais, foram hierarquizadas conforme sua maior ou menor *força cultural*. Para tanto, foi utilizada uma escala de 1 a 5, na qual o grau 1 representava cultura densa e direcionamento para o alto desempenho. Eis alguns exemplos: Wal-Mart (1,12), DuPont (1,32), IBM (1,34).

A partir dos vários estudos comparativos e casos analisados, os autores afirmaram que a cultura corporativa de alto desempenho é, ao mesmo tempo, *densa* — compartilhada por todos, na organização — e *adaptativa/flexível*, por ter a competência necessária para absorver continuamente novos valores culturais.

---

[4] KOTTER, J. P.; HESKETT, J. L. *A cultura corporativa e o desempenho empresarial*. São Paulo: Makron, 1994.

Normalmente, culturas fortes — aquelas com alto compartilhamento de determinados valores essenciais — são associadas a desempenhos excelentes, dada a relativa facilidade de:

- partilhar os mesmos valores e métodos de fazer negócios;
- sujeitar pessoas de diferentes níveis hierárquicos aos mesmos padrões;
- alinhar metas, mesmo em ambientes pluralistas;
- criar níveis incomuns de motivação, lealdade e até fanatização;
- fornecer estrutura e controle, sem necessidade de maior burocracia;
- permitir transições de poder sem maiores sobressaltos.

Porém, um dos resultados mais interessantes das pesquisas de Kotter e Heskett mostra que, se há uma relação positiva entre a força da cultura corporativa e seus resultados econômicos de longo prazo, ela é modesta, o que impede que se possa generalizar a afirmação para todos os casos. E por que isso?

Porque culturas fortes também podem incluir os chamados elementos disfuncionais, que permanecem acobertados ao longo dos anos de bons resultados. O mais perigoso deles é, sem dúvida, uma determinada *zona de sombras* que se estabelece na cultura da empresa e, em alguns casos, pode gerar certa arrogância, capaz de cegar até os mais experientes executivos e levar à rejeição de novas estratégias que poderiam oxigenar e revalorar a própria cultura corporativa. Também o excesso de análise como forma de evitar o risco, os comportamentos centralizadores e burocráticos, a descentralização em *feudos*, as decisões conservadoras em excesso e o nepotismo são alguns desses elementos nefastos a uma cultura sadia.

> Perigos! elementos disfuncionais da cultura

Outra hipótese interessante levantada pela pesquisa é a de que uma empresa com bom desempenho a longo prazo pode gerar e/ou reforçar uma cultura forte, desde que não comece a se tornar arrogante com o sucesso.

A grande contribuição, porém, advém da conclusão de não existir nenhuma cultura vencedora, cujo modelo se adapte a todos os casos, mas uma que se ajusta ao seu contexto. E aí, sim: quanto maior for esse ajuste, mais elevado será o seu desempenho!

> Cultura vencedora

Como receita do sucesso, Kotter e Heskett arriscam sugerir que é preciso ser inflexível em relação a valores centrais da cultura corporativa, bem como flexível em relação à maioria das práticas no que diz respeito a outros valores. Assim, é preciso estimular a adaptabilidade da cultura em relação às mudanças que se verificam no macroambiente. Finalmente, para conduzir esse processo, uma liderança forte é necessária (que será detalhada mais adiante), mas não excessivamente autoritária ou repressora sobre as iniciativas dos níveis organizacionais mais baixos.

Pesquisa da
STANFORD UNIVERSITY

Descobrir o que levou dezoito empresas, líderes nos seus respectivos mercados, com data de fundação anterior ao ano de 1950, a superar suas bem-sucedidas concorrentes foi o objetivo da pesquisa conduzida por Collins e Porras[5] ao longo de seis anos. Além de destruir algumas lendas, tais como a obrigatoriedade da existência de líderes carismáticos, declarações de visão ou foco em estratégias fantásticas, os autores — que evitam empregar diretamente a expressão *cultura organizacional* — relacionam o sucesso de uma empresa à atuação sinérgica de dois conjuntos de fatores: a existência de uma ideologia central forte e a absorção e prática de novos valores culturais mobilizadores, desafios e metas ambiciosas.

Denominadas *empresas visionárias* ou *as melhores entre as melhores*, as dezoito empresas líderes escolhidas por Collins e Porras foram selecionadas a partir dos seguintes critérios:

- ser a instituição líder no seu respectivo setor;
- deter a admiração e o reconhecimento do meio empresarial;
- ter imprimido marcas indeléveis da sua contribuição;
- ter sido fundada há um tempo considerável (antes de 1950, na pesquisa) e, portanto, vivenciado várias gerações de executivos.

Além das empresas visionárias, também fez parte da pesquisa um *grupo de controle* constituído por outras dezoito *empresas de comparação*, sublíderes em seus respectivos segmentos de atuação. Fizeram parte do grupo principal da pesquisa, dentre outras, as seguintes empresas: 3M, Ford, GE, Walt Disney, Wal-Mart, IBM, Citigroup e HP. E o grupo para comparação foi formado por GM, Texas Instrument, Chase Manhattan, Pfizer e outras.

Um investidor que, em 1926, tivesse aplicado US$ 100 num fundo geral de ações, teria recebido, por volta de 1990, cerca de US$ 41.500. Caso esse mesmo investidor tivesse aplicado em ações das empresas de comparação, teria ganhado o total de US$ 95.500[6]. Essa soma alcançaria a extraordinária cifra de

Investimento com retorno US$ 635.600 se o mesmo investidor tivesse empregado as suas economias — US$ 100 — em ações das empresas visionárias, objeto da pesquisa!

---

[5] COLLINS, J.; PORRAS, J. *Feitas para durar*. Rio de Janeiro: Rocco, 1999.
[6] Ibid., p. 19.

A Cultura Corporativa e o Alto Desempenho   **7**

Após várias etapas da seleção, que começaram em 1989, relacionando cerca de 1.600 empresas industriais e de serviços, públicas e privadas, o estudo aprofundado sobre a história e as práticas das empresas visionárias em relação às de comparação levou os autores a concluir sobre a importância de promover ações que possibilitem:

a) preservar o núcleo:

- *cultura de devoção*: ótimos locais de trabalho, mas apenas para quem se adapta à ideologia, pois os demais são eliminados;
- *gerentes treinados internamente*: acesso aos escalões superiores por aqueles que conheçam profundamente a ideologia central da empresa;

a) estimular o progresso:

- *nunca é suficiente*: processo de melhoria contínua e de auto-aperfeiçoamento incansável;
- *tentar várias estratégias e aplicar a melhor*: altos níveis de ação e experiência, de modo que produzam novos e inesperados caminhos;
- *metas audaciosas*: canalização de esforços para desafios, projetos audaciosos e até arriscados.

Na prática, várias das idéias expostas por Collins e Porras podem servir de inspiração para a criação de estratégias de intervenção na cultura de empresas, como se pretende mostrar ao longo deste livro.

Nossa Pesquisa

Identificação da cultura corporativa das melhores e maiores empresas que atuam no Brasil

A pesquisa procurou analisar e identificar aspectos da cultura organizacional de uma amostra de 65 empresas, classificadas entre as melhores e maiores que operam no Brasil[7]. Esse estudo não reflete, necessariamente, a visão oficial das organizações sobre o tema, pois, em vez de buscar a tradicional chancela dessas empresas — que poderia induzir à obtenção de versões edulcoradas do tipo *nós somos assim* —, a pesquisa empenhou-se em elaborar, de forma independente, um perfil da cultura vigente nessas organizações, a partir da percepção de pessoas que com elas interagem de forma intensa.

---

[7] *Exame*, jun. de 2000.

> Assim, foram constituídos *grupos de foco* (*focus groups*) formados por consultores externos e, preponderantemente, por executivos e funcionários qualificados integrantes — ou ex-integrantes — do quadro funcional das empresas da referida amostra[8].
>
> A abrangência da pesquisa, os grupos de foco, a definição da amostra e os cuidados metodológicos adotados estão detalhados no Anexo A.

■ A CULTURA ORGANIZACIONAL PODE SER GERENCIADA?

As pesquisas anteriormente citadas, empreendidas pela Harvard Business School e pela Stanford University, representam um autêntico marco no estudo da Administração, pois permitem pensar a cultura organizacional como algo que pode ser modelado e gerenciado com o objetivo de contribuir para a elevação do desempenho da empresa.

Assim, ao abordar a categoria *ferramenta de gestão*, passa-se a valorizar o emprego a partir de um referencial teórico consistente que permite analisar, identificar e, especialmente, ativar o que se pode denominar de **gestão da cultura organizacional de alto desempenho**. No entanto, surgem algumas

Ferramenta de gestão

indagações: quais são os traços característicos da cultura organizacional das melhores e maiores empresas que atuam no Brasil? Quais os mecanismos que elas adotam para gerenciar a sua cultura? O que podemos aprender com elas?

Para responder a essas questões é necessário pesquisar como tais organizações trabalham sua cultura, pois embora a literatura sobre cultura organizacional, no Brasil, seja relativamente abundante, não se pode dizer a mesma coisa sobre resultados de pesquisas com foco no *gerenciamento* da cultura. Isso se deve, em boa parte, a uma circunstância acadêmica característica das áreas de humanidades — Antropologia, Sociologia, Psicologia etc. — de observar o fenômeno social, estudar e descrever todas as suas manifestações, sem interesse de encontrar formas de intervir no seu direcionamento.

Essa influência do *método* sobre o *objeto* de estudo contribui para que a cultura organizacional seja vista, muitas vezes, como algo inevitável, um mal necessário, a ser observado mais do ângulo de um exercício intelectual do que

---

[8] Muito embora dispersos geograficamente e exercendo suas funções profissionais em distintos estados, os membros dos grupos de foco compartilham o fato de terem sido alunos de cursos MBA ministrados pelo Programa FGV Management, da Fundação Getulio Vargas, em diversas capitais e cidades brasileiras de grande e médio portes, condição que, por si só, qualifica o presente estudo.

A Cultura Corporativa e o Alto Desempenho

propriamente como um campo de estudos que possa contribuir para a otimização dos resultados organizacionais. Assim, ao discordar dessa postura passiva, passamos a estruturar uma metodologia que prescreve o emprego de práticas de modelagem cultural que vêm sendo usadas efetivamente por empresas com elevado desempenho.

Modelagem cultural

Reflexão sobre a desimportância estratégica da gestão da cultura organizacional

Nossa idéia é compartilhar e divulgar o que vem dando certo nas empresas analisadas, expondo os cuidados que elas dispensam ao gerenciamento de suas respectivas culturas corporativas. É importante ressaltar que muitas dessas práticas são aplicadas de forma empírica, e não como estratégias planejadas e implementadas na forma de um programa de gestão de cultura corporativa. São medidas que funcionam, que dão resultados, mas que normalmente não são articuladas entre si.

A seguir, relacionamos algumas hipóteses para reflexão dos níveis decisórios sobre a ausência de estratégias empresariais formatadas com a finalidade de *gerenciar* a cultura corporativa:

- *hipótese 1*: ocorrência de determinada miopia estratégica, que impede a alavancagem da gestão da cultura corporativa como um dos possíveis fatores críticos de sucesso nos negócios;
- *hipótese 2*: a cultura organizacional é considerada imutável;
- *hipótese 3*: predomínio, no topo decisório, de uma visão excessivamente cartesiana, que exclui tudo que envolva o subjetivo, o emocional, o demorado para dar resultados;
- *hipótese 4*: falta de *materialização* das atribuições relativas à cultura organizacional, na estrutura formal e/ou no organograma;
- *hipótese 5*: desconhecimento de uma metodologia que alinhe as várias intervenções necessárias ao manejo da cultura corporativa.

Evidentemente, em algumas organizações podem-se somar duas ou três (ou mais!) dessas hipóteses para explicar essa *desimportância* da cultura. Contudo, a partir das informações levantadas na pesquisa, a última delas — ausência de um método sistematizador — é muito comum no meio empresarial. Inclusive, isso se deve em boa parte ao fato de que alguns desses mecanismos só recentemente começaram a ser trabalhados pela Psicologia Social. Reunir esses fragmentos na forma de mecanismos de revaloração e gerenciamento da cultura é um dos objetivos deste livro.

FUNDAMENTOS DA CULTURA CORPORATIVA

Cada empresa tem uma espécie de personalidade coletiva — ou de *jeitão* — que transparece na forma como as pessoas que nela trabalham se relacionam, fazem críticas, se confraternizam, tomam decisões (ou as protelam), criam critérios para a progressão de carreiras, mantêm tabus e preconceitos, usam determinado jargão ou linguagem; enfim, como são estabelecidas as *regras do jogo*.

Cultura não-material

Esses elementos comportamentais ajudam a materializar a cultura de uma empresa, cuja leitura também pode ser obtida pela arquitetura de seus prédios, pela distribuição de espaços e *layout* de seus diferentes setores, pela forma como as pessoas se vestem, por meio da tecnologia usada em seus processos, de seus símbolos — como logomarca e outros — e de seus diversos artefatos materiais, produtos e serviços.

Cultura material

É interessante ressaltar que, embora ambas as *culturas* — a comportamental e a material — façam parte de uma só, as ondas de uma mesma mudança adquirem velocidades diferentes quando as atingem. Ou seja, enquanto a implantação física de determinada tecnologia é relativamente rápida, dobrar a resistência e a desconfiança das pessoas envolvidas torna-se muitíssimo mais demorado. E essa diferença de velocidade entre esses aspectos — materiais e comportamentais — gera o que se pode chamar de *retardamento cultural*.

Na cultura de uma empresa, as pessoas compartilham costumes, crenças, idéias preestabelecidas, regras e tabus que se cristalizam na forma de *modelos mentais*, cujo papel é fornecer-lhes um *mapa*, um modo de encarar, interpretar e adaptar-se ao mundo[9]. E, como cada organização tem cultura própria, única, embora possa haver semelhanças e pontos comuns, não existem culturas idênticas.

Isso se deve ao fato de que a própria formação da cultura é condicionada pela trajetória da organização que a hospeda, pelos obstáculos que enfrentou, por seus fracassos e, especialmente, por suas vitórias. Quando essa cultura se consolida[10], ela confere identidade aos seus membros, que passam a ter uma visão compartilhada do mundo que os rodeia e do lugar que nele ocupam.

Culturas densas, subculturas e contracultura organizacional

A forte presença de mitos e/ou heróis na cultura corporativa pode contribuir para a consolidação de uma *cultura densa*, caracterizada por apresentar um alto grau de valores e de crenças compartilhadas entre as pessoas e pouca

---

[9] SENGE, P. *A quinta disciplina*. São Paulo: Best Seller, 1990.
[10] SCHEIN, E. *Psicologia organizacional*. Rio de Janeiro: Prentice-Hall, 1982.

A Cultura Corporativa e o Alto Desempenho

discórdia ou ambigüidade quanto à postura pessoal e à tomada de decisão. Nada do que é realizado nas organizações com cultura densa está dissociado de suas crenças e valores, que influenciam e determinam desde os pequenos detalhes até as grandes estratégias.

Quando a cultura de uma organização não é densa, é comum coexistirem várias subculturas diferenciadas entre si — específicas de departamentos, unidades, grupos — e que podem, até mesmo, apresentar discordâncias significativas em relação ao núcleo da cultura corporativa. Em casos mais radicais, as subculturas podem ser tão diferentes em relação à do núcleo central da empresa, que existe a possibilidade de que sejam geradas resistências e uma espécie de *contracultura organizacional*. Assim, a contracultura aglutina grupos ou subgrupos que rejeitam o que a organização representa ou o que ela tenta conseguir, numa oposição dissimulada aos valores dominantes e/ou à estrutura de poder da empresa. Surgindo em épocas de tensão, ou no decorrer de grandes transformações (como processos de aquisição/fusão), os movimentos de contracultura tentam ridicularizar e menosprezar a cultura dominante — ou a nova cultura que a empresa pretende estabelecer —, numa tentativa de reconquistar o controle sobre os acontecimentos. No ambiente organizacional, dificilmente a contracultura se presta a um confronto aberto com a cultura dominante, e a tática mais utilizada é a da resistência passiva, com o uso, nos bastidores, da ironia e da sutileza. Assim que o respeitável e digno *senhor diretor* vira as costas, é chamado de *velhaco bajulador...*[11].

Contracultura

A FIGURA DO MITO/HERÓI ORGANIZACIONAL

Sem dúvida, a cultura de uma empresa sofre forte influência do seu mito organizacional[12], que envolve uma história — ou uma saga — protagonizada por um herói, que pode ser seu fundador, o sucessor do fundador ou, ainda, um herói revitalizador — um novo sócio da empresa ou um gestor profissional. Pode-se afirmar que a cultura de uma organização contém, em boa medida, o *DNA cultural* dessas pessoas que, para fins de concisão metodológica, passaremos a chamar apenas de *mito organizacional*. E um bom começo para quem deseja estudar e conhecer a cultura de uma organização é analisar as características, os valores e o legado desse personagem que transita numa esfera acima da dos demais mortais. Em muitas organizações, o herói já é falecido, mas o mito se faz presente quando as

---

[11] GOFFMAN, E. *Manicômios, prisões e conventos.* São Paulo: Perspectiva, 1990.
[12] ZIEMER, R. *Mitos organizacionais*: o poder invisível na vida das empresas. São Paulo: Atlas, 1996.

pessoas dizem: "Se Fulano estivesse aqui...". E quanto mais forte o herói, maior sua influência cultural. Em outras palavras, o mito vive!

Assim, o mito organizacional normalmente comporta a figura de um herói que deu vida e alma à empresa e forneceu-lhe um modelo de atuação. É interessante observar que nem todos os heróis são carismáticos; alguns apresentam insensibilidade e gênio difícil. Contudo, as histórias que se narram sobre eles inspiram confiança, dada a magnitude dos seus atos.

É possível que nem tudo o que se comenta a seu respeito corresponda à realidade; porém, para a cultura, pouco importa se seus feitos sejam reais ou imaginários. Importa, sim, que as pessoas acreditam nesse herói e nas suas histórias, bem como se a direção das suas idéias ainda serve para o momento presente. E essa última reflexão pode ser uma das mais valiosas no processo de revaloração da cultura.

As idéias do mito ainda são válidas?

Na interação contínua da organização com o ambiente externo, o mito organizacional exerce ainda o papel de verdadeiro filtro, ou decodificador dos valores presentes na sociedade, das mudanças produzidas pela tecnologia, da evolução nos costumes sociais e assim por diante. A mudança e a modernidade adentram a empresa por meio da visão de mundo do seu mito, cujos valores pessoais oferecem um referencial para a tomada de decisão e para a postura dos colaboradores em geral.

Assim é que nos processos de fusão/incorporação de empresas — muito presentes no ambiente empresarial brasileiro nestes últimos anos —, num primeiro momento, tende a ocorrer um embate de culturas no qual o mito de uma empresa confronta-se com o de outra, numa verdadeira luta de titãs. Esse é um período de turbulência que, se for longo, enfraquecerá a nova organização exatamente por causa da perda de referencial, bem como pelos *jogos de poder* que se seguirão, nos quais o vale-tudo será a única regra. Para diminuir esse desgaste, é comum que o mito seja deslocado para um pomposo cargo num conselho, com uma agenda de reuniões flexível, a serem realizadas preferencialmente longe dos muros da empresa.

As empresas públicas, o vácuo cultural e a influência da cultura popular

Especula-se que nas empresas públicas brasileiras praticamente inexistiria a figura do mito organizacional, alicerçada na figura de um herói fundador. Quando muito, o mito seria situacional — a gestão do dr. Fulano, por exemplo. Com esse vácuo cultural, pode não haver quem filtre ou decodifique adequadamente os valores emergentes do ambiente externo, da sociedade que espera

A Cultura Corporativa e o Alto Desempenho

serviços de qualidade desse tipo de organização. Nesses casos, é muito comum a cultura fechar-se em si mesma, com seus membros pactuando mecanismos que tragam vantagens para si e para seu grupo, e não para os clientes externos — aliás, convenientemente chamados de *contribuintes*.

A ausência de foco no mercado pode levar a uma "cultura da pessoa", denominação usada para caracterizar esse "voltar-se para dentro"[13], em que o indivíduo passa a se servir da estrutura e dos recursos organizacionais. E mesmo que alguns poucos idealistas tentem reverter essa imagem negativa, a possibilidade de alternância político-partidária acaba sedimentando um dos mecanismos mais perversos e disfuncionais ainda presentes nas organizações públicas: a paralisia gerada pelo *efeito Orloff* do "lembre-se: eu posso ser o seu chefe amanhã".

Efeito Orloff

A anestesia da sociedade, que deveria ser a primeira a reclamar, com esse estado de coisas, advém da aceitação de que o vácuo cultural das empresas públicas está sendo preenchido pelos valores e mitos resultantes da própria cultura brasileira. Mas que valores e que mitos são esses? Para o antropólogo Da Matta[14], o brasileiro assume compromissos sociais apenas no círculo restrito da sua família, da sua *casa*, e considera o âmbito da *rua* — em última instância o país, suas instituições e empresas públicas — como um território de ninguém, do descompromisso, em que a prioridade é a busca de vantagens pessoais. De certa forma, o psicanalista Calligaris[15] também constata algo semelhante ao afirmar que os brasileiros não assumem o Brasil como deveriam.

A rua é ocupada pelo mito do malandro e do *jeitinho* brasileiro. É o local no qual a lei existe, mas a sua aplicação depende da posição social do envolvido e das suas relações de amizade. A rua é o terreno dos intermediários, dos despachantes e do jogo de influências, enquanto a casa repousa sobre uma base fundamentada em rígidos princípios éticos, morais e, também, de solidariedade e de afeto. À rua, a pessoa vai para levar vantagem, tirar proveito, sem nenhuma contrapartida decente. No caso dos homens, a distinção que fazem entre as mulheres da casa — mãe, esposa, irmã — e as *outras* — entre as quais se incluem as colegas de trabalho e subordinadas — é a versão machista da coexistência pacífica entre duas morais.

Dupla moral brasileira

Estando as empresas públicas no âmbito da rua, com facilidade podem vir a tornar-se reféns de uma cultura organizacional que prioriza os interesses particulares em detrimento dos benefícios para a coletividade. Quando não é aquele diretor que está usando seu cargo apenas em proveito próprio, é o

---

[13] HANDY, C. *Os deuses da administração*. São Paulo: Saraiva, 1994.
[14] DA MATTA, R. *O que faz o Brasil, Brasil?* Rio de Janeiro: Rocco, 1986.
[15] CALLIGARIS, C. *Hello Brasil!*: notas de um psicanalista europeu viajando ao Brasil. São Paulo: Escuta, 1992.

corporativismo que se adona da estatal, ou do órgão público, e subverte as prioridades. O coletivo, a sociedade, os cidadãos, os contribuintes deixam de ter primazia — a cultura estabelecida aceita o fato de que a empresa pública passe a ser utilizada para fornecer cada vez maiores vantagens a seus funcionários, mesmo à custa de sua performance e da queda de seus serviços. Assim como existem empresas privadas que ainda não são totalmente direcionadas para o cliente, as empresas públicas brasileiras desconsideram a existência do cidadão. Vivem presas a uma visão entrópica, voltada para si mesmas. Naturalmente, seria injusto afirmar que todas as empresas públicas brasileiras enquadram-se nesse modelo cultural.

■ IDENTIFICAÇÃO DOS MITOS/HERÓIS ORGANIZACIONAIS

Nossa Pesquisa

No estudo sobre a cultura organizacional das melhores e maiores empresas que atuam no Brasil, constatou-se que a figura do mito/herói organizacional é perceptível na maioria das organizações analisadas, já que essa presença marcante foi claramente identificada em 71% das empresas analisadas.

No Quadro 1.1, até como uma forma de homenagem, encontram-se listados os mitos/heróis organizacionais que foram identificados nas respectivas empresas analisadas.

Quadro 1.1	Alguns exemplos de mitos/heróis organizacionais		
EMPRESA	**MITO/HERÓI**	**EMPRESA**	**MITO/HERÓI**
Acesita	Mito não consolidado	Johnson & Johnson's	Robert Wood Johnson
AES	Roger Santt	Klabin	Samuel Klabin
	Dennis Bankke	Kaiser	Mito não consolidado
Agip Liquigás	Mito não consolidado	Líder Táxi Aéreo	José Afonso Assumpção
Alcatel	Irmãos Sostenes Bem	Localiza	Salim Matar
Alpargatas	Mito não consolidado	Lucent Tecnologies	Graham Bell
Andrade Gutierrez	O Príncipe		Tom Nielsen
Armazém Martins	Alair M. do Nascimento	Maeda Agroindustrial	Nelson Maeda
Banco do Brasil	Mito não consolidado	Mannesmann	Irmãos Mannesmann
Banco Real ABN AmroBank	Mito não consolidado	Merck Sharp & Dohme	George Merck
Baneb	Mito não consolidado		Alpheus Sharp
BankBoston	Henrique Meirelles		Louis Dohme
Bosch	Robert Bosch	Milênia	Oswaldo Pitol

Brahma	Marcel Telles	Monsanto	Bob Shapiro
Busscar/Nielson	Harold Nielsen	Motorola	Paul Galvin
Caixa Econômica Federal	Mito não consolidado		Joseph Galvin
Cargill	W. W. Cargill	Nestlé	Henri Nestlé
Cedro Cachoeira	Sílvio Diniz Ferreira	Odebrecht	Emílio Odebrecht
Champion	Ronaldo G. Pereira		Norberto Odebrecht
Citigroup	John Reed	Petrobras	Mito não consolidado
Copel	Mito não consolidado	Ponte Irmão	Wellington Ponte Souza
Correios e Telégrafos	Mito não consolidado	Procter & Gamble	William Procter
DuPont Sudamérica	E. I. DuPont de Nemours		James Gamble
Electrolux	Mito não consolidado	Prosegur	Mito não consolidado
Embasa	Mito não consolidado	Rigesa	Bo Faars
Ericsson	Lars Ramquist	Ripasa	Abrahão Zarzur
Ferrovia Centro Atlântica	Mito não consolidado	Sadia	Atílio Fontana
Fiat Automóveis	Giovanni Agnelli	Springer Carrier	Willis Carrier
	Lorenzo Genta	Schincariol	Primo Schincariol
	Franco Ciranni	Siemens	Werner von Siemens
	Pacífico Paoli	Telefonica	Mito não consolidado
	Gianni Coda	Tigre	João Hansen Júnior
Gessy Lever	Mito não consolidado	Ultragaz	Perry Igel
Gerdau	Kurt Johannpeter	Usiminas	Amaro Lannari Jr.
	Jorge Gerdau Johannpeter		Rinaldo Campos Soares
Guabi/Mogiana	Thor Haaland	Vale do Rio Doce	Eliezer Batista
Infraero	Mito não consolidado	Volvo	Assar Gabrielsson
Itambé	Mito não consolidado		Gustaf Larson
Itaú	Olavo Egídio Setúbal	Votorantim	José Ermírio de Moraes
Ivaí Obras	Dr. Souto		Antônio Ermírio de Moraes

As empresas com mitos não consolidados são, preponderantemente, organizações com cultura em transição — foram alvo recente de fusões, incorporações ou privatizações — ou empresas públicas. Das empresas públicas brasileiras analisadas, nenhuma apresentou a figura do mito organizacional solidificada. Contudo, duas organizações privatizadas mantêm em sua cultura mitos organizacionais da época em que eram estatais: no caso, a Vale do Rio Doce e a Usiminas. Como são duas organizações extremamente bem-sucedidas em seus respectivos ramos de atuação, pode-se inferir que a existência da figura do mito contribuiu para a construção de uma cultura de alto desempenho.

■ O LEGADO CULTURAL DO PILOTO E DO CAMELÔ

Em 2001, a sociedade brasileira defrontou-se com dois episódios dramáticos envolvendo grandes empresários: a morte do comandante Rolim da TAM e o seqüestro da filha do comunicador Sílvio Santos, do SBT. Esses acontecimentos, aparentemente desconexos entre si, na realidade encerram algo comum: os dois envolvidos exercem notável influência nas suas empresas.

Também comum, o desaparecimento de Rolim Amaro levou a comunidade empresarial brasileira, nos primeiros dias após o acontecimento, a questionar o próprio futuro da TAM, enquanto no SBT o drama vivido por Sílvio Santos chegou a provocar fortes alterações na programação habitual daquela rede de televisão. A empresa de transporte aéreo saiu-se bem da turbulência inicial devido à existência de um programa de reestruturação e de descentralização, que já estava em curso e que o próprio comandante Rolim aprovara havia algum tempo. Em situação diferenciada, o SBT teve de aguardar que o seu grande herói retomasse as suas atividades habituais, energizando novamente a companhia. Contudo, é difícil acreditar que a empresa não venha a sofrer mudanças decorrentes de uma possível transformação na *visão de mundo* do eminente empresário. Afinal, o trauma do seqüestro de uma filha, sofrido por Sílvio Santos, aos 71 anos, muito possivelmente pode levá-lo a dedicar-se com mais afinco ao desenho de um plano de sucessão planejada.

À medida que as estratégias futuras das duas empresas se consolidem sem a presença física de seus comandantes, os dois heróis serão alçados à condição de mitos organizacionais. E o mito passa a desfrutar de uma força ainda mais poderosa do que a do herói, graças às histórias pelas quais seus feitos são lembrados. Nem importa que sejam verdadeiros os relatos a seu respeito: o que deve ser considerado é que, tratando-se de um mito, as pessoas tendem a acreditar nessas histórias ou feitos. Em outras palavras, o *mito vive no imaginário coletivo*!

Um aspecto, entretanto, que deve ser considerado é que, ao contrário do herói — fisicamente presente, atuante, capaz de mudar —, o mito pode, ao longo do tempo, tornar-se perigoso para a empresa por se encontrar centrado em outra época, em outros paradigmas. Assim, o que funcionou no passado — estilo de atuação, valores — pode não ter mais validade num macroambiente de crescente mudança. Por isso, mesmo distintas, tanto o SBT quanto a TAM provavelmente enfrentem o mesmo desafio, que consistirá em preservar as figuras dos seus mitos, evidenciando seus aspectos positivos e, ao mesmo tempo, modernizar as suas respectivas culturas organizacionais. Pontos fortes não faltam nas trajetórias de vida dessas duas pessoas — um jovem piloto empreendedor e um camelô talentoso —, que construíram verdadeiros impérios empresariais e se tornaram motivo de orgulho para o Brasil. Contudo, não se deve descuidar e permitir que os mitos, com o decorrer do tempo, venham a se constituir num referencial rígido, de forma a enredar a organização numa armadilha cultural.

A Cultura Corporativa e o Alto Desempenho   17

   Como as pesquisas revelam, a verdadeira vantagem competitiva auto-sustentável que pode derivar da cultura de uma empresa repousa em dois fatores: a cultura tem de ser densa/forte e, ao mesmo tempo, adaptativa/flexível. Infelizmente, os mitos, por via de regra, somente podem contribuir para torná-la forte/densa. Desse modo, a flexibilidade, ou a adaptabilidade, depende da absorção continuada, pela empresa, de novos valores culturais que estejam em sintonia com a intensa evolução do macroambiente empresarial.

   Como conseqüência, a empresa passa a ter duas opções: ou ela gerencia de forma planejada sua cultura ou se torna vítima dessa cultura. No caso do SBT e da TAM, o tempo nos dará a resposta.

PARA DISCUSSÃO

SBT — SISTEMA BRASILEIRO DE TELEVISÃO

   Há mais de trinta anos, o programa Sílvio Santos, um show de variedades com duração de dez horas, representava a produção independente de maior sucesso na televisão brasileira. O empresário e apresentador mais famoso do país comprava espaço de emissoras, comercializava seu programa e ainda o utilizava como canal de divulgação do "Baú da Felicidade", uma espécie de vendas em prestações, que entrega as mercadorias ao final do contrato e proporciona prêmios aos clientes sorteados. Embora estudos e análises desenvolvidos na época indicassem que era mais interessante e rentável continuar atuando de forma independente, Sílvio Santos tinha um sonho: ser dono de um canal de televisão. Esse sonho foi materializado em 19 de agosto de 1981, quando obteve a concessão do Governo Federal que deu origem ao SBT — Sistema Brasileiro de Televisão.

   Inicialmente, o SBT assumiu quatro emissoras do antigo império de Assis Chateaubriand e, obrigado por lei a preencher doze horas de programação diária, começou apresentando filmes e desenhos, um pouco de jornalismo e, obviamente, o Programa Sílvio Santos. Aos poucos, a programação foi sendo ampliada, dando vazão aos valores, aos interesses e à visão de mundo do seu fundador, que tinha suas atenções voltadas para as camadas mais pobres da população. Dessa forma, iniciava-se a fase popularesca da emissora, baseada numa programação de fácil aceitação pelo público, com programas humorísticos e de auditório intimistas, como "Reapertura", "Moacyr Franco Show", "O Homem do Sapato Branco", "Povo na TV" e outros. Com essa estratégia empresarial, que levava a organização a seguir um caminho oposto daquele trilhado pela líder do mercado — a TV Globo —, o SBT alcançou rapidamente posição de destaque em audiência, chegando a uma participação de 24% no seu primeiro ano de operação.

   Dirigindo sua programação para classes sociais definidas como B2, C e D1, em pouco tempo o SBT tornou-se vice-líder do mercado, perdendo apenas para a TV Globo, que viu sua audiência reduzir-se de 60% para 45%. O resultado comercial, entretanto, revelou-se proporcionalmente baixo. Atingindo uma clientela-alvo de reduzido poder aquisitivo, as agências de publicidade e os grandes anunciantes recuavam. Em termos de faturamento, naquela época, o SBT não passava de 5% da fatia de verbas publicitárias da televisão brasileira. Mesmo diante dessa realidade desfavorável, Sílvio Santos — que havia colocado amigos e parentes em postos-chave da organização — insistiu na manutenção da sua estratégia empresarial. Continuou absolutamente fiel aos programas populares e, no período de 1983 a 1987, sua preocupação centrou-se na melhoria da qualidade desse tipo de programação. Assim, vieram Flávio Cavalcanti, Hebe Camargo, a série "Joana", com Regina Duarte, a minissérie internacional "Pássaros Feridos", estrelada pelo ator Richard Chamberlain, e uma cuidadosa seleção de filmes de sucesso. A estratégia seguida pelo SBT assegurou-lhe uma boa participação em audiência, de forma continuada, mas não lhe garantiu o mesmo desempenho em relação ao faturamento. Durante dez anos, o SBT operou no vermelho, socorrido financeiramente por outras empresas do Grupo Sílvio Santos.

Ciente da situação e constantemente alertado por seus assessores, Sílvio Santos mostrava-se irredutível em rever as suas posições. No final da década de 1980, no entanto, ele iniciou um lento e gradual processo de maturação sobre a necessidade de promover um redirecionamento na programação do SBT e, finalmente, admitiu que a saída comercial era adotar uma programação universal, diferenciada e potencialmente dirigida a todas as classes sociais. Essa fase de mudança exigiu dois anos de preparação e de amadurecimento, quando Sílvio Santos finalmente autorizou a contratação de profissionais experientes de marketing e vendas, investiu em pesquisa e mudou sua postura em relação à programação. Nesse período, estrearam no SBT nomes como Bóris Casoy, Alberto Tamer, Hermano Henning e Jô Soares. Também se consolidaram programas como "A praça é nossa", "Cinema em casa" e telenovelas. Com uma programação qualitativa, o SBT experimentou um decréscimo na sua participação em audiência, caindo para 22%. Em compensação, pulou para 15% de participação no bolo publicitário.

Animados pelos resultados financeiros, Sílvio Santos e o SBT passaram a ter pressa em chegar ao futuro, conscientes de que o mundo moderno exigia agilidade, redução de custos e condições reais de competitividade. Para tanto, deveria centralizar as suas operações, reunindo num só local as suas cinco unidades, então dispersas. Em 1995, o Complexo Anhangüera foi inaugurado, tornando-se a base do Projeto SBT - ano 2000. Instalado num terreno de 231 mil metros quadrados, em São Paulo, e ocupando um conjunto de edificações de 62 mil metros quadrados de área construída, o Complexo Anhangüera é a verdadeira "Cidade da Televisão", que permite pioneiramente a produção horizontal completa, da gravação de programas à sua geração nacional num único local. Com um investimento da ordem de 120 milhões de dólares, o SBT dotou sua nova sede de toda

A Cultura Corporativa e o Alto Desempenho

infra-estrutura necessária para garantir a qualidade de produção, com a instalação de equipamentos de última geração. Isso ajudou, também, a quebrar algumas barreiras e resistências que havia entre o SBT e a imprensa, anunciantes e formadores de opinião. Mas o SBT não investiu somente em tecnologia. Fez um acordo milionário com as principais produtoras mundiais de filmes e séries: Warner e Disney, que lhe permitem a exibição de filmes inéditos e recordistas de audiência. Além disso, continua inovando em entretenimento, lançando novos programas como o "Show do Milhão" e a "Casa dos Artistas". Atualmente, o SBT atinge 25% em audiência e obtém um retorno comercial da ordem de 21% do bolo publicitário da televisão. Presente nos quatro cantos do país, o SBT é composto por 108 emissoras, com um faturamento anual que se aproxima de R$ 480 milhões.

Sílvio Santos, fundador e ícone do SBT, é um ídolo popular. Carismático, é um dos rostos mais conhecidos do Brasil e também uma das vozes mais familiares aos ouvidos de milhões de brasileiros. É também uma versão do *self-made man*, o homem que conseguiu sozinho um lugar ao sol, considerado por muitos como um herói do capitalismo nacional. De camelô, tornou-se um grande empresário, dono de nada menos que 33 empresas. É a pessoa física que mais paga imposto de renda no Brasil, tendo recolhido aos cofres públicos, em 2000, a cifra de R$ 15 milhões. Ele se orgulha desse fato, convicto de que, com os impostos recolhidos, está contribuindo para a melhoria das condições de vida da população em geral. Outro compromisso do SBT é com os benefícios aos funcionários, preservando o bem-estar do seu quadro funcional. Às portas da terceira idade, Senor Abravanel — seu verdadeiro nome — está no auge da sua carreira profissional. Embora não tenha mais o fôlego da época em que ficava o domingo inteiro no ar, Sílvio Santos mostra o vigor de um homem na casa dos 50 ou menos ainda, ou seja, com, no mínimo, vinte anos menos. Disciplinado, segue uma rotina diária de exercícios físicos. Simples e humilde, gosta de dirigir pessoalmente seu automóvel particular — um Lincoln Continental 1993. Um dos seus melhores amigos é o cabeleireiro Jassa, seu conhecido há muitos anos. No seu camarim, relógios baratos de camelô convivem com rascunhos de boletins do Ibope e orações.

Empreendedor, centralizador e obstinado por resultados, recentemente Sílvio Santos substituiu seus parentes e amigos em cargos executivos por profissionais contratados no mercado. Além disso, ele mexe com a grade de programações diária a seu bel-prazer, transferindo programas e alterando horários de apresentação de artistas, sempre em busca de melhores índices de audiência, sem se importar com eventuais chiliques das pessoas famosas envolvidas. Odeia ser contestado em qualquer instância e, por isso, tem dificuldade para lidar com as *estrelas*. Não vai a festas nem a eventos e nos finais de semana costuma assistir a vídeos em sua casa, preferencialmente de atores e diretores que fazem filmes bons e baratos; diz que, se tivesse dinheiro, contrataria Woody Allen. Raramente dá entrevistas — Jô Soares, por exemplo, tentou durante anos, mas nunca conseguiu entrevistá-lo.

Dentro do SBT, todos os funcionários conhecem os valores e as crenças existentes na emissora. E são motivados a disseminar a cultura da empresa. A maioria dos funcionários respeita Sílvio Santos e tem em mente que as ordens do apresentador devem ser seguidas e que dificilmente ele mudará de idéia. As pessoas que eventualmente destoem ou se oponham à cultura do SBT não são bem-vistas pelos demais, mesmo que sejam artistas de renome. Normalmente, essas pessoas tendem a ser afastadas o mais rapidamente possível. Sílvio Santos não tem um sucessor preparado para assumir o seu lugar. As seis filhas do empresário, na sua própria avaliação, não demonstraram pendor ou vontade para tocar seus negócios. Quando o estresse aperta, volta e meia ele cogita colocar o SBT à venda. Segundo a Trevisan Auditores e Consultores, o valor de mercado da empresa estaria entre 1,2 a 1,5 bilhão de reais. O problema é que, na hora H, o empresário sempre recua. Outra dificuldade para transferir o controle acionário do SBT é a falta, no Brasil, de outra empresa tão dependente do carisma e das decisões diretas do seu dono. O SBT tem a cara do Sílvio Santos.

DISCUSSÃO

1. A cultura organizacional do SBT é absolutista ou participativa? Quais são as evidências, no caso, que justificam a resposta a esta pergunta?
2. Como são encaradas, no SBT, as eventuais situações de contracultura?
3. Em que medida — de acordo com o caso — o mito/herói tende a bloquear o estabelecimento de uma cultura corporativa de alto desempenho no SBT?
4. Em quais situações, explicitadas no caso, o mito/herói contribuiu de forma efetiva para direcionar ao alto desempenho a cultura corporativa do SBT?

Pesquisas desenvolvidas na Harvard Business School e na Stanford University conseguiram estabelecer uma correlação entre a cultura corporativa e o alto desempenho organizacional. Os estudos permitiram que a cultura organizacional fosse elevada à categoria de ferramenta de gestão, renovando o interesse pelas práticas e pelos instrumentos adotados na construção da cultura organizacional de alto desempenho. Seguindo essa tendência, desenvolveu-se um estudo identificando os traços característicos e os mecanismos de gerenciamento da cultura corporativa das melhores e maiores empresas que atuam no Brasil.

A cultura corporativa pode ser considerada uma espécie de personalidade coletiva que é elaborada e reelaborada ao longo do tempo, por meio da interação continuada das pessoas que atuam numa mesma organização. Quando a cultura de uma empresa consolida-se, ela confere identidade aos seus membros, que passam a ter uma visão compartilhada do mundo que os rodeia e do lugar que nele ocupam. Embora a cultura de uma organização também seja composta por aspectos materiais, como prédios, tecnologia e outros, nela prevalecem elementos intangíveis — crenças e dogmas, por exemplo —, alguns deles, muitas vezes, atuando inconscientemente, na forma de tabus, preconceitos e atitudes irracionais. Essa faceta subjetiva da cultura organizacional leva, muitas vezes, a alta administração das empresas a considerá-la não-gerenciável. Contudo, nas grandes corporações observa-se que a inexistência da figura do *gestor da cultura* não tem impedido que ela seja gerenciada por força do coletivo e pela ação das lideranças, muito embora de maneira empírica e com ações, às vezes, não articuladas entre si. No macroambiente globalizado, entretanto, caracterizado por uma intensa competição e uma vertiginosa evolução tecnológica, verifica-se que algumas corporações tendem a eleger a cultura corporativa como um dos fatores críticos do sucesso, aumentando a necessidade de que o seu gerenciamento passe a ser executado de forma planejada.

Quanto mais densa ou forte a cultura de uma empresa, menor a incidência da contracultura organizacional. Muito embora as grandes corporações convivam com subculturas — espécie de culturas diferenciadas dentro da própria organização, praticadas por determinadas unidades da empresa —, estas somente se tornam prejudiciais à cultura de alto desempenho quando, eventualmente, se opõem aos valores corporativos centrais e passam a minar os propósitos organizacionais e a oferecer resistência a eles, neste caso, constituindo-se em contracultura organizacional.

O mito ou herói organizacional — alguém que deu vida e alma à empresa — contribui de forma efetiva para que a cultura de uma organização possa se tornar densa ou forte. Na pesquisa sobre as melhores e maiores empresas que atuam no Brasil, constatou-se que 71% das organizações analisadas apresentavam seu mito ou herói organizacional consolidado. As restantes são públicas ou estavam em processo de transição em sua cultura. Muito embora o mito/herói organizacional possa oferecer uma visão de mundo e um referencial às organizações, ele pode fazer as organizações enredarem-se numa armadilha cultural, pois uma cultura densa ou forte não é suficiente, nos dias atuais, para obter resultados efetivos num mundo cambiante. Estando em ação e atuante, o mito/herói é até capaz de preservar a cultura da empresa e, simultaneamente, modernizá-la. Porém, em sua ausência, a organização pode se tornar prisioneira de uma visão de mundo obsoleta.

GLOSSÁRIO/CONCEITOS-CHAVE

Contracultura organizacional: grupos ou subgrupos que rejeitam aquilo que a organização representa ou o que tenta conseguir. Oposição, geralmente dissimulada, aos valores dominantes e/ou à estrutura de poder da empresa. Pode surgir em épocas de tensão, no decorrer de grandes transformações na empresa. A existência de uma acentuada contracultura numa organização pode ser indício da degradação de sua cultura.

Cultura corporativa: cultura organizacional que confere uma identidade comum a pessoas que pertencem ao quadro funcional de uma grande empresa (vide *cultura organizacional*).

Cultura organizacional: compartilhamento de costumes, crenças, idéias preestabelecidas, regras e tabus que se cristalizam na forma de *modelos mentais* que fornecem um modo de encarar, interpretar e adaptar-se ao mundo. Cada organização tem uma cultura única; quando ela se consolida, confere identidade aos seus membros, que passam a ter uma visão compartilhada do mundo que os rodeia e do lugar que nele ocupam.

Cultura organizacional de alto desempenho: estágio evoluído da cultura organizacional de uma empresa, que norteia a ação das pessoas para a obtenção de resultados efetivos, de forma continuada, quanto a sua razão de existir, a seus propósitos centrais e à satisfação das necessidades e das expectativas dos seus vários públicos. A cultura organizacional de alto desempenho é, ao mesmo tempo, densa — compartilhada por todos na organização — e adaptativa/flexível, na medida em que é capaz de absorver continuamente novos valores culturais.

Cultura organizacional densa: possui um alto grau de valores e crenças compartilhados, orientando o comportamento de todos. Ambiente com pouca discórdia ou ambigüidade. As empresas menores e com longo tempo de existência, que operam numa base localizada, tendem a ter culturas densas; as organizações maiores adquirem uma vantagem competitiva quando conseguem ser, simultaneamente, fortes e flexíveis/adaptáveis.

Herói revitalizador: personagem integrante da galeria de notáveis da mitologia da empresa e que imprime, de certa forma, sua marca pessoal na cultura da empresa. O herói revitalizador tem função estruturadora e organizadora, podendo interpretar os eventos do passado, direcionar o presente e o futuro, diminuir complexidades e instabilidades, e, ainda, ajudar a criar uma identidade organizacional. Quando seus valores pessoais e ações, ao longo do tempo, chegam a consubstanciar-se num duradouro legado cultural, e ele se afasta da organização ou vem a falecer, é alçado ao patamar de *mito organizacional*.

Mito organizacional: figura de uma pessoa — fundador, sucessor, herói revitalizador já afastado — que deu alma e vida à empresa, forneceu-lhe um modelo de atuação e cujas narrativas a seu respeito despertam a admiração, dada a magnitude dos seus feitos.

Subculturas organizacionais: culturas que apresentam nuances diferenciadas da central e que coexistem em uma mesma organização, geralmente praticadas nas unidades da empresa. Quando, eventualmente, passam a minar e a oferecer resistência aos propósitos organizacionais podem vir a se transformar em focos de *contracultura*.

DA SUA EMPRESA

Analise a cultura da sua empresa, ou de uma organização na qual você tenha atuado, e responda às seguintes questões:

1. Você consegue identificar a influência do mito/herói organizacional na cultura da sua empresa? Quais são as principais características comportamentais do mito/herói presentes nos valores e nas crenças da sua organização?

2. O mito/herói da sua empresa contribuiu para a formatação de uma cultura de alto desempenho? Em que medida isso ocorreu?

3. Você percebe subculturas na sua empresa? Em caso positivo, quais são as suas características?

4. Existe contracultura na sua empresa? Como ela normalmente se manifesta?

5. A cultura da sua empresa se mostra forte a ponto de demonstrar sinais de inflexibilidade? Em caso afirmativo, dê exemplos de como isso ocorre na prática.

Leitura Recomendada

COLLINS, James; PORRAS, Jerry. *Feitas para durar*: práticas bem-sucedidas de empresas visionárias. Rio de Janeiro: Rocco, 1999.

DA MATTA, Roberto. *O que faz o Brasil, Brasil?* Rio de Janeiro: Rocco, 1986.

KOTTER, John; HESKETT, James. *A cultura corporativa e o desempenho empresarial*. São Paulo: Makron, 1994.

Capítulo 2
A ESTRUTURA DA CULTURA CORPORATIVA

Objetivos

- Ampliar a percepção sobre a fundamentação teórica da cultura organizacional, de modo que se possa reconhecer seu caráter multidisciplinar.

- Demonstrar que a cultura de uma empresa é direcionada por uma espécie de vocação natural ou de força motriz organizacional.

- Proporcionar o reconhecimento de que toda organização tem uma ideologia central influenciada pelo seu sonho de fundação e/ou pelo seu mito/herói organizacional.

- Demonstrar que a composição da cultura organizacional carrega consigo aspectos subjetivos e inconscientes.

- Debater a importância da internalização continuada de novos valores, na cultura corporativa, como forma de alavancar o alto desempenho organizacional.

Introdução

A fundamentação teórica do que seja a cultura organizacional foi construída de forma multidisciplinar, com o aporte de idéias de várias áreas do conhecimento, como a Antropologia, a Psicologia Social e a Administração de Empresas.

Antropologia e as diferenças entre culturas

Assim, a abordagem antropológica nos permite identificar as diferenças entre culturas, ao mesmo tempo que pode nos ajudar a entender o sucesso de um tipo de cultura e o fracasso de outra, ao longo do tempo. A cultura consiste de ferramentas, implementos, utensílios, vestimentas, armamentos, costumes, instituições, crenças, rituais, jogos, obras de arte, linguagem etc.[1] Por sua vez, cada cultura pode ser sintetizada num conjunto característico de *valores-chave* que a integram e contribuem para distingui-la de outras; esses valores podem ajudar uma cultura a adaptar-se aos novos tempos — e sobreviver — ou a aferrar-se ao passado e sucumbir[2].

Psicologia social e a interação

No âmbito da Psicologia Social, na área do interacionismo simbólico, a cultura é entendida como um produto da interação continuada entre as pessoas. Os seres humanos vivem num mundo socialmente produzido, no qual os significados são fabricados por meio de interação social[3]. Muito embora o interacionismo simbólico esteja bastante próximo da Sociologia, na realidade suas raízes são heterogêneas. Além disso, os pressupostos básicos teóricos que mantêm a interação social pertencem, indiscutivelmente, ao campo de atuação e estudo da Psicologia Social[4].

Sociologia e os papéis

Já na Sociologia, o interacionismo simbólico limita-se à teoria do papel (ou da função), considerando as relações entre as pessoas e os grupos como passivamente subjugadas a regras e expectativas criadas por terceiros. Se, na esfera da Psicologia Social, os indivíduos são vistos como capazes de mudar e de criar as regras que caracterizam as próprias interações[5], na teoria do papel (ou da função) a previsibilidade é a tônica; no interacionismo simbólico os indivíduos são, ao mesmo tempo, atores e senhores do seu destino, integrados e ativos na constituição do seu mundo social. A Psicologia Social também enfatiza a influência do líder na formação da cultura de uma organização[6]. Para o interacionismo simbólico, o mais característico e singular do comportamento humano é que ele interage mediante comunicações de caráter simbólico; o significado e as ações podem ser mantidos, modificados ou dados pelos atores, os quais são criadores ativos da vida social.

---

[1] WHITE, L. A. *The evolution of culture*: the development of civilization to the fall of Rome. New York: McGraw-Hill, 1959.

[2] KOTTAK, C. P. *Una exploración de la diversidad humana*. Madrid: McGraw-Hill, 1994.

[3] ROESCH, S. *Projetos de estágio e de pesquisa em administração*. São Paulo: Atlas, 1999. p. 168.

[4] MUNNÉ, F. Las teorías de la complejidad y las ciencias del comportamiento. *Revista Interamericana de Psicología*, 1995, 29, 1, p. 1-12.

[5] Ibid.

[6] SCHEIN, E. *Psicologia organizacional*. Rio de Janeiro: Prentice-Hall, 1982.

A Estrutura da Cultura Corporativa

O campo de estudos da Administração presta-se a uma simbiose entre algumas abordagens teóricas da Antropologia e da Psicologia Social, assumindo que a cultura de uma organização é decorrente de um processo complexo e multifacetado, que compreende a interação de fatores tangíveis — tecnologia, arquitetura dos prédios, regulamentos, marcas, símbolos etc. — com aspectos não-materiais, como crenças, tradições, rituais, hábitos, atitudes e preconceitos. Assim, autores já considerados clássicos da Administração de Empresas trabalham com o pressuposto de que a cultura pode ser gerenciada. Entre eles, Peters[7] enfatiza que a principal função do líder deveria ser a de inspirar e conduzir a construção de uma cultura corporativa, ao passo que Jack Welch, o mito corporativo da General Electric, dedicava-se de corpo e alma à reformatação da cultura daquela empresa[8]. Esse gerenciamento da cultura também é aceito pela Psicologia Social quando dá ênfase à ação modeladora do líder, que deveria ter como principal função criar, conduzir e trabalhar com a cultura[9].

Administração e a complexidade

■ CONSTRUCTO DA CULTURA CORPORATIVA

Na verdade, a cultura organizacional pode ser didaticamente decomposta em várias *camadas* que, no seu conjunto, parecem atuar de forma desordenada, quase caótica. Ou seja, ao mesmo tempo que toda a empresa é impelida numa mesma direção (força motriz), são constantemente feitas referências a um conjunto de regras (ideologia central), em paralelo a elementos inconscientes (*self*) e, até mesmo, indesejáveis (zona de sombras). Isso sem falar na resistência às novidades e às mudanças (novos valores adjacentes), que é a maior dificuldade da revaloração da cultura organizacional.

Camadas

Assim, a Figura 2.1 representa um *constructo da cultura* de uma organização, numa abordagem multifacetada, cujas principais camadas serão adiante detalhadas.

---

[7] PETERS, T. *O círculo da inovação*. São Paulo: Harbra, 1998.
[8] SLATER, R. *Jack Welch and the GE way*: management insights and leadership secrets of the legendary CEO. New York: McGraw-Hill, 1999.
[9] SCHEIN, 1982.

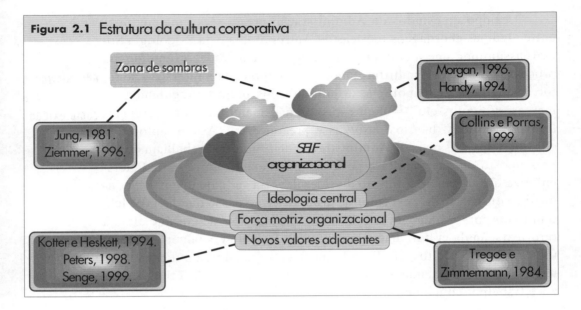

Figura 2.1 Estrutura da cultura corporativa

■ O *SELF* ORGANIZACIONAL E A ZONA DE SOMBRAS

O *self* organizacional situa-se no ponto central do núcleo da cultura de uma organização, representando a interface entre os sistemas consciente e inconsciente e servindo como regulador da totalidade da cultura. Assim, a repetida interação entre as pessoas propicia, ao longo do tempo, a cristalização de um conjunto de atitudes que, atuando em nível consciente — e, muitas vezes, inconsciente — formata o *self* da respectiva organização e a própria forma como o trabalho deve ser organizado. Numa abordagem mais simplista, pode-se tomar emprestada a tipologia de Handy[10] para caracterizar os quatro tipos de cultura — ou de *self* organizacional — que ele denomina de "Deuses da administração": Zeus (ênfase na cultura do poder), Apolo (ênfase na cultura de definição de papéis), Atena (ênfase na cultura da tarefa) e Dionísio (ênfase na cultura das pessoas, já comentada anteriormente).

Jung e o Self individual

Para Jung[11], como o *self* individual é o derradeiro estágio ou limite entre o consciente e o inconsciente de uma pessoa, ele possibilita acessar alguns elementos vitais do inconsciente, fazendo aflorar aspectos que podem ajudar no processo de individuação. No caso de uma organização, não deve ser diferente: conhecer o *self* de determinada empresa abre possibilidades para acessar

---

[10] HANDY, C. *Os deuses da administração*. São Paulo: Saraiva, 1994.
[11] JUNG, C. G. *Estudos sobre psicologia analítica*. v. VII. Petrópolis: Vozes, 1981.

A Estrutura da Cultura Corporativa

alguns aspectos do seu *inconsciente coletivo organizacional* que influenciam fortemente seus valores culturais. Desnudar esse inconsciente coletivo, que é a parte encoberta do *iceberg organizacional*, permite que a empresa possa efetuar uma análise e um julgamento dos seus verdadeiros motivos, num salutar processo de revaloração qualitativa de sua cultura.

Também é no inconsciente coletivo que está localizada a *zona de sombras* de uma organização, em que residem os medos inconfessos, os tabus, os preconceitos e até os chamados *contratos psicológicos*, sejam eles positivos ou não. As decisões conscientes e racionais de uma empresa muitas vezes não prosperam porque entram numa rota de colisão não percebida com essa *zona de sombras*. Outras vezes, ela reina de maneira soberana sobre a organização, sem que as pessoas percebam o que está efetivamente acontecendo. Quando os indivíduos de uma empresa reconhecem — ou identificam — as características conscientes básicas do tipo de *self* da sua organização, facilitam sua contraposição e o conseqüente acesso à *zona de sombras*.

Conformações do *self/zona de sombras* organizacional

A *zona de sombras* pode englobar o lado inferior e primitivo de uma organização, que atua inconscientemente e é constituído pelas suas características desagradáveis (ou não), suas qualidades (que, em excesso, podem acabar se tornando defeitos) e tudo aquilo que a empresa utiliza de forma inconsciente. Como já vimos, essa *zona de sombras* é a contraparte inconsciente do *self* organizacional, aproximando-se do que é denominado de *representação das imagens organizacionais* e cuja análise mais detida pode permitir uma adequada leitura-diagnóstico[12]. São elas: mecanicismo, prisões psíquicas, sistemas políticos, instrumentos de dominação, organicidade, cibernética, fluxo e transformação e realidade social, resumidamente mostradas a seguir.

Imagens organizacionais

MECANICISMO

Nas organizações vistas como máquinas, o trabalho é rotinizado, fragmentado e repetitivo, tal como previsto no modelo tayloriano. A padronização atinge comportamentos e a interação entre as pessoas, que são distribuídas dentro de uma rígida estrutura de cargos e departamentos, com predomínio da hierarquia, da disciplina e da prevalência dos interesses organizacionais sobre os individuais. A adoção de controles burocráticos formaliza a comunicação e institui a impessoalidade nas relações.

---

[12] MORGAN, G. *Imagens da organização*. São Paulo: Atlas, 1996.

Com total previsibilidade dos comportamentos e com foco na eficiência, este modelo foi considerado ideal, especialmente para as grandes organizações militares, religiosas, educacionais, industriais etc., enquanto havia um ambiente estável. Mas, com a aceleração das mudanças, o peso das *disfunções* burocráticas (*papelório*, ênfase nos meios e nas regras, autoritarismo, apadrinhamentos etc.) e as dificuldades em lidar com a inovação, outros modelos passaram a ser adotados pelas organizações, na busca pelo sucesso e pela sobrevivência. Como veremos mais adiante, essa imagem influencia sobremaneira a adoção de uma modelagem mais diretiva (opção 1).

Só para ambientes estáveis

PRISÕES PSÍQUICAS

Normalmente, esse tipo de *alma* organizacional mostra inflexibilidade e está enredada em armadilhas geradas pelo sucesso em tempos passados. Prisioneira de imagens, idéias e determinados tipos de ações, a *criatura organizacional* passa a controlar seus criadores e demais colaboradores, de forma consciente ou não. Pressupostos falsos, regras sem questionamento, fanatização em torno do carisma do líder e acomodação são algumas dessas armadilhas cognitivas.

Já a interação das pessoas pode dar vazão aos problemas psicológicos de seus membros — culpas, fantasias, ódios, frustrações, neuroses etc. — e respostas a suas vulnerabilidades como o medo da morte, a busca do *Messias* salvador e onipresente e outras limitações. Ou, ainda, o apego de alguns indivíduos a aspectos materiais dos seus cargos (escritórios, sistemas, e outros) pode servir a uma substituição psicológica do *ursinho de pelúcia* da infância...

Muitas características dessas *prisões psíquicas* podem ter origem no modelo patriarcal adotado e no histórico domínio dos homens nos postos de comando e nos papéis mais agressivos, tendência que só nos últimos anos vem sendo revertida pela valorização dos valores mais *femininos* (intuição, aconselhamento, tolerância com o erro, criatividade etc.), bem como pelo resgate da situação de inferioridade das mulheres nos ambientes empresariais. Essa abordagem explica também por que os grupos de trabalho podem apresentar padrões de comportamento infantil (dependência do líder, esconder o erro etc.) ou como a influência dominante do pai — e sua relação de amor e castigo — serve como modelo para ideologias autoritárias e exigentes.

Influência do modelo patriarcal

SISTEMAS POLÍTICOS

O poder é o ponto central, com empresários ou executivos autoritários manipulando habilmente uma considerável força de influência, como resultado das suas características pessoais, laços de família ou habilidade em manipular interesses. Nessas organizações — que incluem empresas, sindicatos ou instituições beneficentes dominadas por oligarquias autoperpetuadas —, os administradores freqüentemente falam sobre autoridade, poder e relações superior – subordinado, bem como resolvem os conflitos de interesses por meio de *jogos de poder* (ou jogadores...), e os acordos, muitas vezes, não levam em conta os interesses maiores da empresa. Nesses *jogos*, o vencedor determina *quem* consegue *o quê*, *quando* e *como*, ou seja, quem fará uso da estrutura (maior/menor centralização, *status* etc.), do monopólio decisório, da filtragem de informação e, por conseqüência, do controle do conhecimento que, segundo Toffler, é a mais poderosa forma de poder.

Jogos de poder

As empresas que utilizam a co-gestão ou a gestão participativa também podem ser vistas como sistemas políticos, pois, embora o poder esteja mais distribuído, o objetivo central — tal qual nas organizações autocráticas — é legitimar, pela escolha política, as regras que serão aceitas tanto pelos donos do capital quanto pelos subordinados.

INSTRUMENTOS DE DOMINAÇÃO

Nas palavras de Edward Heath, ex-primeiro-ministro inglês, a vida organizacional pode ter também uma *face repugnante*, com a maximização dos interesses egoístas de uma elite à custa dos interesses dos demais[13]. Contaminação, agrotóxicos, lixo industrial, produtos perigosos ou que fazem mal à saúde, despejo de resíduos tóxicos no solo, na água e no ar, mortes e acidentes no trabalho, doenças ocupacionais, insalubridade, trabalho semi-escravo, descumprimento das leis, trabalho infantil são algumas feridas dessa *face*, em que sempre sai mais barato pagar multas e indenizações do que investir em controle da poluição e em condições de trabalho mais seguras e humanas.

A face repugnante da vida organizacional

Essa forma de dominação — na qual a escravidão foi substituída pelo salário e o feitor, pelo gerente — despertou o interesse de Karl Marx (dominação pela *mais-valia* e acumulação de capital) e de Max Weber ao analisarem a criação e a manutenção de estruturas de dominação que se acabam tornando legítimas e socialmente aceitas sempre que alguém se vê com direito de mandar e os demais se consideram no dever de obedecer.

Outra forma de dominação advém da divisão dos trabalhadores em dois *mercados* distintos e do tratamento que cada um recebe: o primário, englobando cargos de carreira que exigem alto grau de competência e conhecimento específico (em troca da devoção, as empresas oferecem segurança, benefícios exclusivos e outros reconhecimentos sociais), e o secundário, formado por trabalhadores menos especializados e mais baratos que atuam em escritórios, no *chão de fábrica* e ao ar livre (benefícios mínimos, treinamen-

---

[13] MORGAN, 1996, p. 280.

Contratos psicológicos to e admissões/demissões servindo de *amortecedor*, conforme exijam os negócios). Esses grupos de cargos fragmentados reduzem o poder de barganha e a consciência da classe trabalhadora, que é, ao mesmo tempo, consumidora dos produtos e serviços.

E se acidentes no trabalho vitimam mais os trabalhadores do mercado secundário, são cada vez maiores os problemas dos especializados com relação a doenças do coração, úlceras, depressões nervosas, drogas, seqüelas familiares, tudo proveniente das pressões do dia-a-dia, forma deliberada de promover eficácia e aumentar os resultados. Mas os contratos psicológicos são claros: só terão oportunidade de ascensão na carreira aqueles que se sujeitarem às regras.

ORGANICIDADE

Tal como os organismos biológicos, esse tipo de *self* organizacional formata uma rede de relacionamentos entre indivíduos, grupos e a sua ecologia social, ou seja, um sistema aberto em constante processo de adaptação ao ambiente externo, com seus *inputs* se transformando em *outputs* (e usando o mecanismo regulador do *feedback*), controles homeostáticos (para correção de eventuais desníveis), mecanismo para deter a entropia (que é a tendência à desorganização), subsistemas interligados e fronteiras com outros sistemas.

Essas organizações tendem a obedecer a um relógio biológico, no caso, os **Ciclo de vida organizacional** ciclos de vida organizacionais: desbravamento, *toca-toca*, adolescência, plenitude, aristocracia e fossilização[14]. Numa visão mais sociotécnica, há um reconhecimento de que as pessoas também têm as suas necessidades, muitas vezes, complexas, que precisam ser satisfeitas, e de que os objetivos organizacionais podem, em princípio, comportar a satisfação dessas necessidades e motivações individuais por meio dos estilos de liderança, do enriquecimento do cargo, da valorização das competências, do autogerenciamento etc.

Dentro do *self* orgânico, as duas formas organizacionais que têm maiores chances de serem bem-sucedidas em ambientes instáveis são as jovens empresas inovadoras, com sua estrutura simples, informal, flexível, e o comando de um empreendedor e seus fanáticos seguidores a tomarem decisões rápidas e consensuais, e as *adhocracias*, cuja estrutura temporária é formada por **Adhocracias** equipes de projetos que se extinguem quando o projeto termina e se reagrupam em outro momento para um novo desafio. As pesquisas de Peters e Waterman[15]

---

[14] ADIZES, Ichak. *Os ciclos de vida das organizações*: como e por que as empresas crescem e morrem e o que fazer a respeito. Tradução de Carlos Afonso Malferrare. São Paulo: Pioneira, 1990.

[15] PETERS, Tom; WATERMAN JR., Robert H. *In search of excellence*. New York: Warner Books, 1982.

A Estrutura da Cultura Corporativa

sobre empresas de excelência confirmam que elas têm essas características inovadoras, orientadas para o mercado, e operam em ambientes dinâmicos nas formas *adhocráticas* e orgânicas!

CIBERNÉTICA

As organizações vistas como um cérebro desenvolvem a vida organizacional com a preocupação de melhorar a capacidade de obter e/ou usar a inteligência organizacional, em que cada aspecto do seu funcionamento depende do processamento de informações — corretas ou não — e também da aprendizagem, tema que será abordado em "mecanismos de revaloração".

Como conseqüência, os administradores tomam decisões por meio de processos formalizados ou temporários, produzindo políticas e planos que oferecem um ponto de referência ou uma estruturação para o processamento da informação. Na verdade, são sistemas de comunicação usados também para a tomada de decisões e que, cada vez mais, fazem uso intensivo da tecnologia da informação.

Vem daí o nome cibernética, ciência interdisciplinar relativamente nova que tem como foco o estudo da informação, comunicação e controle, e que surgiu do desafio de criar máquinas com a capacidade adaptativa dos organismos. Ao se organizar e reorganizar para lidar com as incertezas, esse tipo de organização *aprende a aprender* e, provavelmente, terá mais condições de revisar normas políticas e procedimentos, bem como de processar aprendizagens relativas a mudanças nos seus ambientes. Segundo Morgan[16], o melhor caminho para ajudar a revalorar a cultura passa por:

> **Aprender a aprender**

- encorajar e valorizar a abertura e a flexibilidade que aceitam erros e incertezas como inevitáveis em ambientes mutáveis e complexos;
- valorizar a contribuição de diferentes pontos de vista sobre um mesmo problema, permitindo o conflito construtivo;
- incentivar também o uso do enfoque "de baixo para cima", tornando o planejamento um processo de duplo sentido, mais participativo e completo;
- promover intervenções que ajudem a criar estruturas e processos organizacionais que utilizem de forma mais constante os outros pontos acima definidos.

Tal como o cérebro lesado transfere o controle de funções para outras partes, também as organizações podem incluir esse *princípio holográfico* do todo estar presente nas partes, na sua estrutura. Na prática, significa providen-

> **Princípio holográfico**

---

[16] MORGAN, 1996, p. 360.

ciar *redundância de funções* (por exemplo, *job rotation*, polivalência de operários, *segundo homem* etc.), *variedade* de pontos de vista (por exemplo, diversidade cultural), *flexibilidade* de papéis (líder como facilitador, *coach*, funcionamento em células/equipes autogerenciadas) e, por último, *aprender a aprender* — até como forma de manter a capacidade de auto-organização. Essa integração holográfica passa por relacionamentos holísticos, senso de identidade com produtos e processos, valores altamente compartilhados, recompensas por realizações e redes para compartilhamento de informações e conhecimento.

Fluxo e transformação

As organizações vistas como *fluxo e transformação* se consideram parte integrante do seu macroambiente, mudando e evoluindo de acordo com a mudança e a evolução ambiental. O padrão do sistema deve ser entendido como um todo e não como uma rede de partes separadas, ou seja, a sua sobrevivência a longo prazo será alcançada *com* o ambiente — fornecedores, mercado, força de trabalho, coletividade — e nunca *contra* o contexto no qual opera. Assim, uma imagem egocêntrica pode conferir à organização uma identidade bastante clara e forte, além de considerável sucesso a curto prazo à custa da exploração desse mesmo contexto, poluição, por exemplo, mas apresenta grandes possibilidades de causar efeitos desastrosos a longo prazo, se a situação ficar fora de controle.

Empresas egocêntricas

Qualquer fenômeno implica e gera seu oposto: dia e noite, frio e quente, positivo e negativo. Essa dialética aparece na obra marxista ao mostrar que o capitalismo industrial tenta aumentar a *mais-valia* com jornadas de trabalho mais longas (pelo mesmo salário), reduzir o pagamento, aumentar a produtividade (até pelo uso das máquinas), aumentar a supervisão e usar formas de trabalho mais baratas (mulheres, crianças, imigrantes, Terceiro Mundo). Ainda segundo Morgan[17], ao se ampliar essa análise dialética, é possível perceber como a desumanização do trabalho provocou o movimento de relações humanas, como o sucesso e o poder dos sindicatos (nos Estados Unidos, é claro) geraram a internacionalização da mão-de-obra e sua substituição por robôs e, até mesmo, como a exploração da natureza pelo homem ameaça sua própria sobrevivência.

Análise dialética

Realidade social

As organizações nada mais são do que lugares nos quais residem idéias, valores, normas, rituais e crenças que se estruturam em torno de realidades socialmente construídas e que, se compartilhados, podem orientar a vida

---

[17] MORGAN, 1196, p. 271.

A Estrutura da Cultura Corporativa

35

organizacional de forma planejada. As organizações refletem o estágio de desenvolvimento da sociedade em que se inserem, formando as chamadas *sociedades organizacionais*, por exemplo, a industrial, a feudal e assim por diante, cada uma delas com suas rotinas, habilidades e práticas culturais.

Já entre países, surgem as chamadas diferenças transculturais, que se baseiam em características nacionais, estilos e filosofias de vida dos respectivos povos, o que explica muito bem a ascensão do modelo de produção japonês, a inexistência de mulheres empresárias nos países árabes, o paternalismo industrial britânico, a ética do individualismo competitivo da empresa americana etc. Justificando, em parte, as diferenças entre Inglaterra e Estados Unidos, uma pesquisa realizada pelo antropologista Gregory Bateson[18], no início da década de 1940, já mostrava diferenças significativas nas relações entre pais e filhos: enquanto os americanos encorajavam certas formas de comportamento exibicionista e ostentador por parte de seus filhos, os ingleses valorizavam a submissão e o silêncio deles quando na presença de adultos.

Diferenças transculturais

Já no que diz respeito às organizações, raramente a cultura hospedeira é uniforme e isso pode ocorrer em decorrência de passagens traumáticas, jogos de interesses (que, com freqüência, criam o "eles" e o "nós"), força de diferentes grupos sociais ou étnicos ou, até mesmo, da presença de práticas esquizofrênicas que contrariam muito os conceitos e os valores constantemente afirmados e reafirmados. Por isso, cultura deve ser compreendida como um fenômeno ativo, vivo, por meio do qual as pessoas criam e recriam o mundo em que vivem. E essa construção da realidade ocorre a todo momento, em qualquer ponto da estrutura e dos processos organizacionais.

E como lidar com o *self*/ zonas de sombras?

Como se vê, as imagens anteriormente apresentadas são diferentes maneiras de pensar a organização e também a expressão das mais ocultas formas contidas em sua cultura; afinal, ninguém admite ser um chefe intolerável, ou que sua empresa seja predadora. Como diminuir a febre não cura a doença, é necessário produzir uma leitura-diagnóstico e uma avaliação crítica da situação que está sendo investigada, prescrevendo igualmente soluções desafiadoras.

Assim, chefias agressivas (prisões psíquicas), exploração do trabalho (instrumentos de dominação), jogos de poder (sistemas políticos), impessoalidade nas relações (mecanicismo) podem ser práticas da *zona de sombras* aceitas e institucionalizadas, já que os contratos psicológicos impedem até mesmo seu

---

[18] BATESON, Gregory. *Steps to an ecology of mind*. New York: Ballantine Books, 1972 apud MORGAN, 1999, p. 366.

questionamento. É interessante observar que as organizações de cultura densa, especialmente, podem conter *zonas de sombras* ainda mais problemáticas, mas, graças à total devoção que exigem, seus colaboradores aprendem, de maneira inconsciente, a *gostar* dessa realidade.

Também é comum encontrar empresas que publicam credos contra quaisquer discriminações, mas têm um número reduzidíssimo de mulheres ou de afro-brasileiros em cargos de chefia, fato aceito como normal até que alguém chame a atenção para ele, ou seja, resgate essa prática da *zona de sombras*. Isso sem contar os muitos tabus e proibições não explícitos, que drenam as energias organizacionais, pois desmotivam e alienam as pessoas. Assim, torna-se prioritário desnudar a *zona de sombras* para fazer aflorar os medos inconfessos, os tabus e as proibições, de maneira a depurá-los e administrá-los convenientemente.

Contratos psicológicos

Outra das facetas importantes do *self* organizacional e da zona de sombras refere-se ao *contrato psicológico*, que se consubstancia numa espécie de acordo informal, implícito e subjetivo e que encerra expectativas de ambas as partes — empregados e empregadores — na relação de trabalho. Intimamente associado ao tipo de cultura, esse contrato determina a postura que o funcionário deve adotar para ficar ao abrigo da cultura e crescer na organização. Embora psicológico — e, portanto, não escrito —, algumas vezes é percebido de forma consciente pelas pessoas. Na maioria das vezes, contudo, ele pertence à esfera da zona de sombras do *self* organizacional, porque influencia o comportamento das pessoas de maneira inconsciente. Alguns tipos de contratos psicológicos podem ser considerados neutros, na medida em que espelham, apenas, os valores e as características básicas da cultura de determinada empresa. Em muitos casos, porém, prevalecem contratos psicológicos defasados, ou afastados em demasia do *modus operandi* verificado no macroambiente organizacional. Um desses contratos mais presentes nos dias de hoje — e que até contradiz o preceito de valorização dos colaboradores — diz respeito às formas de exteriorização do grau de comprometimento das pessoas, especialmente do nível gerencial — desligar o celular, tirar trinta dias de férias, sair no horário, nem pensar!

■ IDEOLOGIA CENTRAL

Ideologia central

A *ideologia central* é composta pelos valores culturais mais fortes, autênticos, nobres e duradouros de uma organização. São valores surgidos do sonho de fundação e que foram colocados à prova nas adversidades que a organização enfrentou ao longo do tempo. A ideologia central é considerada um dos patrimônios mais valiosos de uma organização[19]. São valores perenes que norteiam o destino e as decisões da empresa e constituem um seguro sinalizador na sua trajetória: serviam à empresa há cinqüenta anos, estão a seu serviço hoje e, possivelmente, serão válidos no final do século XXI. Estamos tratando de valores como ética, lucros por meio da honestidade de princípios, preocupação com a melhoria da sociedade e muitos outros.

O elenco de valores que compõem a ideologia central de uma empresa normalmente difere do conjunto de valores de outra empresa, dada a forte influência do mito organizacional — como, de resto, todo o núcleo da cultura de uma empresa. Para fins de ilustração, citaremos alguns exemplos de ideologia central, resgatados pelos autores acima citados.

BOEING:
- pioneirismo e liderança no setor em que atuamos;
- comer, respirar e dormir no mundo da aeronáutica;
- grandes desafios e riscos;
- integridade e negócios éticos.

MERCK SHARP & DOHME:
- preservar e melhorar a vida do ser humano;
- responsabilidade social corporativa;
- inovação baseada em ciências, não na imitação;
- lucros, mas com atividades que beneficiem a humanidade;
- excelência inequívoca em todos os aspectos da empresa.

3M:
- inovação; não se deve matar a idéia de um novo produto;
- respeito pela iniciativa individual e pelo crescimento pessoal;
- integridade absoluta;
- qualidade e confiabilidade do produto;
- tolerância a respeito de erros honestos.

WAL-MART:
- ir além das expectativas dos clientes;
- trabalhar com paixão, dedicação e entusiasmo;
- buscar metas cada vez mais altas;
- nadar contra a corrente; opor-se à sabedoria convencional.

---

[19] COLLINS; PORRAS, 1999.

HP:

- contribuição técnica para os campos em que agimos;
- respeito e consideração por todos os funcionários, incluindo a oportunidade de compartilhar o sucesso da empresa;
- lucro e crescimento como meios de viabilizar todos os valores e objetivos;
- responsabilidade e retorno social perante as comunidades em que operamos;
- qualidade por um preço acessível.

WALT DISNEY:

- levar alegria a milhões de pessoas;
- celebrar, alimentar e divulgar valores norte-americanos sadios;
- progresso contínuo por meio da criatividade, dos sonhos e da imaginação;
- controlar e preservar a imagem de magia da Disney;
- atenção total à consistência e aos detalhes.

SONY:

- elevar a cultura e o status nacional do Japão;
- ser pioneira — não seguir os outros, fazer o impossível;
- sentir a pura alegria da inovação tecnológica que beneficia o público.

Como podemos observar nos estudos de Collins e Porras[20], a ideologia central de algumas dessas empresas tem a capacidade de oferecer até mesmo uma causa patriótica e nacionalista às pessoas que integram a sua cultura. Assim, pertencer aos quadros funcionais da Sony significa integrar um quadro selecionado de pessoas, uma elite que compartilha um valor empresarial altamente identificado com o patriotismo, ou seja, *elevar a cultura e o* status *nacional do Japão*. Da mesma sorte, os funcionários norte-americanos da Disney podem ficar eletrizados pelo fato de se irmanarem no valor comum de *celebrar, alimentar* e *divulgar valores norte-americanos sadios*. Pode-se supor a forte emoção — e mesmo a paixão — que toma conta dessas pessoas quando atuam num ambiente de negócios globalizados.

Ideologia nacionalista

O lucro, objetivo maior de muitas organizações, também está explicitamente associado à ideologia central de algumas das organizações citadas, com valores de compromisso social. É o caso, por exemplo, da Merck Sharp & Dohme que, além de cultuar o valor de *preservar e melhorar a vida do ser humano*, reforça-o com outro valor como a responsabilidade social corporativa. Também na empresa HP a ideologia central comporta o valor *responsabilidade e retorno social perante as comunidades nas quais operamos*.

---

[20] COLLINS; PORRAS, 1999.

A Estrutura da Cultura Corporativa

O inconformismo como fator de alavancagem tecnológica e de negócios também é um valor recorrente nas organizações citadas. Essa característica é materializada em valores como *se opor à sabedoria convencional* (Wal-Mart), *grandes desafios e riscos* (Boeing), e *inovação* (3M). Além disso, ética e honestidade parecem ser os elos comuns entre as ideologias centrais de muitas empresas bem-sucedidas.

■ FORÇA MOTRIZ ORGANIZACIONAL

Algumas consultorias internacionais costumam alinhar a missão, a visão e a própria estratégia a ser implantada na empresa-cliente com um importante segmento formador do núcleo da cultura corporativa: a *força motriz organizacional*[21]. Essa expressão procura caracterizar os diferentes impulsos que o legado cultural do mito pode ter imprimido à empresa e que acaba se constituindo no motor básico da organização. Embora faça parte da sua essência, na maioria das empresas, essa força motriz não é explícita, mas acaba se refletindo nas grandes decisões, quando as alternativas são julgadas, em última instância, por se enquadrar ou não na força motriz.

Força motriz organizacional

Junto aos canais decisórios, o desconhecimento — ou a percepção incorreta — da força motriz predominante pode contribuir para a errônea concentração de esforços, recursos e talentos. Até mesmo o gerenciamento bem-sucedido de uma carreira executiva pode estar alicerçado no uso dessa força motriz, pois os projetos a serem apresentados obterão mais aplausos se forem orientados pela sua direção e pelo seu jargão. No entanto, essa força, na maioria das vezes, atua subliminarmente, isto é, não está registrada em nenhum manual ou circular da empresa. Pior ainda: são numerosos os executivos que não têm visão clara da força motriz real da sua própria organização, gerando falta de sinergia.

Gerenciamento de carreira

Assim, conhecer a força motriz de uma empresa é conseguir entender seu processo de desenvolvimento, a origem de muitas de suas crenças e valores e, especialmente, poder ajudar profissionalmente a empresa para que a sua vocação natural se concretize plenamente. Conforme a classificação da força motriz, há o predomínio de algumas variáveis no processo de tomada de decisões da empresa e, conseqüentemente, uma caracterização cultural específica. Entre essas características estão as seguintes:

---

[21] TREGOE, B.; ZIMMERMANN, J. *A estratégia da alta gerência.* Rio de Janeiro: Zahar, 1984.

- **força motriz produtos oferecidos**: uma organização motivada pela oferta de seus produtos ao mercado tenderá a produzir, sempre, produtos semelhantes aos atuais, porém, gradativamente mais aperfeiçoados. Buscará uma melhor penetração geográfica nos mercados que já atende ou tentará atingir outros mercados que necessitem dos produtos que já fabrica ou comercializa. Assim, seus esforços estarão voltados para o aperfeiçoamento de seus produtos e para serviços de entrega e assistência técnica. Esse tipo de organização valorizará profissionais que possam elaborar séries históricas e estatísticas sobre seus produtos/serviços, da mesma forma que terá especial interesse em contar com pessoas capacitadas nas suas áreas de produção, vendas, publicidade/propaganda e assistência técnica, dentre outras;

- **força motriz necessidades do mercado**: voltada ao atendimento de novas necessidades dos consumidores/mercado, a organização procurará também desenvolver novos produtos, destinados a outros mercados similares aos atuais e/ou para atender determinados nichos. Dará muita ênfase à pesquisa mercadológica, publicidade e áreas correlatas. Esse tipo de organização terá necessidade de pessoas que atuem no acompanhamento das tendências de consumo e mudanças de hábitos de clientes, do mercado emergente e do desempenho dos novos produtos/serviços da empresa. Nesse tipo de força motriz, os profissionais de marketing serão especialmente valorizados, dada a ênfase em pesquisas de mercado, *ombudsman*, serviços de atendimento e fidelização ao cliente, serviços de pós-venda, e outros;

- **força motriz capacidade de produção/tecnologia**: motivada pelo domínio de certos processos produtivos, tecnologia e equipamentos, a empresa fabricará produtos que se enquadrem nesse seu *know-how*, por meio da inovação e da adaptação tecnológica. Assim, só poderá atuar em mercados com economia de escala ou para terceiros, sob encomenda. Dará ênfase a análises de custos dos produtos, desde a aquisição de insumos até a apropriação do projeto. Esse tipo de organização exigirá profissionais de primeira linha nas áreas de planejamento e controle da produção, processos fabris, suprimentos, custos de fabricação e controle da qualidade, dentre outros;

- **força motriz método de vendas/distribuição/logística**: neste caso, o carro-chefe será a estrutura de vendas e de distribuição de produtos que a empresa conseguiu montar, atuando com produtos que possam ser comercializados com seus métodos de vendas e de distribuição, inclusive de terceiros. Dará ênfase à propaganda, ao desenvolvimento

A Estrutura da Cultura Corporativa   **41**

de técnicas de vendas complementares e ao fortalecimento de seus canais de distribuição. Esse tipo de organização valorizará os esforços para captar e manter profissionais competentes nas áreas de vendas, armazenagem, suprimentos, logística/distribuição e nas funções de apoio a revendedores/agentes de vendas;

- **força motriz crescimento/lucro**: organização motivada, acima de tudo, pelo retorno financeiro de seus investimentos. Ao tomar decisões com base em estudos econométricos e de lucratividade, buscará oferecer produtos rentáveis, mesmo que tenha de diversificar suas atividades e o tipo de clientela que atende. Esse tipo de organização buscará excelência no pessoal ligado aos sistemas de gestão financeira, controle orçamentário e análise de diversificação/retorno de investimentos. Serão apreciadas, também, pessoas altamente capacitadas em custos, auditoria, assessoria jurídica, planejamento tributário, finanças internacionais e afins.

A metodologia mais confiável para a identificação da força motriz de uma empresa constitui-se de *workshops* com a alta administração, em que um facilitador propõe o debate e busca o consenso sobre alguns temas como:

Workshops

- Quais os tipos de projetos altamente motivadores para a nossa organização?
- Que tipo de informação é mais avidamente consumido na alta administração?
- Qual é o jargão que predomina na empresa?
- Qual o conhecimento que mais valorizamos nos executivos?
- Que tipo de resultados provoca euforia?

Como se pode observar, as respostas a essas questões certamente conduzirão a elementos que fazem parte, consciente ou inconscientemente, da própria cultura da organização. Por outro lado, a falta de concordância entre as referidas respostas é preocupante na medida em que as nuances admitidas nas subculturas possam drenar os esforços que deveriam ser concentrados em torno da força motriz. Esse susto foi o que convenceu o dono de uma editora de médio porte, que estava atravessando sérias dificuldades financeiras, a retomar a força motriz do seu negócio: em poucos meses, a crise estava solucionada.

Por outro lado, em determinados casos, a força motriz organizacional mostra-se tão forte que, com o tempo, pode relegar ao segundo plano outras áreas vitais da organização. Nesse particular, evidencia-se um indício de vulnerabilidade, pois, embora densas — um fator positivo —, essas forças podem caracterizar-se por apresentar traços de inflexibilidade. Assim, por exemplo, os excessos de uma força motriz capacidade de produção/tecnologia podem desativar as contribuições de áreas que cuidam das finanças ou do atendimento a cliente. Também a visão mais imediatista da força motriz crescimento/ lucro; ao focar-se excessivamente no retorno rápido de investimentos e no exacerbado controle de custos, pode reduzir os investimentos em áreas vitais como recursos humanos e qualidade, causando prejuízos inimagináveis pela perda de competitividade no médio prazo.

Problemas nas fusões

Por fim, outro aspecto relevante a ser considerado é que boa parte dos problemas que passam a ocorrer numa fusão/incorporação — tão em moda nesses tempos — provavelmente estejam relacionados ao choque entre as respectivas forças motrizes das empresas envolvidas; daí os cuidados adicionais que devem ser tomados nesses processos.

■ A INTERNALIZAÇÃO DE NOVOS VALORES ADJACENTES

A maioria das pessoas e das organizações encontra-se condicionada a um mundo mecanicista e sistêmico, repleto de causa – efeito, planos e programas, avaliações, controles, *feedback* e ajustes[22]. Esse ambiente procura incessantemente o equilíbrio e a autopreservação, que, num processo de homeostase, restringem a inovação e a mudança. Ocorre que, na atualidade, o macroambiente organizacional mostra-se por vezes caótico e não-linear, colocando em xeque a cultura das organizações, conseqüência de indesejáveis ondas de instabilidade.

Assim, no passado recente, as empresas dotadas de cultura corporativa densa — com alto grau de valores compartilhados pelas pessoas — pareciam abençoadas pelos céus. Hoje, contudo, para tornar-se uma vantagem competitiva auto-sustentável, a cultura organizacional deve ser *densa*, mas, ao mesmo tempo, *adaptativa*. Ou seja, a cultura de alto desempenho deriva da correta

Cultura densa e adaptativa

ativação de uma cultura densa e adaptativa, o que, na prática, nem sempre é fácil de ser alcançado.

A chamada cultura densa corresponde a uma ideologia central bem compreendida e adequadamente assimilada pelas pessoas na organização, por uma força motriz presente e perceptível e por um *self* organizacional positivamente caracterizado. Por sua vez, a contraparte adaptativa da cultura de alto desempenho requer que a organização disponha de sensores apurados no seu macroambiente, sinalizando as mudanças e identificando novos valores que

---

[22] SENGE, P. A liderança no mundo dos vivos. In: *A dança das mudanças*: o desafio de manter o crescimento e o sucesso em organizações que aprendem. Rio de Janeiro: Campus, 1999.

A Estrutura da Cultura Corporativa

devam ser trabalhados na cultura da empresa: os chamados *novos valores adjacentes*. Quanto maior a agilidade de absorção desses valores, maior a capacidade da respectiva cultura em mostrar-se adaptativa ou, até, antecipar-se aos novos tempos.

Agilidade na mudança

A combinação das características de densidade/adaptabilidade confere à cultura organizacional a flexibilidade necessária para que possa competir no que Peter Senge[23] chama de *mundo dos vivos*, ou seja, um ambiente em contínua e intensa evolução. No entanto, a obtenção dessa flexibilidade cultural tem de ser gerenciada, pois muitas vezes os novos valores — que estamos chamando de *adjacentes* — enfrentam enorme resistência e não conseguem ser devidamente internalizados porque se contrapõem aos elementos já solidificados, muitas vezes inconscientemente, na respectiva cultura organizacional.

Essa resistência, entre outras causas, pode estar fundamentada em contratos psicológicos que remetem a relações de trabalho dentro da chamada *zona de conforto*[24]. Quando a organização se considera uma grande família e se mostra excessivamente complacente e generosa com seu quadro funcional, sem exigências de alto desempenho que lhe dêem suporte, incentiva as pessoas a atuar de acordo com uma *psicologia do direito adquirido*, que privilegia a sedimentação de uma zona de conforto. Estabelece-se, então, uma cultura de inércia e de acomodação que reagirá sempre que se sentir ameaçada ou, até mesmo, ao menor sinal de mudança.

De qualquer modo, sempre é bom enfatizar que mudanças mais globais na cultura organizacional são investimentos de longo prazo, com períodos de avanços (aceitação) e retrocessos (resistências) se alternando, até que o ciclo da internalização se efetive com o emprego do novo valor em todos os momentos da vida organizacional. Essa assimilação, por sua vez, servirá de aprendizagem para outros tantos processos de revaloração que darão suporte às inovações e às exigências de flexibilidade cultural.

Para introduzir esses novos valores — e até evitar as trincheiras da resistência —, já nos próximos capítulos, passaremos a descrever alguns procedimentos que estamos chamando de mecanismos de revaloração e que, em seu conjunto, devem levar uma organização a estágios superiores de desempenho e resultados.

---

[23] SENGE, 1999.
[24] BARDWICK, J. *Perigo na zona de conforto.* São Paulo: Pioneira, 1998. p. 10-11.

Nossa pesquisa

Contratos psicológicos corporativos

Na maioria das organizações analisadas vigoram tanto *contratos psicológicos*, que podem ser considerados contributivos à cultura organizacional de alto desempenho, como aqueles que são vistos como entraves à implantação da cultura, uma vez que geram uma espécie de dissonância cognitiva entre o que é declarado e o que realmente vigora nos corredores da organização. A seguir, mostraremos alguns exemplos.

Contratos psicológicos positivos (exemplos representativos):

• *desempenho acima de tudo*: funcionários que atinjam alto nível de desempenho serão os primeiros a serem lembrados pela empresa nas promoções e nos aumentos salariais;

• *conquista de espaço*: as descrições de funções — quando existem — são secundárias; os funcionários que desejarem crescer na empresa devem conquistar seus respectivos espaços e agregar atividades que demonstrem seu envolvimento e utilidade dentro da empresa;

• *autodesenvolvimento*: o colaborador é incentivado a procurar alternativas de atualização constante, mesmo que isso implique custos para a empresa;

• *alto comprometimento com a qualidade dos produtos*: empenho efetivo de todas as áreas em torno do paradigma da qualidade; melhoria contínua dos processos e serviços;

• *locais de trabalho seguros e com qualidade de vida*: conscientização das equipes e criação de incentivos para melhorar as condições de trabalho;

• *conceito cliente/fornecedor interno*: provoca um relacionamento mais profissional entre pessoas e unidades;

• *prioridade para processos de trabalho que envolvam menos esforços repetitivos*: quebra do paradigma tayloriano por meio do investimento na prática da polivalência de funções e *job rotation*, entre outras.

Contratos psicológicos negativos (exemplos representativos):

• *hora extra (overtime)*: a empresa aprecia os funcionários que nela permanecem constantemente após o expediente de trabalho, sem cobrar horas extras e, na maioria das vezes, sem real necessidade de atuar em período extraordinário;

• *manda quem pode, obedece quem tem juízo*: os funcionários que demonstrarem submissão hierárquica, sem jamais questionarem as ordens superiores ou fazerem críticas (mesmo construtivas), serão tratados como o filho pródigo, que, independentemente de seus continuados desacertos, resultados pífios, e/ou perda de rumo, sempre serão acolhidos de braços abertos. A mesmice impera nos corredores;

• *antigüidade é posto*: o poder é conferido aos funcionários mais antigos da empresa; para um funcionário antigo ser demitido, ele realmente tem de investir nesse propósito. Tempo de casa é sinal de estabilidade;

• *paternalismo*: excesso de complacência com a reincidência de erros acaba gerando uma certa zona de conforto que desestimula os demais funcionários a perseguir melhorias crescentes.

Contratos psicológicos neutros (exemplos representativos):

Como vimos acima, os contratos psicológicos vigentes numa empresa refletem, em última instância, as peculiaridades da sua cultura organizacional. Entretanto, existem diversos outros que não podem ser sumariamente classificados como positivos ou negativos. Embora tenham influência sobre as pessoas, podem ser considerados neutros, na medida em que expressam somente as características da respectiva cultura. Para ilustrar essa faceta dúbia do contrato psicológico, apresentamos a seguir alguns exemplos que vigoram entre algumas empresas analisadas:

• valorização dos funcionários que possuem produtos com a marca da empresa; por exemplo, automóveis;

• os colaboradores devem procurar fazer coisas de que o *mito* gosta;

• mais importante do que fazer algo é *vender* uma idéia;

• espera-se dos colaboradores uma postura simples e humilde, de vocação para servir.

Zona de sombras: aspectos não percebidos conscientemente

Também foram identificados exemplos de regras que, contrariamente ao que é declarado, insistem em permanecer presentes e fazer parte — algumas vezes, até de forma folclórica — da *zona de sombras* do *self* organizacional, como mostrado a seguir:

- o risco de a empresa entrar *no vermelho* é constante, mas a toda hora ouve-se internamente que ali estão os melhores profissionais do mercado;
- a empresa investe pesado em treinamentos na área comportamental, mas as gerências continuam utilizando técnicas ultrapassadas de relacionamento e de liderança em suas equipes de trabalho;
- o discurso da igualdade existe, mas, na prática, as minorias — deficientes físicos, mulheres, negros e outros — são realmente discriminados;
- mesmo dispondo de técnicas mais modernas, como análise de potencial, *feedback* 360 graus, as promoções privilegiam os não-contestadores e/ou os *puxa-sacos* da chefia;
- o excesso de ênfase operacional impede que funcionários parem para pensar em alternativas, soluções de problemas, ou seja, que o melhor de cada um seja aproveitado pela empresa. O "produzir mais" simplesmente ignora as necessidades das pessoas e até da própria empresa;
- a partilha de resultados não é feita de forma justa e proporcional ao comprometimento esperado/exigido;
- nem sempre as informações fornecidas pela empresa espelham a sua realidade;
- os modelos de atuação dos descendentes das famílias fundadoras da empresa tendem a ser fragmentados, com pouca sinergia entre si. Trabalhar numa área significa ser visto como "inimigo" pela outra;
- a falta de comunicação adequada e de transparência em relação aos objetivos, situação atual e estratégias adotadas acaba gerando desconfiança, medo, controles desnecessários e perdas significativas.

Influência dos mitos/heróis na ideologia central

No estudo sobre a cultura organizacional das maiores e melhores empresas que operam no Brasil, ficou evidenciada uma correspondência direta entre os valores pessoais dos mitos/heróis e os valores que compõem a ideologia central das organizações estudadas, dentre os mais citados. Essa influência se dá pela inclusão dos seguintes valores dos mitos/heróis:

- integridade/ética;
- inovação/pioneirismo/desbravamento;

A Estrutura da Cultura Corporativa 47

- devoção ao trabalho;
- austeridade;
- valorização das pessoas.

Esses valores, ao serem considerados ainda úteis e válidos nos tempos atuais, de certa forma, evidenciam que a ideologia central de uma empresa emana do seu sonho de fundação e, especialmente, guarda íntima associação com a forma de ser, pensar e agir do seu mito organizacional, que ajudou a modelar a cultura da empresa.

Novos valores adjacentes corporativos

Se os valores trazidos pelo mito e/ou pelo sonho de fundação contribuem para a formação de uma cultura densa, a flexibilidade necessária está ligada à rapidez de absorção dos novos valores presentes no ambiente. Por outro lado, os dados qualitativos levantados pela nossa pesquisa nos permitem afirmar que está sendo exatamente nessa dimensão — flexibilidade/inovação — que as empresas vêm encontrando as maiores dificuldades a serem vencidas, dada sua relação direta na elaboração de estratégias de negócios bem-sucedidas. Ao se darem conta dessa falha, algumas organizações até iniciam algumas ações facilitadoras dessa absorção — comunicação multidirecionada, pesquisas de clima, desenvolvimento de competências para o trabalho em equipe e outras —, mas ainda lhes falta um projeto que articule esses mecanismos em torno de uma mesma visão e seja capaz de criar sinergia entre eles.

Principais dificuldades na absorção de novos valores

Por meio da análise qualitativa, nossa pesquisa identificou que as principais dificuldades que as empresas enfrentam nessa revaloração estão relacionadas com:

- *arrogância do "somos os melhores"/ausência de sensores*: o sucesso obtido em determinada área do negócio ou em certo período de tempo tende a alimentar uma falsa certeza sobre a sua continuidade, ilusão essa que pode encobrir a incompetência. Desconsiderar mudanças importantes nos cenários bem como minimizar adversidades são atitudes típicas dessa dificuldade;
- *cultura fossilizada*: quando a arrogância de que falamos acima se estende por um período mais longo, tende a internalizar na cultura um sentido de permanência que, além de fantasioso, torna-a reativa à

inovação. Essa "parada no tempo" geralmente ocorre nas fases de declínio do ciclo de vida organizacional;

• *dificuldades da alta administração em lidar com o subjetivo/ falta de comprometimento*: na ausência de medições e números, os aspectos intangíveis da mudança geralmente ficam em segundo plano, como se ignorá-los os fizesse desaparecer de cena, o que não é verdade;

• *resistência dos níveis intermediários*: seja por influência da zona de conforto, por conflito de interesses menores ou até por limitações pessoais, é inevitável que surja um movimento de oposição à mudança, até por causa de seus reflexos sobre a distribuição de poder e influência;

• *influência da zona de sombras/contratos psicológicos negativos*: mágoas, medos, preconceitos e conflitos podem estar fragilmente represados desde há muito tempo, apesar da aparência de normalidade nos relacionamentos entre pessoas e áreas. A possibilidade da mudança pode tornar ainda mais instável esse "equilíbrio" ao potencializar as perdas e inseguranças;

• *experiências anteriores fracassadas/modismos*: o descrédito gerado pela sensação de "já ter visto esse filme antes" faz com que aumente o grau de desconfiança com relação a tudo que envolva mudanças, especialmente se forem classificadas na categoria dos modismos que volta e meia atazanam a vida organizacional.

Mas qual é a direção desse processo de revaloração?

Apesar das dificuldades acima descritas, boa parte das empresas analisadas tem conseguido internalizar novos valores adjacentes na sua cultura, algumas com mais rapidez, outras nem tanto. Abre-se, então, o questionamento sobre as múltiplas direções que o processo de revaloração pode assumir, nas suas dimensões estratégico/operacional, tecnologia/pessoas ou, até mesmo, produto/cliente. Assim, no quadro abaixo, podem ser observados alguns exemplos de valores adjacentes que já estão sendo gradativamente internalizados na cultura corporativa de várias empresas analisadas.

a) **Dimensão externa:**

- competitividade   ⟶   *empresa de classe*
- metas ambiciosas   ⟶   entusiasmo *(excitement)*
- preocupação ecológica ⟶ competência ambiental
- agilidade operacional   ⟶   agilidade estratégica

A Estrutura da Cultura Corporativa

b) Dimensão interna:

- *empowerment* ⟶ homem de negócios (*business man*)
- uniformidade funcional ⟶ valorização da diversidade
- qualidade total ⟶ seis *sigma*
- mão-de-obra ⟶ cérebro e *coração-de-obra*
- desempenho ⟶ talentos/análise de potencial
- facilitador/*coach* ⟶ modelo social

Como podemos verificar, apesar das dificuldades, nossa pesquisa confirma que as empresas estão procurando desenvolver uma cultura mais ágil, capaz de dar respostas mais efetivas às mudanças do ambiente, com preocupação muito centrada sobre seus talentos humanos. Entretanto, esses esforços não parecem convergir entre si, o que é profundamente lamentável, pois, além de perder a sinergia que poderia sobrevir dessa união, a condução fragmentada pode dar a impressão de modismo e provocar crescentes resistências aos esforços de mudança.

Identificação da força motriz corporativa

Movimentando o negócio, a força motriz organizacional transparece tanto na tomada de decisão como no jargão adotado nas interações entre pessoas e áreas, na forma como os valores relacionados ao cliente fazem parte do seu dia-a-dia ou, até mesmo, nos jogos de poder e nos conflitos. O Quadro 2.1 mostra a classificação das empresas analisadas, segundo a força motriz identificada no núcleo da sua cultura.

Quadro 2.1 Distribuição dos tipos de força motriz

Força motriz organizacional	Quantidade	%
Crescimento/lucro	24	37%
Capacidade de produção/tecnologia	16	25%
Produtos oferecidos	12	18%
Necessidades do mercado	8	12%
Método de venda/distribuição/logística	5	8%
Total	65	100%

Pelos dados do Quadro 2.1, constata-se o predomínio das forças motrizes "crescimento/lucro" (37%), "capacidade de produção/tecnologia" (25%) e, finalmente, "produtos oferecidos" (18%) no direcionamento da cultura e dos negócios das empresas. Uma releitura dos dados acima indica que, contrariando o estereótipo de que *empresas só pensam em lucro*, a maioria não tem esse valor como norte dos seus negócios, exceto no segmento econômico de bancos, em que 90% deles confirmam essa vocação, até por força das fusões que o setor vem sofrendo já há algum tempo.

De outra sorte, não foram estabelecidas quaisquer outras relações entre tipo de força motriz e ramo da empresa ou, ainda, a natureza da atividade (indústria, por exemplo). Isso permitiria afirmar que qualquer tipo de força motriz pode, em princípio, contribuir para a formatação de uma organização de alto desempenho, independentemente do produto ou serviço que produza.

Numa análise mais direcionada à estrutura interna, pode-se constatar a nítida influência de determinadas áreas funcionais na conformação das estratégias e operações, bem de acordo com o predomínio da respectiva força motriz na cultura da empresa. Como conseqüência, enquanto a hegemonia dos valores de retorno do investimento no bojo da força motriz relacionada ao crescimento/lucro valoriza os conselhos (e conselheiros) da área financeira, as áreas mais ligadas à fabricação de produtos (pesquisa, engenharia, processos etc.) assumem o comando quando a força motriz passa a ser capacidade de produção/tecnologia, e assim por diante.

Essas áreas ou setores mais valorizados, ao longo do tempo e com influência da respectiva força motriz organizacional, tendem a ser privilegiados pela alta administração em termos de investimentos em projetos de modernização, captação de talentos, atualização de *know-how*, aporte de tecnologia e outros fatores. Também é nessas áreas que geralmente estão os profissionais mais bem remunerados no contexto de cada empresa e com maior influência nas decisões estratégicas.

Caso
PARA DISCUSSÃO

CAIXA ECONÔMICA FEDERAL

Nos últimos anos, a Caixa Econômica Federal é uma das instituições brasileiras que tem se dedicado de forma mais intensa à revalorização da sua cultura corporativa. Para bem cumprir o seu propósito fundamental de financiar o desenvolvimento urbano e de promover a transferência de benefícios aos cidadãos brasileiros, além de revalorar a sua cultura organizacional, a CEF também tem implantado inovações operacionais, investido em tecnologia, remodelado agências e lançado novos produtos.

A Estrutura da Cultura Corporativa

A decisão de efetuar mudanças na cultura corporativa e na estrutura organizacional partiu de um diagnóstico realizado na segunda metade da década de 1990. Esse trabalho apontou para a lentidão nas decisões estratégico-operacionais, concentração de poder em poucas esferas, falta de foco e de democracia no atendimento à população, autocracia e falta de profissionalismo, excesso de níveis hierárquicos e de burocracia, subculturas favorecidas pela estrutura departamentalizada — ou feudalizada — e para a ausência de transparência nas ações e decisões, dentre outros aspectos.

O estudo também confirmou a existência de uma rede de agências superdimensionadas em termos de espaço físico e de pessoal e, ao mesmo tempo, sucateadas no que diz respeito à tecnologia. Todos esses fatores, em seu conjunto, geravam falta de credibilidade perante a opinião pública, com evidentes reflexos de caráter negativo na performance da instituição. Na época da realização do diagnóstico, a CEF estava perdendo captação de recursos para a concorrência e os seus custos operacionais mostravam-se elevadíssimos: das 1.937 agências, 1.746 eram deficitárias.

No processo de revaloração da sua cultura, a Caixa Econômica Federal constatou que, por ser uma empresa pública, não possuía um mito ou herói consolidado que pudesse assumir a liderança da sua revaloração. Sua clientela — nas palavras de um dos seus superintendentes — confrontava a instituição com um mosaico cultural multifacetado e com todas as mazelas, carências e demandas que contextualizam historicamente o país. Mas, muito embora não tivesse um mito personificado, ela sedimentou um conjunto de valores culturais sólidos, estáveis e perenes, como promover a melhoria contínua da qualidade de vida da sociedade e respeitar e valorizar o ser humano.

O sonho de sua fundação também lhe forneceu a vocação natural que direciona a sua cultura para a comercialização dos seus produtos, em vez de direcionar para o crescimento/lucro, força essa que parece ser a vocação de dez entre dez bancos. Muito embora ela vise — e aprecie — o lucro, este não é o seu objetivo maior, uma vez que sua missão — e seus valores centrais — está voltada a atender à demanda da sociedade brasileira com determinado portfólio de produtos oferecidos que, necessariamente, não são os mais rentáveis.

Nos últimos anos, com a reestruturação em unidades de negócios, a Caixa criou um perfil para cargos de gerência que praticamente obrigou funcionários de longa data a se inscreverem em cursos de pós-graduação, em todo o território nacional. Valores culturais importantes foram resgatados e colocados a serviço do novo momento, por meio de sua missão e de sua própria estratégia de negócios. Contratos psicológicos foram repactuados, especialmente aqueles que legitimavam uma espécie de estabilidade no emprego, substituídos que foram pelo autogerenciamento da carreira e atingimento de resultados de forma continuada.

Como fruto do seu processo de reestruturação e de revaloração da sua cultura corporativa, a Caixa pôde contabilizar, já em 2001, uma carteira comercial superior a 13 milhões de contas, entre poupança e conta corrente, o que a tornou o maior banco do país, pelo critério de volume de depósitos. Outro destaque é a sua carteira imobiliária, composta por 50 bilhões de reais e responsável por 95% dos financiamentos de imóveis à população de baixa renda. No seu dia-a-dia, em meio a sorteios que atraem pequenos poupadores desprezados por outros bancos, a Caixa vem exorcizando o fantasma da privatização, que, desde alguns anos atrás, por vezes ronda suas agências. Na esteira social dos financiamentos para mais de cinco milhões de moradias, parece que ninguém fala mais nisso.

Resumo

O campo de estudos da cultura organizacional fundamenta-se numa abordagem multidisciplinar, que utiliza idéias e conceitos da Antropologia, da Administração de Empresas, da Sociologia e da Psicologia Social. Esta última vem contribuindo para o entendimento de que a cultura pode ser modificada de forma consciente e planejada, contrapondo-se à tradicional abordagem da Antropologia e, mesmo, da Sociologia — que se limitam à observação e análise. Porém, com as empresas buscando superar metas em velocidade cada vez maior, é de supor que deverão prosperar metodologias intervencionistas que permitam o gerenciamento efetivo da cultura organizacional.

A cultura corporativa, em seu núcleo, é composta pelo *self* organizacional, pela ideologia central, pela força motriz organizacional e, mais perifericamente, pelos novos valores adjacentes. O *self* organizacional é o ponto central do núcleo, abrigando os aspectos conscientes e inconscientes da cultura — estes últimos pertencentes à chamada zona de sombras. Mesmo variando de empresa para empresa, dela fazem parte os preconceitos, tabus, medos inconfessos, atitudes irracionais e infantilizadas e também as expectativas contidas nos chamados contratos psicológicos estabelecidos entre capital e trabalho, elementos que, conforme mostrou a pesquisa, podem desviar energias do objetivo maior.

Também com influência da figura do mito/herói organizacional e do sonho de fundação, é modelada a ideologia central a partir dos valores culturais mais autênticos e fortes que estarão sempre presentes no seu dia-a-dia. Nesse entorno, já se movimenta a força motriz organizacional calcada na própria vocação natural da empresa, que pode direcionar os processos em torno dos produtos oferecidos, capacidade de produção/tecnologia, método de venda/distribuição, crescimento/lucro e necessidades do mercado. Na pesquisa, constatou-se que não há correlação entre ramo da em-

A Estrutura da Cultura Corporativa

presa e a sua respectiva força motriz, exceto no segmento de bancos (força motriz crescimento/lucro). Em princípio, isso pode indicar que, independentemente do segmento de atuação, uma empresa pode alcançar êxito com qualquer um dos cinco tipos de força motriz organizacional.

Os valores adjacentes, por sua vez, são uma resposta que a organização pode oferecer aos desafios e às mudanças no seu macroambiente. Assim, enquanto o *self* organizacional, a ideologia central e a força motriz organizacional tendem a aumentar a densidade da cultura (e a inflexibilidade pode tornar a empresa vulnerável às mudanças), a necessária atualização se dá mediante a absorção de novos valores culturais, denominados *valores adjacentes*.

GLOSSÁRIO/CONCEITOS-CHAVE

Contrato psicológico: espécie de acordo informal, implícito e subjetivo, que encerra expectativas de ambas as partes — empregados e empregador — na relação de trabalho, tratando de postura, reconhecimento, ascensão e outros. Quando o contrato psicológico é violado pela empresa, tendem a ocorrer reflexos negativos no clima organizacional.

Força motriz organizacional: impulso básico modelador da cultura de uma empresa, decorrente do sonho de fundação da empresa e/ou do legado cultural do mito da organização. Embora não seja explícita, reflete-se nas grandes decisões empresariais, quando as alternativas são julgadas, em última instância, por enquadrar-se ou não na força motriz.

Ideologia central: valores perenes que norteiam o destino e as decisões da empresa e que se mostraram um seguro sinalizador em sua trajetória. Geralmente forjados no sonho da fundação e colocados à prova nas adversidades que a organização enfrentou, tratam de valores como ética e lucros por meio da honestidade de princípios, preocupação com o cliente, o acionista, a melhoria da sociedade e muitos outros.

Revaloração qualitativa da cultura organizacional: significa dar novo sentido a um mesmo valor cultural ou otimizar o potencial de alto desempenho da cultura por meio da internalização de um novo valor. Essa mudança planejada pode ocorrer por iniciativa de uma liderança de visão ou por um fato externo imperioso, por exemplo, a venda da empresa, uma ação da concorrência, uma inovação tecnológica etc.

***Self* organizacional**: ponto central e complexo do núcleo da cultura, surge a partir da repetida interação entre as pessoas e da cristalização de um conjunto de atitudes que, atuando em nível consciente e inconsciente (zona de sombras), refletem os valores organizacionais, as regras do jogo.

Valores adjacentes: novos valores culturais que vão sendo agregados à cultura da empresa, no decorrer de sua trajetória e evolução, à medida que mudanças no ambiente macroorganizacional vão forjando um reposicionamento cultural em face das novas situações e desafios.

Valores culturais: crenças e pressupostos que prevalecem na organização e são compartilhados entre as pessoas que os reproduzem no seu dia-a-dia organizacional. Em algumas empresas, esses valores podem estar expressos em frases como: *o cliente é a nossa razão de ser*, ou ainda, *as pessoas são o nosso maior patrimônio*.

Análise da cultura
DA SUA EMPRESA

Analise a cultura da sua empresa, ou de uma organização na qual você tenha atuado, e responda às seguintes questões:

1. Você consegue identificar a influência de determinado tipo de força motriz organizacional na cultura da sua empresa? Quais são os principais fatores que, advindos da trajetória da empresa e presentes no seu dia-a-dia, evidenciam a existência dessa força motriz?

2. Quais são os principais valores que formam a ideologia central da sua organização?

3. Relacione aspectos inconscientes presentes na chamada zona de sombras (preconceitos, jogos de poder, burocracia, dejetos etc.) e quais as desvantagens que acarretam?

4. Quais são os contratos psicológicos que vigoram entre os funcionários e a empresa? Na sua opinião, eles devem ser revistos/repactuados? Por quê?

5. Em sua percepção, a empresa tem assimilado novos valores adjacentes? Em caso afirmativo, dê exemplos já internalizados na cultura da organização.

Leitura Recomendada

JUNG, Carl. *O homem e seus símbolos*. Rio de Janeiro: Nova Fronteira, 1990.

MORGAN, Gareth. *Imagens da organização*. São Paulo: Atlas, 1996.

SENGE, Peter. *A dança das mudanças*: o desafio de manter o crescimento e o sucesso em organizações que aprendem. Rio de Janeiro: Campus, 1999.

TREGOE, B.; ZIMMERMANN, J. *A estratégia da alta gerência*: o que é e como fazê-la funcionar. Rio de Janeiro: Zahar, 1984.

ZIEMER, Roberto. *Mitos organizacionais*: o poder invisível na vida das empresas. São Paulo: Atlas, 1996.

Capítulo 3
REVALORAÇÃO DA CULTURA CORPORATIVA

Objetivos

- Verificar que a revaloração da cultura corporativa é um processo simples em sua essência, mas relativamente complexo em sua execução.

- Entender o modelo conceptual de revaloração da cultura corporativa, tomando contato, de forma esquemática, com a metodologia de gestão planejada da cultura de alto desempenho.

- Ampliar a percepção sobre a natureza e a operacionalidade dos mecanismos básicos de revaloração da cultura corporativa.

INTRODUÇÃO

O desenvolvimento e a consolidação da cultura corporativa de alto desempenho permitem que uma empresa alcance, ao longo do tempo, incomparável vantagem competitiva, conforme demonstram e comprovam as pesquisas empreendidas tanto pela Stanford University[1] como pela Harvard Business School[2]. A conquista dessa vantagem competitiva requer que a cultura de uma empresa se torne densa, com alto grau de valores compartilhados pelas pessoas, e, ao mesmo tempo, flexível e capaz de internalizar continuamente valores que levem a organização aos crescentes desafios que o ambiente externo lhe impõe. Na terminologia adotada, trata-se de preservar o núcleo da cultura da empresa — *self*, força motriz e ideologia central — e, simultaneamente, estimular a absorção de novos valores adjacentes que o revitalizem.

---

[1] COLLINS, J.; PORRAS, J. *Feitas para durar*. Rio de Janeiro: Rocco, 1999.
[2] KOTTER, J.; HESKETT, J. *A cultura corporativa e o alto desempenho empresarial*. São Paulo: Makron, 1994.

"Manter e mudar"

A grande dificuldade para mexer na cultura organizacional é que, além do seu caráter altamente subjetivo, as forças que sustentam o manter/mudar são trabalhadas como opostas que se subtraem (manter *ou* mudar), ao invés de se tornarem complementares (manter *e* mudar). A frustração que disso resulta é semelhante àquela que sentiríamos quando, na expectativa de assistir a um belo espetáculo de balé, fôssemos brindados com uma luta de boxe repleta de golpes baixos. No pensamento de Collins e Porras, trata-se de optar pela "genialidade do *e*" em vez de se sujeitar à "tirania do *ou*", movimento esse que pode ser bem representado pelo símbolo chinês do Yin/Yang mostrado na Figura 3.1.

A presença dos dois movimentos é o caminho para atingir desempenhos cada vez mais significativos, de tal forma que a busca por tais resultados acabe se tornando, ela própria, um dos valores da ideologia central, compartilhada naturalmente por todos. Sempre é bom lembrar que a ausência de um desses movimentos desequilibra a relação, seja por formar uma cultura inflexível (exclusão dos novos valores adjacentes), seja pela adesão incondicional aos modismos (sem internalização e compartilhamento).

Visão sistêmica da revaloração

A mudança da cultura — independentemente de os resultados serem, por via de regra, demorados — pode provocar verdadeiro estado de ambigüidade e de transição e, até mesmo, aparente esquizofrenia organizacional. Essa situação decorre da interdependência entre os chamados sistemas sociotécnicos da empresa, em que uma ação em torno da estrutura ou tecnologia de trabalho acarreta reflexos sobre as pessoas e vice-versa. Em face dessas circunstâncias, impõe-se uma questão: "mas, afinal, para que revalorar a cultura?"

Parte da resposta pode ser obtida da compreensão de que, ao contrário do ciclo de vida dos seres vivos que, inevitavelmente, acaba na morte, as organizações podem ser revitalizadas por meio de um processo de revaloração como o "manter e mudar". Também a entropia — tendência à desorganização e ao desgaste a que todo sistema está sujeito — pode ser vencida por um processo de revaloração cultural.

Organizações podem reviver

■ MODELO CONCEPTUAL DE REVALORAÇÃO DA CULTURA CORPORATIVA

Embora simples em sua essência, a tarefa de revaloração da cultura de uma empresa é bastante complexa na sua execução. Aparentemente, nada há de complicado na ação de preservar o núcleo da cultura, revitalizando-o de quando em quando, ao mesmo tempo que se estimula a internalização de novos valores. Contudo, devemos lembrar que, conforme vimos em capítulos anteriores, a cultura organizacional não tem caráter lógico, matemático; pelo contrário, mostra-se muitas vezes de forma subjetiva, repleta de aspectos inconscientes que exigem acurada interpretação. Assim, revalorar qualitativamente a cultura de uma empresa significa atuar em duas dimensões:

- **ressignificação dos valores culturais**: a ressignificação de um valor cultural pode ser obtida mediante a apresentação de um preceito antigo a partir de outra ótica, que lhe dê nova roupagem e permita a reorientação da percepção de pessoas e grupos. Exemplos:

  (1) delegação de poderes x *empowerment*;

  (2) consultor interno/mentor x *coach*;

- **obsolescência planejada de valores culturais**: a obsolescência planejada de um valor da cultura da empresa pode ser alcançada por meio de um processo de análise e de convencimento coletivo — dos funcionários em geral — de que determinado valor cultural já não é moderno ou que não serve mais aos interesses da empresa, devendo ceder lugar a outro valor cultural. Exemplos:

  (1) individualismo x trabalho em equipe;

  (2) eficiência x efetividade organizacional.

Deve-se ressaltar que, por mexer em crenças e convicções profundas e estar pairando sobre o movediço terreno das emoções humanas, um processo de revaloração mal planejado e conduzido de modo precário pode gerar altos níveis de resistência, conflitos, moral baixo e contracultura organizacional. E, por conseqüência direta, resultados operacionais decrescentes.

Esses elementos contribuem para a concepção que alguns tomadores de decisão fazem de que "cultura organizacional é um mal necessário", impossível de ser enquadrado por envolver aspectos ocultos (zonas de sombra), multifacetado (imagens), apresentar nuances muito diferentes entre si (subculturas) e processos de resistência e de rejeição (contraculturas) que inviabilizam seu gerenciamento. Tal como um fantasma a arrastar suas correntes pelas dependências da empresa, essa falta de direcionamento estratégico para assuntos dessa natureza deve-se, em boa parte, às tentativas de racionalização por meio de abordagens parciais de intervenção. Assim, entendemos que a revaloração da cultura deva obedecer a um programa estruturado de gerenciamento da cultura corporativa. De caráter *top down*, essa intervenção começa pela sensibilização da alta administração da empresa, continua com a capacitação dos gestores da mudança, e prossegue com a correta ativação de vários mecanismos de gerenciamento da cultura no dia-a-dia da empresa. Basicamente, um programa de revaloração da cultura corporativa abrange as seguintes fases:

- fase 1: **sensibilização**;
- fase 2: **diagnóstico/formação dos modelos sociais**;
- fase 3: **ativação dos mecanismos de revaloração**;
- fase 4: **modelagem da nova cultura.**

O programa de revaloração da cultura corporativa requer a sensibilização da alta administração da empresa, por meio de entrevistas e, muito especialmente, de *workshops*, de forma que os altos executivos possam ter uma percepção adequada dos benefícios que poderão advir do processo e também da metodologia que será adotada. A alta administração da empresa deve ser ainda estimulada a diagnosticar os seguintes aspectos:

(1) quais os valores culturais incipientes na organização e que mereceriam ser mais bem trabalhados e internalizados na cultura corporativa;

(2) qual o estilo de liderança que os executivos em geral — inclusive chefias intermediárias — deveriam adotar como representantes e exemplos da revitalização da cultura;

(3) qual o modelo de gestão — diretivo ou participativo — que a empresa privilegiará no desdobramento do processo de revaloração da sua cultura.

O ponto central, que deverá ser acordado com a alta administração, é que em ambos os casos (mudança diretiva ou modelagem participativa) os executivos da empresa passam a ser os gestores da cultura corporativa. Assim, eles devem ser desenvolvidos e preparados para tal, recebendo para isso treinamento específico.

As informações colhidas com a alta administração serão posteriormente complementadas por uma pesquisa-ação de clima organizacional e, após reanálise e sistematização, oferecerão um diagnóstico inicial e permitirão a ativação dos mecanismos de revaloração da cultura com o objetivo de modelar a cultura da empresa de forma planejada. Na realidade, as diversas fases desse programa pertencem a um modelo sistêmico, conforme pode ser observado na Figura 3.2.

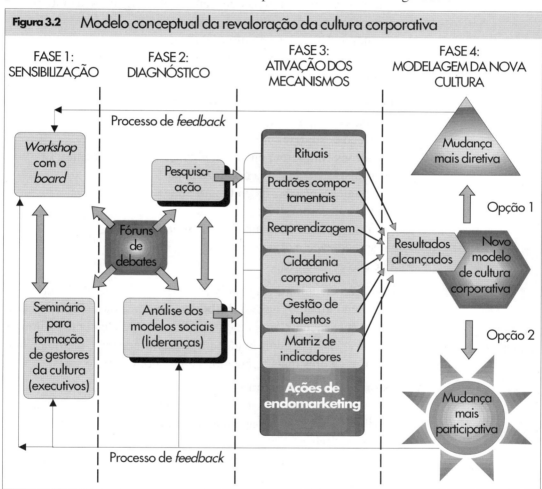

Figura 3.2 Modelo conceptual da revaloração da cultura corporativa

Colocada em ação, por meio de suas diversas fases, a revaloração da cultura possibilita que os gestores da cultura — no caso os executivos em geral — tenham acesso a um *know-how* específico e possam identificar e analisar, basicamente, o seguinte.

- **o núcleo da cultura corporativa**:
    ▷ o *self* da respectiva organização;

> a zona de sombras — ou o inconsciente coletivo — da empresa;
> a ideologia central da organização;
> a força motriz organizacional que caracteriza a cultura da empresa;
> os mitos e os heróis;

- **os valores adjacentes da cultura**:
> os novos valores culturais que a empresa agregou à sua cultura, nos últimos anos;
> os valores defasados na cultura da empresa;
> os valores que seriam desejáveis e deveriam ser internalizados na cultura;

- **os mecanismos de revaloração da cultura**:
> os rituais corporativos;
> a atuação dos líderes como modelos sociais;
> os padrões comportamentais na interação com os clientes;
> a pesquisa-ação de clima organizacional;
> a comunicação/ações de endomarketing;
> a cidadania corporativa;
> a matriz de indicadores/*balanced scorecard*;
> a reaprendizagem organizacional;
> a gestão de talentos.

A revaloração da cultura corporativa também pode receber insumos do que geralmente denominamos **gestão simbólica**, que trata da análise, do questionamento e do subseqüente alinhamento deliberado de elementos culturais considerados mais "visíveis", cuja evidência possa influenciar e facilitar a mudança de normas e valores mais arraigados[3], como por exemplo:

Gestão simbólica

a) **histórias**: tratam de narrativas já ocorridas, em geral envolvendo o mito ou o herói, que dão informações sobre a organização, reforçam sua filosofia de gestão e apontam para exemplos de atitudes desejáveis. Resta saber se o conteúdo ainda se aplica ao novo momento, por exemplo, irrestrita garantia de emprego; em caso negativo, deve ficar claro ao público interno que as ações e o comportamento dos seus líderes, no passado, referem-se a um momento histórico;

b) **tabus**: referências que demarcam áreas de proibição[4], normalmente encobrindo preconceitos, experiências desastrosas do passado, contra-

---

[3] WAGNER III, J.; HOLLENBECK, J. *Comportamento organizacional*: criando vantagem competitiva. São Paulo: Saraiva, 1999.
[4] FREITAS, M. E. *Cultura organizacional*: formação, tipologias e impacto. São Paulo: Makron, 1991.

tos psicológicos negativos e zonas de sombras ainda impenetráveis. Na maioria das vezes, esses tabus têm de ser exorcizados da vida organizacional por conterem elementos que contradizem o sentido da mudança;

c) **ícones**: já na fronteira da comunicação com o público interno, os programas contendo as novas diretrizes geralmente são batizados com um nome e uma sigla facilitadora; por exemplo, a gestão integrada dos recursos humanos, da Samarco, cuja sigla GIRH, além da fácil memorização, vem acompanhada pelo contorno esquemático de três vultos. Também é comum o uso de versões humanizadas do logotipo, da marca da empresa ou do símbolo da mudança "explicando" as novas orientações, como fez a Companhia de Tecidos Santanense com a simpática figura de um monitor sorridente como garoto-propaganda da implantação do novo sistema SAP/R3 na empresa;

d) **ambiente físico e artefatos**: tudo o que lembre os antigos valores, ou que tenha com eles algum tipo de relação, deve ser revisto e também revalorado. Aqui se incluem a distribuição do espaço físico, a derrubada de paredes e portas, a manutenção de restaurantes diferenciados, a transferência de áreas inteiras (os consultores de RH têm sua mesa de trabalho próxima ao chão de fábrica), a criação de mesas de trabalho compartilhadas, o reposicionamento do local do cafezinho para estimular as trocas entre pessoas de áreas diferentes, os móveis e equipamentos, o luxo das salas "deles" e outros elementos. Também vem se tornando comum a "materialização" do compartilhamento na forma de objetos-símbolos como a caneca como brinde pela participação no café da manhã com a diretoria (Telet), a espada de plástico recebida na entrada da cerimônia para pactuar novas metas de vendas (Compaq), além das já tradicionais agendas, troféus, *pins* e chaveiros;

e) **visão e valores da empresa**: normalmente visíveis nas paredes da sala de entrada da empresa (e, em muitos casos, pouco presentes no seu dia-a-dia), os enunciados de missão, visão e valores sinalizam elementos importantes da cultura. Buscar inspiração e retrabalhar esses elementos dentro de um novo contexto podem facilitar o processo de revaloração e diminuir a resistência à mudança, devido à familiaridade anterior que as pessoas têm com seu conteúdo;

f) **jargão compartilhado**: geralmente associado à força motriz, é interessante observar as expressões mais valorizadas na troca de informações entre pessoas e áreas.

Apesar do poder de transmitir idéias e estabelecer regras culturais, os elementos apontados acima tendem a ser desconsiderados ao longo dos processos de intervenção, o que é um grande erro, pois quando mensagens dissonantes são percebidas pelas pessoas, todo o esforço de mudança acaba desacreditado. Assim, é bastante comum que a mudança proposta fale de relações mais democratizadas, horizontais e transparentes entre pessoas e níveis, enquanto a permanência de estacionamentos reservados e portas em excesso sinalizam que nem tudo o que está sendo dito deverá realmente mudar. Embora possam parecer insignificantes, essas inconsistências drenam boa parte da energia que poderia ser alocada no processo de intervenção, já que servem de munição para os ataques *guerrilheiros* da contracultura.

Essas contradições também aparecem no dia-a-dia da empresa, em seus processos e suas atividades. Nessa linha, um bom exemplo pode ser extraído do destaque dado durante o processo de integração dos novos funcionários de uma grande indústria ao seu fantástico plano de aposentadoria! Por mais que fossem enfatizados valores relacionados à busca de melhorias e aumento da produtividade, a mensagem já estava dada: não corram riscos! Essa inconsistência foi detectada ainda na fase de sensibilização/formação de gestores da mudança e prontamente substituída por uma etapa de análise do *case* da própria empresa, *case* esse que conta sua história, seus feitos, as "viradas de mesa" de seus heróis revitalizadores, e outros elementos relacionados à sua ideologia central.

Outro ponto contraditório que merece ser analisado com cuidado é a excessiva ênfase no caráter meramente festivo da maioria das cerimônias e rituais organizacionais, sem a devida valorização do determinismo cultural. Assim, grandes festas de final de ano tornam-se incompatíveis com meses de dificuldades que possam ter incluído, por exemplo, demissões em massa. Nesse caso, mesmo que já existam bons resultados a compartilhar, uma cerimônia mais focada nas novas diretrizes e providências tomadas será encarada com mais compromisso do que uma divertida comemoração entre sobreviventes.

O respeito aos costumes locais também deve ser considerado, pois, mesmo inspirado numa intenção de melhoria da qualidade de vida do trabalhador, pode gerar mensagens dissonantes. É o caso do *durmódromo*, uma pequena arena com largos degraus em que os operários podem colocar os colchonetes e descansar durante o intervalo de almoço, bem como a opção por assistir aos filmes programados (sem determinismo cultural) no moderno cinema de 200 lugares que faz parte do fantástico Centro de Convivência, construído há poucos anos por uma grande indústria alimentícia, em Goiânia. Neste caso, com a agravante de, pelo menos teoricamente, aumentar a probabilidade de acidentes nos primeiros momentos de retorno ao trabalho.

A separação dos chamados restaurantes industriais e as vagas reservadas no estacionamento ainda assombram a todos que sonham com modelos

Revaloração da Cultura Corporativa

decisórios mais nivelados e participativos. Algumas empresas cortaram sumariamente a distinção entre "pobre" e "nobre", adotando o estilo *self-service*,
com pratos substituindo os célebres bandejões de alumínio. Outras, porém, ado-
taram soluções intermediárias que ajudam a sinalizar a transição, por exemplo,
os restaurantes de uma importante indústria automobilística, em Minas Gerais,
com opção de entrada para a área dos bandejões (cujo custo é de apenas
alguns centavos), servidos em mesas com banquetas fixas, ou pela do bufê,
com pratos de porcelana e mesas com cadeiras, mais caro. Separando ambas
as áreas, apenas uma pequena mureta com flores e uma abertura que somente
as visitas e os estagiários que ainda não foram devidamente integrados se ani-
mam a ultrapassar.

Aliás, os refeitórios, assim como outros locais de uso comum nas empresas, também servem de cenário para os chamados jogos de poder e, até mesmo, para mostrar a inclusão/exclusão de pessoas e grupos. Um fato ocorrido
entre um funcionário e um diretor de uma empresa petroquímica de grande
porte é bastante esclarecedor sobre gestão simbólica: naquela empresa, estava
sendo alvo de comentários a quase certa promoção daquele colega que, quase
todos os dias, chegava ao restaurante junto com um dos diretores e sentava-se
à sua mesa (reservada, é claro) para almoçar. O prestígio continuou alto, até
que alguém descobriu que o referido colega tinha uma estratégia preestabelecida.
Ele entrava no banheiro do restaurante e ficava aguardando a chegada do
"alvo", de forma que coincidentemente cruzasse com ele à saída do banheiro e
que, sem que o diretor se desse conta da manobra e, menos ainda do valor
cultural do seu gesto, acabava convidando-o a sentar em sua mesa.

Desse modo, a gestão simbólica merece cuidados especiais até mesmo
antes que o processo de mudanças seja iniciado, além de um monitoramento
constante até que seja absorvida pelo núcleo da cultura e dela passe a fazer
parte de modo natural. A partir desse momento, deve-se ficar atento para as
reformulações que serão novamente exigidas, com a chegada de novos valores
adjacentes que certamente forçarão novo realinhamento desses elementos, in-
justamente considerados *mais superficiais*.

■ MECANISMOS BÁSICOS DE GERENCIAMENTO DA CULTURA CORPORATIVA

Como afirmamos anteriormente, a intervenção na cultura organizacional
tem um caráter educativo que vai muito além de treinar pessoas para que ad-
quiram as competências exigidas pelos novos valores adjacentes. É preciso
alinhar os esforços e as emoções, principalmente aqueles que se referem aos

instrumentos e mecanismos úteis na revaloração da cultura corporativa. Mais adiante, analisaremos os mecanismos avançados de revaloração da cultura, como a gestão de talentos, a matriz de indicadores/*balanced scorecard*, a cidadania corporativa e a reaprendizagem organizacional. A seguir, abordaremos os mecanismos básicos que contribuem para a revaloração da cultura corporativa, a saber:

- pesquisa-ação de clima organizacional;
- rituais corporativos;
- executivos e líderes como modelos sociais;
- comunicação/ações de endomarketing;
- padrões comportamentais com foco na interação com o cliente.

Pesquisa-ação de clima organizacional

Todo e qualquer plano de intervenção deve ser estruturado a partir de informações fidedignas, geralmente obtidas de várias fontes, de modo que o grau de convergência entre elas possa servir como indicativo de validação do diagnóstico. Entrevistas, levantamentos de dados (que ajudarão a construir indicadores de monitoramento da mudança), observação de pessoas e grupos são meios que se prestam para ajudar a formatar esse quadro inicial.

Porém, é cada vez mais freqüente o emprego da *pesquisa-ação* como técnica preferida desta etapa inicial, até porque ela pode ir se desdobrando em tantas outras quantas forem sendo necessárias. Trata-se de um tipo de pesquisa social voltada para a ação, para a resolução de um problema coletivo[5], na qual os pesquisadores e integrantes representativos da situação ou do problema se envolvem de modo cooperativo ou participativo e é esse caráter construtivo que recomenda fortemente seu emprego.

No ambiente organizacional, existe um bom espaço para a aplicabilidade da pesquisa-ação, já que ela pode ajudar na introdução de novas tecnologias, nas mudanças estruturais, na reformulação de processos e, principalmente, na correção de anomalias detectadas nos processos operacionais e na própria interação entre as pessoas. Dentro dessa ótica, CCQs, grupos de melhorias e outros mecanismos semelhantes empregam pesquisa-ação a todo o momento.

Como uma espécie de termômetro da satisfação e motivação das pessoas e do grau de comprometimento que terão com a transformação organizacional, a pesquisa-ação de clima organizacional acaba se tornando uma excelente ferramenta da cultura de alto desempenho, desde que atenda aos seguintes requisitos:

---

[5] THIOLLENT, M. *Pesquisa-ação nas organizações*. São Paulo: Atlas, 1997.

Revaloração da Cultura Corporativa

- a coleta de dados não deverá restringir-se a um simples questionário, mas abranger a interação efetiva entre o pesquisador e o entrevistado e, principalmente, dar voz ativa às pessoas envolvidas na situação em estudo, ensejando a oportunidade de mudanças durante a própria pesquisa;

- o diagnóstico obtido pela pesquisa-ação de clima deverá originar ações e atividades com a finalidade de atuar sobre os problemas identificados;

- a ação corretiva deverá ser comunicada aos envolvidos na situação, garantindo-lhes meios de participar ativamente na implantação das mudanças, o que aumentará o seu grau de credibilidade.

Quando se fala em clima organizacional, na verdade está se referindo a uma abstração que é percebida de forma diferente pelas pessoas que trabalham em determinado local e, até mesmo, pelos seus visitantes. Assim, a descrição de um ambiente sofre variações tão grandes que, muitas vezes, parece não se tratar da mesma empresa ou departamento, porque cada um *carrega* nas percepções que lhe dizem mais respeito ou que lhe causam (des)motivação para o trabalho.

Diferentes percepções

Na verdade, o clima organizacional é formado pelo somatório de influência de fatores tão diferentes como salário, relacionamento e comunicação entre a chefia e os funcionários, convênio médico, condições de salubridade, reconhecimento (ou falta dele) etc. Estes e outros aspectos podem proporcionar, assim, uma visão do estado emocional da organização e do impacto ou da receptividade que a intervenção terá sobre esse clima, possibilitando o ajuste das necessidades individuais e coletivas, embora sejam escassos os programas que buscam expressa e deliberadamente mudanças acentuadas nesse estado de coisas[6].

Essa inércia, essa falta de ação corretiva pode levar novas iniciativas de pesquisa de clima ao descrédito, daí por que se recomenda ampliar o escopo para uma pesquisa-ação que apresente o diferencial de recorrer a outras fontes (além do questionário) e implantação das melhorias à medida que a intervenção vai ocorrendo (*vide* mecanismo de *endomarketing*).

É importante ressaltar que uma pesquisa de clima não se propõe a solucionar todos os problemas internos de uma empresa, da mesma forma que uma pesquisa de satisfação do cliente externo não assegura o sucesso da empresa perante seus concorrentes. Assim, ao se decidir a realizar uma pesquisa-ação de clima, a alta direção deve estar consciente dos riscos que poderá correr, a saber:

Riscos para a alta direção

a) de o não-comprometimento devido com a melhoria dos aspectos deficientes apontados acabar gerando ainda mais insatisfação;

---

[6] VÁZQUEZ, M. S. *El clima en las organizaciones*. Barcelona: EUB, 1996.

b) da decepção com os resultados, especialmente com a baixa receptividade da mudança proposta;

c) de gerar falsas expectativas nos funcionários;

d) da comunicação inadequada ao longo das várias etapas;

e) da descontinuidade do processo.

Uma vez que sua realização tenha sido decidida, torna-se vital que o grupo encarregado da pesquisa-ação defina claramente os indicadores de clima, ou seja, a relevância dos diferentes fatores para a manutenção de um bom nível de satisfação no trabalho por parte dos funcionários e sua relação com a revaloração da cultura organizacional. Um bom exemplo dessa ação imediata vem da Copesul, na qual os dados preocupantes com a qualidade de vida no trabalho originaram um programa voluntário e gratuito de reeducação *para o stress*, com a disponibilização de dez sessões individuais com especialistas na área. Já a Basf passou a implementar o "Programa de Desenvolvimento do Perfil de Liderança", promovendo espaços de discussão sobre a visão, perfil de liderança e metas compartilhadas, bem como o "Programa de Remuneração Variável", ambos frutos da pesquisa-ação de clima. Os funcionários da Volvo, espalhados pelo mundo inteiro, até mesmo no Brasil, respondem a um questionário eletrônico, devolvido via *e-mail* para a matriz da empresa. Após a tabulação, a empresa expõe os resultados, relatando as providências já tomadas e convidando todos para construir as propostas restantes.

Providenciando cuidados metodológicos para que o instrumento seja validado, comunicado e esclarecido em todos os níveis e para que haja o tratamento correto dos dados tabulados e suas correlações, esse tipo de pesquisa-ação fornecerá uma boa "fotografia" de determinado momento do clima organizacional. A continuidade do processo, porém, é que apontará as tendências crescentes de melhoria, segundo a percepção dos colaboradores, e servirá, ainda, para monitorar o processo de revaloração cultural como um todo. Por esse aspecto, já no mecanismo de revaloração da matriz de indicadores, apresentado mais adiante, detalharemos alguns elementos que podem acompanhar a pesquisa-ação de clima organizacional proposta.

Como estruturar uma pesquisa-ação de clima organizacional

A pesquisa-ação exige amplo envolvimento das pessoas ao longo das várias etapas que encerram sua realização. Assim, tanto as etapas como as dimensões a serem construídas devem ser fruto dessa visão construtivista; é recomendável, portanto, concentrar a atenção nos seguintes tópicos:

Revaloração da Cultura Corporativa

- **escolha do padrinho**: é de suma importância que um diretor (ou todos) assuma a idéia e incentive sua implementação, dando-lhe credibilidade e apoio político. Além do padrinho, a formação de um grupo de trabalho multidisciplinar fornece a imprescindível validação participativa no processo, pois a pesquisa-ação requer entrosamento das pessoas em geral, desde a sua fase de planejamento até o encaminhamento e a implementação de melhorias que vierem a ser evidenciadas nos futuros resultados da própria pesquisa;

- **objetivos/dimensões da pesquisa**: a formatação de objetivos claros ajuda a definir as dimensões a serem alvo da pesquisa, bem como o tipo e a quantidade de questões em cada uma delas. Geralmente, são aceitas como essenciais, dentre outras, as seguintes dimensões: (1) atuação das chefias como modelos sociais da mudança; (2) interação chefias/subordinados; (3) grau de autonomia/delegação; (4) sistemática de reconhecimento/recompensas; (5) qualidade de vida no trabalho; (6) oportunidades de crescimento profissional; (7) imagem institucional; (8) orgulho em trabalhar na empresa;

- **preparação das chefias/coleta de sugestões**: uma apresentação da idéia inicial para as chefias ajuda a minimizar eventuais resistências e desconfianças e obter o necessário apoio das pessoas que detêm o poder;

- **população-alvo/amostra**: em empresas de pequeno porte, é normal aplicar os instrumentos em todos os colaboradores, adotando-se o critério de amostragem nas organizações de médio e grande portes. Na definição do tamanho da amostra, são necessários alguns cuidados estatísticos;

- **instrumento de coleta de dados**: dentre os instrumentos de coleta de dados existentes, como a entrevista, a observação pessoal e o questionário, este último é o mais empregado pelas organizações em geral. O questionário permite que a coleta de dados seja mais ágil, além de possibilitar o processamento/tabulação com o auxílio dos recursos facilitadores da tecnologia da informação;

- **montagem do instrumento**: um bom questionário deve ser claro e objetivo, pode ter duas ou três versões, conforme o nível das pessoas. As questões podem ser fechadas (opções ou escalas) ou abertas, bem como incluir dados socioeconômicos. O seu anonimato (ou somente referências ao setor/tempo de empresa) é recomendável, pois deixa os colaboradores mais à vontade para respondê-lo;

- **aplicação e coleta**: o questionário pode ser enviado aos participantes — público-alvo — da pesquisa, acompanhado de uma carta com instruções e prazo de devolução;
- **tabulação/tratamento estatístico**: recolhidas as respostas, os dados devem ser trabalhados estatisticamente por meio de planilhas, como o *Excel*, ou *softwares* especiais;
- **designação de equipes matriciais**: os resultados da pesquisa podem ser agrupados por categorias de assuntos, cuja resolução será confiada a equipes autogerenciáveis, com representantes de várias áreas da empresa;
- **divulgação dos resultados/plano de ação**: jornal, murais, reuniões, publicações especiais são alguns dos mecanismos de comunicação que devem ser utilizados para dar o retorno — *feedback* — sobre os resultados da pesquisa e, ainda, sobre o andamento dos trabalhos das equipes matriciais criadas para encontrar e implementar soluções.

Rituais corporativos

Numa comunidade, a cultura é perpetuada por símbolos e pela realização de cerimônias, geralmente compostas de vários ritos e rituais que, repletos de simbolismo e emoção, irmanam as pessoas em torno de ideais que lhes são comuns. Quando bem conduzidos, esses eventos podem se transformar em extraordinários catalisadores da energia e da motivação dos envolvidos. Mais que isso, constituem portais mágicos de acesso ao convencionalmente inatingível, pois por meio deles a força do coletivo arrebata os indivíduos, inflamando-os pelo discurso, pelo hino, pelos símbolos compartilhados.

Os ritos, os rituais e as cerimônias são exemplos de atividades planejadas em torno de conseqüências bem práticas e expressivas e que tornam a cultura organizacional mais tangível e coesa[7]. E mais visível, também. Assim, as cerimônias servem para reforçar normas e valores importantes, elementos esses que são passados por meio de alguns ritos, cuja repetição e grau de importância acabam transformando-os em rituais. Para fins de concisão metodológica, tomamos a liberdade de denominar de **ritual corporativo** todo e qualquer evento interno, seja ele propriamente um ritual, uma cerimônia, ou um simples rito.

Ritual corporativo

Os rituais corporativos podem ser de diversos tipos — de passagem, de celebração e outros —, e a natureza e o caráter de um mesmo ritual podem se alternar ao longo do seu desdobramento. No decorrer, por exemplo, de uma

---

[7] DEAL, T.; KENNEDY, A. *Corporate culture*: the rites and rituals of corporate life. Massachusetts: Addison-Wesley, 1982.

Revaloração da Cultura Corporativa | **69**

convenção de representantes de vendas, pode-se verificar que o ritual corporativo que a envolve vai assumindo, no seu transcurso, facetas diferentes, e apresentando feições de:

- ritual de passagem: apresentação dos novos funcionários e homenagens a promoções e aposentadorias mais recentes;
- ritual de reforço: ênfase nos resultados positivos, valor social da observância das regras e do reconhecimento aos esforços individuais;
- ritual de renovação: apresentação de nova linha de produtos, peças teatrais satirizando situações indesejáveis, a partir das mudanças em andamento;
- ritual de hierarquia: inclusão, no evento, da palavra do presidente;
- ritual de redução de conflito: equivale ao famoso cachimbo da paz, com a presença de gerentes de áreas cujo relacionamento com vendas é um tanto problemático;
- ritual de integração/comemoração: jogos, *happy hour*, premiações, jantar de confraternização;
- ritual de degradação: reprimendas públicas a determinados funcionários ou, até, notícias de demissões (muitas vezes coletivas). O objetivo desse tipo de ritual — pelo ângulo do gerenciamento planejado da cultura — é demonstrar, para aqueles que permanecem na organização, o que acontece com os rebeldes ou proscritos.

Todo evento ritualístico deve ser planejado de modo a dar suporte à revaloração da cultura, até mesmo com a criação de novos eventos que passem a fazer parte de uma espécie de calendário de rituais. Assim, algumas organizações introduzem os *cafés da manhã com o presidente*; peças teatrais encenadas por funcionários que enfocam a dicotomia cotidiana do certo – errado; outras, ainda, investem em torneios de futebol, peteca, sinuca ou truco, conforme a região do país. O importante é que cada organização identifique e ative um elenco de eventos que, numa primeira abordagem, se coaduna com os novos valores culturais da empresa e, num aspecto mais amplo, sirva de instrumento para a solidificação da cultura de alto desempenho.

REUNIÕES: O MAIS CONHECIDO E EVITADO DOS RITUAIS

Sem dúvida, antes, durante ou depois de sua realização, as reuniões de trabalho se prestam para a coleta de *sinais culturais* da maior importância para um processo de revaloração. Senão, vejamos:

- natureza da participação: os participantes são convocados ou convidados?;

- atrasos/interrupções/duração: existe respeito às regras preestabelecidas?;
- critério de participação: só os envolvidos com os assuntos agendados ou são chamados todos para evitar melindres (*falsa democracia*)?;
- relação custo/benefício: caso se apropriasse o valor *horas/homem* das decisões tomadas, o resultado valeria a pena?;
- clima dos relacionamentos: quebra-gelo, brincadeiras, ironias, quem senta onde?;
- ambiente: mesa-redonda, cadeiras confortáveis, refrigeração, cafezinho?;
- condução da reunião: alternância entre todos, respeito ao tempo, nível dos debates?;
- atitudes pessoais: gestos, cochichos, tom de voz, expressões faciais?;
- registro das decisões e definições: quem vai fazer o quê, quando e como?.

Nas antigas comunidades rurais, alguns ritos, como o da celebração da colheita e o da passagem dos jovens da adolescência para a idade adulta, eram cultuados e transmitidos de geração para geração. No ambiente organizacional, os ritos mais importantes são os de acesso à empresa e de iniciação nela, os ritos de hierarquia e de mando, os de celebrações e de festas e os de saída, demissão e aposentadoria[8]. Os rituais mais encontrados nas organizações brasileiras, de forma geral, são os de celebrações e de festas que — e isto é preocupante — tendem a se processar de forma desordenada do ponto de vista cultural: são as festas de final de ano, os torneios de futebol, o churrasco mensal da área de vendas e assim por diante.

Muitas vezes, os rituais organizacionais assumem apenas caráter festivo, não possuindo consciência e nem determinismo cultural. Na revaloração da cultura, todo evento ritualístico pode obedecer a um planejamento pelo enfoque da gestão da cultura. Uma festa de final de ano, por exemplo, pode ser apenas oportunidade de convívio e de integração funcional, agradável, mas praticamente vazia em termos de cultura de uma organização, ao passo que em outras organizações essa mesma festividade pode colocar-se a serviço da gestão planejada da cultura corporativa. Como os rituais estão presos à cultura da empresa, é natural que os valores culturais neles trabalhados variem de empresa para

---

[8] AGUIRRE, A. *Los rituales de la empresa*. Barcelona: Perspectivas de Gestión (2), 1996.

Revaloração da Cultura Corporativa   71

empresa. Voltando ao exemplo das festas de fim de ano, em certas organizações que atuam no Brasil — como Petrobras, Nestlé, Goodyear, Ivaí Obras,
Siemens, Andrade Gutierrez, Nitrocarbono, Shell, Citigroup etc. —, funcionários com 15, 20 e 25 anos de serviço recebem homenagens e prêmios. Nesse
caso, essas organizações estão claramente trabalhando e fortalecendo valores
como tempo de casa, lealdade à organização, dedicação continuada. Em outras
empresas que também atuam no Brasil — como a Procter & Gamble, Banco
General Motors, Alpargatas, Maxitel —, as festividades dessa mesma natureza servem para premiar publicamente funcionários que se destacaram por seu
desempenho em projetos importantes naquele ano. Nesses casos, os valores
culturais que estão sendo trabalhados na comunidade organizacional já não são
a antigüidade ou a dedicação, mas sim o desempenho, a competência etc.

Executivos e líderes como modelos sociais

As características da cultura de uma organização são, em geral, positivas
ou negativas dependendo da relação que estabeleceram com o legado cultural
de seu mito. De fato, a história de vida do herói fundador, ou revitalizador, é
traduzida em valores que continuam a ser praticados mesmo anos depois que o
mito se retirou da cena real e que podem, até, estar presos a uma visão de
mundo já obsoleta. Assim, alguns princípios que deram suporte a comportamentos tolerados no passado — autoritarismo, por exemplo — podem se
desestruturar com facilidade num mundo em rápida evolução.

Numa direção que questiona essa importância, a figura do mito organizacional aproxima-se do que se denomina *vício cultural*[9], que, de certa forma,
pode aprisionar e *infantilizar* a cultura da organização. Neste caso, a questão
de como administrar ou contrapor novos valores ao legado cultural do próprio
mito da organização passa a ser um dos maiores desafios da gestão da cultura.

Nas empresas familiares brasileiras, não raro o mito organizacional, normalmente o fundador, apresenta aspectos ambíguos, pois o empresário brasileiro é um exemplo de contradição: tomador de risco e resistente à mudança[10].
Uma saída para esse dilema dialético deve ser buscada na reformatação da
maneira de ser e agir dos chamados *modelos sociais* vivos da organização.
Ora, como é sabido que a cultura pode ser fantasticamente difundida e compartilhada pela prática e pelo exemplo das pessoas, especialmente daquelas
que detêm maior nível de influência, é de crer que a transformação de sucessores, executivos, líderes e outros nos chamados modelos sociais da mudança

> **Modelos
> sociais**

---

[9] PETERS, T. *O círculo da inovação*. São Paulo: Harbra, 1998.
[10] LODI, J. B. *A empresa familiar*. São Paulo: Pioneira, 1978. p. 19.

seja uma medida convergente. Assim, a gestão da cultura organizacional pode vir a ser facilitada, caso os chamados *modelos sociais* passem a praticar e expressar valores e atitudes coerentes com uma cultura de alto desempenho.

Nesse caso, são valiosas as idéias de Bandura[11] e sua "teoria da modelagem social", que pressupõe que o indivíduo possa assumir um padrão de comportamento derivado de modelos de pessoas que lhe causem admiração por seu *status*, competência, poder, prestígio e outros fatores. Inexistindo o modelo social no contexto da própria organização, ele pode ser construído teoricamente, assimilado pelos executivos por meio de treinamento e internalizado na cultura organizacional via sistema de recompensas, premiando aqueles que se destacarem no cumprimento do novo exemplo social.

Construção do modelo social: gestores da mudança

Definida a importância estratégica da construção do novo modelo social, devemos ter em mente que o grau de dificuldades na implantação das mudanças culturais será tão elevado quanto a lacuna que existir entre os preexistentes e aquele almejado. Assim, supondo-se que haja condições mínimas para a sua constituição, eis alguns passos importantes nessa direção:

a) escolha de quem serão os modelos sociais: gerentes, supervisores ou os que adotarem os novos valores, independentemente do nível hierárquico;

b) criação do arquétipo comportamental e cultural: como fonte de inspiração para as pessoas que assumirão na prática o novo papel, esse arquétipo deverá ser estruturado teoricamente, a partir da escolha e da hierarquização dos valores, das atitudes e dos comportamentos que comporão o novo modelo social;

c) identificação das lacunas (*gaps*): tomando como referência os valores e as práticas ainda vigentes, será necessário focar as novas competências e habilidades que passarão a ser exigidas a partir da implantação da mudança, bem como o guia a ser seguido até sua aquisição;

d) sensibilização e treinamento: é de suma importância treinar (em algumas habilidades específicas) e educar (conhecimento e sabedoria) os escolhidos para desenvolver os atributos necessários e assumir as novas funções de gestores da mudança. É interessante ressaltar que desse processo educativo, além dos treinamentos direcionados, deve fazer

---

[11] CLONINGER, S. *Teorias da personalidade*. São Paulo: Martins Fontes, 1999.

Revaloração da Cultura Corporativa

parte uma reaprendizagem (outro importante mecanismo de revaloração da cultura) com as disfunções, os erros e os fracassos até então ocorridos, sob pena de as pessoas continuarem praticando-os exatamente por não terem ainda se dado conta dessa mudança de foco;

e) mecanismos de estímulo e de avaliação funcional que monitorem a efetiva aplicação das novas práticas: caso já existam na cultura condições que favoreçam o emprego de uma avaliação baseada num *feedback* 360°, este mecanismo ajudará a sinalizar o avanço na direção desejada.

Esse investimento em torno dos líderes, gerentes e diretores deve-se tanto à influência que eles possuem em função do poder do cargo que exercem como por servirem, pelo próprio exemplo, de decodificadores dos múltiplos e complexos estímulos que recaem constantemente sobre suas equipes. Os modelos sociais dão significado aos acontecimentos e às próprias pessoas. Nesse particular, vale resgatar o relato de Senge, que discorre sobre algumas tribos antigas da África do Sul, nas quais a comunicação interpessoal se inicia pela expressão *sawu bona*, que, literalmente, significa, *te vejo*. A resposta é *sikhona*, ou seja, *estou aqui*. A ordem das saudações é importante, pois enquanto um dos interlocutores não disser "*sawu bona*" ("te vejo") ao outro, este não existirá. Portanto, *você* me faz existir. Trazendo esse exemplo para o ambiente empresarial, quantos tomadores de decisões realmente *fazem* o seu pessoal existir? E se as pessoas não existem, como podem integrar-se à comunidade organizacional, o verdadeiro esteio de uma cultura de alto desempenho? Virar este jogo é o verdadeiro papel dos modelos sociais!

Atributos desejáveis no modelo social

A influência mecanicista de sempre procurar *o mais apto* para desempenhar as funções também impregnou os estudos sobre o fenômeno da liderança, daí resultando, inicialmente, a chamada *teoria dos traços de personalidade*, traços esses que ajudariam a identificar os futuros líderes quando ainda são crianças. Derrubada a tese de que "líderes já nascem líderes", sobrevieram inúmeros outros estudos que tentaram identificar o conjunto de atributos que um verdadeiro líder deveria apresentar.

Na tentativa de explicar o fenômeno — e vender seu peixe, digo, livro —, praticamente cada guru de plantão apresentou sua própria lista, o que resultou nas seguintes tendências[12]:

---

[12] BOYET, J.; BOYET, J. *O guia dos gurus*: os melhores conceitos e práticas de negócios. Rio de Janeiro: Campus, 1999.

- sete mega-habilidades (Burt Nanus): visão de futuro, domínio da mudança, desenho organizacional, aprendizado vitalício, iniciativa, incentivo ao compartilhamento/cooperação, altos padrões de integridade;
- características baseadas em valores (James O'Toole): integridade, responsabilidade, compreensão, respeito pelos seguidores;
- sete hábitos das pessoas altamente eficazes (Stephen Covey): proatividade, visão clara dos objetivos e das crenças, disciplina para fazer o mais importante, pensamento na vitória, empatia com o outro, sinergia/criatividade, busca do aprimoramento;
- atributos do líder (Max DePree): integridade, confiança nos outros, *insights*/discernimento, sensibilidade, coragem, senso de humor, energia/curiosidade intelectual, aprendizado por meio da experiência, planejamento, amplitude, presença com os liderados;
- atributos da liderança (John Gardner): energia, julgamento, impulso/iniciativa, conhecimento, empatia, compulsão por realizar, comunicação persuasiva, firmeza, coragem, conquista da confiança, estabelecimento de prioridades, domínio das situações, flexibilidade.

Como se vê, as listas são múltiplas e variadas, extraídas da experiência, do bom senso ou até de pesquisas sérias que procuram correlacionar o conjunto de atributos que maximizaria resultados geralmente associados a mercados ou à área financeira. Falta-lhes, porém, a contextualização das situações em que uma ou outra lista se tornaria mais adequada, ou, para manter a nossa linha de raciocínio, em qual tipo de cultura produziriam resultados efetivos. Assim, é de crer que o atributo *senso de humor*, defendido por DePree, seja mais bem avaliado numa empresa com cultura mais participativa (ou mais *fun*, para lembrar a ideologia central da AES) do que noutra com valores mais voltados à disciplina e obediência à hierarquia (Mannessmann).

A conclusão é óbvia: a definição do modelo social mais adequado a cada processo de revaloração cultural dependerá de uma visão mais contingencial[13], fruto do alinhamento entre os três pilares a seguir delineados:

- figura do líder: aptidões/traços de personalidade, valores/atitudes que expressa, bem como estilos de decisão mais ou menos voltados às tarefas e/ou comportamentos dos subordinados;
- seguidores: nível de maturidade (competências, habilidades, experiência, iniciativa, responsabilidade, relacionamentos, e outros), interesses pessoais, frustrações com origem em mudanças no passado, bem como expectativas para o futuro;

---

[13] VERGARA, S. *Gestão de pessoas*. São Paulo: Atlas, 1999. p. 78.

Revaloração da Cultura Corporativa 75

- situação: fatores intervenientes externos e internos, grau de importância x urgência, nível de informações disponíveis, bem como cultura organizacional (ela, sempre ela!).

O que se espera de um gestor de mudanças

Na verdade, alguns alinhamentos propostos por Boyet e Boyet[14] são bem adequados para ajudar na construção de um arquétipo uma vez que apontam para mudanças mais amplas nos chamados deveres e responsabilidades de um líder. Essas mudanças se dão:

- do papel de estrategista para o de visionário: as pessoas não se comprometem com as estratégias (o que fazer) simplesmente porque não estabelecem nenhum vínculo emocional com elas. Assim, a competência essencial do gestor da mudança é criar significados que transformem todos aqueles números, ações e cronogramas numa visão (para que fazer) energizada, na qual todos se orgulhem de participar, de contribuir com o melhor de si próprios e de vibrar com as vitórias;

- do papel de comandante para o de contador de histórias: a fase mais marcante do processo de aculturação de um novo funcionário se dá quando ele começa a ouvir, geralmente de seus colegas, relatos sobre alguém perigoso e conselhos sobre como proceder para não se tornar uma pessoa *diferente*. Do mesmo modo, para acelerar a mudança, o gestor deve trocar seu papel de mando pelo de convencimento, passando a utilizar metáforas, imagens, pequenos relatos — o próprio Cristo, um dos maiores exemplos de liderança da humanidade, valia-se de parábolas — que ofereçam respostas a dilemas que envolvam, principalmente, escolhas pessoais, sociais, morais e — por que não? — os ganhos que terão aqueles que aderirem às mudanças[15]. Já a ênfase nas perdas, por estas envolverem estímulos negativos, deve ficar para um segundo momento, como cartas na manga;

- do papel de arquiteto de sistemas para o de agente/servo da mudança: dentro do paradigma burocrático de gerar previsibilidade, os níveis gerenciais eram imbuídos do estímulo de criar controles para detectar exceções, de tal forma que acabavam fragmentando recursos escassos e sobrecarregando o funcionamento das partes. Para conduzir a revaloração, porém, o gestor deverá passar a estimular o questionamento, a inovação, a flexibilidade, a autonomia, o compartilhamento e o *empowerment* de seus seguidores, abandonando a pesada pirâmide para se transformar num jardineiro de idéias.

---

[14] VERGARA, 1999, p. 32.
[15] GARDNER, H., apud BOYET; BOYET, 1999, p. 47.

Formação de sucessores e liderança

Na pesquisa citada anteriormente, Collins e Porras[16] descobriram nas chamadas empresas visionárias tendência seis vezes maior de nomear pessoas de dentro para o cargo de diretor-executivo do que nas firmas que serviam de comparação. Para esses autores, a diferença central não estava na qualidade da liderança entre os dois tipos de firmas, mas sim na continuidade da qualidade de formação interna desses líderes.

Assim, até como forma de preservar o núcleo da cultura, as empresas visionárias demonstraram que o fator de sucesso se devia exatamente às políticas de formação e desenvolvimento dos talentos gerenciais, bem como à forma cuidadosa como planejavam sua sucessão, evitando com isso as turbulências dos temíveis *hiatos* de *liderança*.

Hiatos de liderança

O processo de sucessão que redundou na escolha de Jack Welch como CEO da General Electric é exemplar: sete anos antes da sua nomeação, havia 96 candidatos internos com bom potencial, lista reduzida para doze pessoas após dois anos de observação. Dentre estes, foram escolhidos os seis melhores para cargos executivos que reportassem diretamente ao CEO, ocasião em que sofreram avaliações rigorosas, testes e desafios de toda sorte. Só então, quando seu nome reunia a unanimidade dos conselhos da GE, Jack Welch assumiu o cargo que ocupou durante vinte anos e que lhe rendeu o título de *executivo do século* e a condição de herói revitalizador de uma cultura que tem nada mais nada menos que Thomas Alva Edson como mito.

Comunicação/ações de endomarketing

Comunicação

A *comunicação* — seja ela de caráter interpessoal ou organizacional — é um dos mais importantes vetores de propagação/sedimentação da cultura porque abarca toda sorte de mensagens trocadas entre pessoas e grupos, independentemente da linguagem ou do código escolhido, do tipo de canal usado, de o conteúdo ter origem formal ou informal ou de obedecer a um sentido ascendente ou descendente na estrutura hierárquica da empresa.

Idioletos

Nesse sentido, devem ser alvo de análise os *idioletos*, ou seja, a fala adotada pelos grupos culturais, para conhecer melhor os valores e as crenças que dão sustentação aos mecanismos de ação que esses grupos adotam[17]. Assumindo essa linha de raciocínio, pode-se afirmar que boa parte do fracasso na implantação de promissores programas de qualidade se deve exatamente à desconsideração aos códigos específicos de cada organização ou grupo, o que

---

[16] GARNER, H., apud Boyer; Boyer, 1999, p. 247.
[17] BARTHES, R. *Elementos de semiologia*. 15. ed. São Paulo: Cultrix, 1992.

Revaloração da Cultura Corporativa

gera "ruídos" e resistências acima do esperado[18]. Porém, com a intervenção dos novos paradigmas que vêm redirecionando as relações de trabalho era previsível que todo o ferramental disponibilizado para *encantar clientes* externos passasse a ser usado também para fixar os internos, como estratégia para reter e motivar colaboradores talentosos e raros.

Nasciam aí ações bem mais mercadológicas que aquelas executadas, até então, pela área de comunicação interna/relações públicas da empresa, reunidas com a denominação de *endomarketing*. Nesse processo, o compartilhamento de informações operacionais e estratégicas passou a ser bastante recomendado, ao mesmo tempo que se impunha a necessidade de que as ações de comunicação e marketing passassem a obedecer a um foco ou direcionamento, o que sinalizava a oportunidade de que fossem promovidos e divulgados, prioritariamente, os valores destinados a servir o cliente[19].

Endomarketing

Instrumentos e ações de endomarketing

Basicamente, o endomarketing tem à sua disposição, dentre outros, os seguintes instrumentos:

- mídia eletrônica (intranet, vídeos, teleconferências, circuito interno de TV);
- publicações internas (jornais, boletins informativos e revistas internas);
- publicações oficiais (relatórios financeiros anuais, balanço social);
- comunicação informal;
- quadros, murais;
- recursos gráficos (*folders*, *banners*);
- cartuns, revistas em quadrinhos e assemelhados;
- eventos internos (misto de rituais e de endomarketing, como reuniões, comemorações em geral, ações de integração funcional);
- outros/diversos (gincanas, concursos etc.).

As ações de endomarketing permitem a revitalização e o fortalecimento do núcleo da cultura da organização e, ao mesmo tempo, prestam-se à contínua revaloração qualitativa dos valores adjacentes, por meio da adesão das pessoas às mudanças. Para esse fim, o endomarketing pode — e deve — ser combinado com outras formas de comunicação e de interação com o público interno, como treinamento, palestras e cerimônias em geral. Deve-se manter, porém, o foco no chamado cliente interno, pois, ao servir de pano de fundo para dar sustentação aos demais mecanismos de gestão da cultura, assume um dos seus principais papéis. Vejamos:

---

[18] BALDISSERA, R. *Comunicação organizacional*. São Leopoldo: Ed. Unisinos, 2000.
[19] BEKIN, S. F. *Conversando sobre endomarketing*. São Paulo: Makron, 1995.

- dar suporte à fase de pesquisa-ação, de modo que facilite a obtenção de dados fidedignos;
- elaborar um calendário de rituais para dar solidificação à cultura organizacional;
- ressaltar a atuação e os feitos dos modelos sociais;
- divulgar a existência de padrões comportamentais relacionados ao alto desempenho;
- compartilhar as vitórias no campo da cidadania corporativa;
- monitorar os diferentes estágios da mudança com a ajuda da matriz de indicadores/*balanced scorecard*;
- estabelecer as bases de uma comunidade de aprendizado a partir do compartilhamento do conhecimento;
- dar ciência das mudanças havidas nos diferentes subsistemas de RH, a partir do realinhamento de várias de suas práticas;
- consolidar a adoção e o funcionamento de um modelo mais participativo na tomada de decisões.

Nessa linha de reforço, os mecanismos de endomarketing visam à difusão de uma linguagem cultural própria e homogênea em toda a empresa, para todos os funcionários, independentemente de nível hierárquico[20].

Delimitando o público interno

Derivada da função precípua de dar prioridade ao atendimento ao cliente, Bekin[21] limita-se a segmentar a pirâmide hierárquica naquilo que ele chama de *alvos* dessa comunicação: alta administração, gerência e chefias intermediárias, funcionários em contato com clientes e, por último, pessoal de apoio a esse atendimento.

Essa visão simplista de só considerar público-alvo as pessoas que fazem parte da folha de pagamento da empresa — embora compartilhada por vários autores —, em nossa opinião, deve ser revista, já que sua obsolescência é patente, uma vez que o conceito de *emprego* vem sendo substituído pelo de *trabalho* e novos tipos de colaboradores começam a surgir, como os terceirizados, os estagiários/*trainees*, os consultores, o pessoal das franquias/canais de vendas etc.

Ainda nesse *público de fora*, há de se considerarem as relações de parcerias estratégicas com fornecedores, bem como a atenção que merece a família dos funcionários, cuja influência sobre o nível de motivação e comprome-

---

[20] CERQUEIRA, W. *Endomarketing*. Rio de Janeiro: Qualitymark, 1994.
[21] Ibid., p. 43.

Revaloração da Cultura Corporativa   **79**

timento é notória. Já, do efeito das *reengenharias* e dos *downsizings*, surge nova parcela a ser incluída no chamado público interno, e, portanto, passível de receber atenção dos comunicadores e estrategistas de endomarketing: aposentados e ex-funcionários. Estes últimos, inclusive, têm sido alvo de políticas específicas de *replacement*, na forma de cursos de reciclagem profissional, sessões com psicólogos, tempo adicional de benefícios etc., com o objetivo de não causar danos à imagem e à motivação dos "sobreviventes"; afinal, sempre resta a pergunta: E quando chegar a minha vez?

Assim, a questão de atingir tal grau de diferenciação que satisfaça as múltiplas necessidades de cada um dos alvos — mesmo aqueles que não façam parte da folha de pagamento — promove o endomarketing a crescentes níveis de importância estratégica para a empresa.

Estratégias de endomarketing a serviço da cultura

O endomarketing deve estar vinculado a um projeto maior de comunicação integrada com os diferentes públicos — clientes, acionistas, público interno, comunidade —, porém atendendo objetivos diretamente relacionados à gestão da cultura, e que podem ser reunidos em quatro grandes grupos[22]:

a) compartilhamento da ideologia central e dos novos valores adjacentes;

b) atração, retenção e doutrinamento de talentos;

c) fomento das bases da cultura de alto desempenho;

d) positivação da imagem institucional — interna e externa.

Cada um desses itens será visto agora com mais detalhes.

COMPARTILHAMENTO DA IDEOLOGIA CENTRAL E DOS NOVOS VALORES ADJACENTES

Tatuar o conjunto de valores mais caros da organização nos corações e mentes de todos os colaboradores origina o que Collins e Porras[23] chamam de cultura da devoção, um dos traços que separa as empresas visionárias das demais. Assim, compartilhar a missão/visão, os princípios e os valores, divulgar os feitos heróicos, usar os jargões que dão o sentido de inclusão, estabelecer um calendário de rituais são algumas das ações que reforçam a prevalência desse objetivo estratégico.

Entretanto, esse controle ideológico — que também pode criar rigidez em excesso — deve ser compensado por certa flexibilidade operacional, pela disponibilidade de informações transparentes sobre o negócio da empresa, cenários e tendências, parcerias, missão de cada departamento, andamento dos projetos, lançamento de novos produtos, resultados alcançados etc.

---

[22] BRUM, Analisa M. *Endomarketing como ferramenta de gestão*. Porto Alegre: L&PM, 1999.
[23] Ibid., p. 183.

Enfim, a relação de dependência de uma área com as demais, por exemplo, cliente interno–fornecedor, a importância do trabalho bem-feito em todas as etapas, o conhecimento sobre quais são e para que servem os produtos ali fabricados e — talvez a mais importante vinculação — a incorporação da importância estratégico-operacional do cliente ao longo de todos os processos acabam se tornando os principais vetores do endomarketing.

Atração, retenção e doutrinamento de talentos

Os esforços de endomarketing devem ajudar as pessoas e os grupos a disponibilizar o que cada um tem de melhor, especialmente no campo das competências e habilidades. E se antes bastava contratar a força muscular das pessoas, e, talvez por associação e medo, elas se dispusessem a apresentar um "comportamento *bovino*", sem contestarem jamais, os verdadeiros talentos querem espaço também para suas idéias e emoções.

E quando os valores desse colaborador integral se encaixarem perfeitamente com os praticados pela empresa haverá sinergia entre ambos, uma vez que os contratos psicológicos foram mutuamente aprovados. Portanto, estimular a liberdade, concorrer pela competência (a *politicagem* só atrapalha os esforços de endomarketing) e recompensar o funcionário pelo mérito passam a ser fatores que ajudam a reter os verdadeiros talentos.

Daí a importância de investir seriamente em estratégias de endomarketing ao longo das etapas que antecedem a contratação de pessoas, bem como na integração dos escolhidos, de modo que as mensagens fundamentais encontrem ressonância quase imediata. Se assim não for, haverá desperdício de tempo e recursos de ambas as partes.

Fomento das bases da cultura de alto desempenho

Neste aspecto, o endomarketing pode contribuir para sedimentar a identidade cultural da empresa, emprestando sentido de pertencência às pessoas que atuam na organização. Pode, também, favorecer a disseminação de novos valores culturais que a firma deseja internalizar em sua cultura.

Na gestão da cultura organizacional, cada empresa deve encontrar, dentro de suas características e circunstâncias, meios de revitalizar e de divulgar os mitos organizacionais, a força motriz e a ideologia central, para que possam ser não apenas conhecidos, mas também compartilhados por todos na organização.

A título ilustrativo, pode-se mencionar, por exemplo, que algumas organizações pedem aos funcionários mais antigos que escrevam histórias sobre os bons tempos, algumas ligadas ao herói mitológico da empresa. Essas histórias serão, posteriormente, revisadas, reformatadas e divulgadas a todos os funcionários. Algumas empresas utilizam os rituais organizacionais para a difusão da mitologia, aproveitando, por exemplo, as festas de confraternização, quando solicitam a algum convidado especial — um aposentado conceituado, por hipótese — que relate aos funcionários os *bons tempos* em que ele viveu na firma. O importante é ter instrumentos, meios e oportunidades para divulgar as características centrais da cultura da organização. Ter um passado comum — e compartilhar dele —, de alguma forma aceito por uma *grande família*, reforçando a identidade cultural que se deseja compartilhar com todos os funcionários.

Em contrapartida, muitas empresas sentem necessidade imperiosa de agregar novos valores culturais, mas não conseguem servir-se do endomarketing como ferramenta acessória para tal finalidade. Existem organizações que definem sua *missão* e sua *visão* e tendem a transformá-las numa bela — porém inerte — carta de intenções não compartilhada com o quadro funcional. O endomarketing, nesses casos, não existe ou é precariamente operacionalizado. Na maioria das vezes, os funcionários não conseguem sequer lembrar a *visão* da sua firma que, em rigor, deve motivá-los e estimulá-los à construção do futuro.

POSITIVAÇÃO DA IMAGEM INSTITUCIONAL — INTERNA E EXTERNA

Aqui, aparece mais claramente a interface entre o endomarketing — ligado a recursos humanos — e a área de marketing/relações públicas da empresa, por meio dos reflexos do chamado exomarketing, que surge exatamente das ações de endomarketing/comunicação interna. Estas, de tão perfeitas e eficazes, acabam projetadas *para fora*, complementando todo o esforço de marketing externo da empresa[24].

Em outras palavras, os esforços deslocados para atingir os três objetivos anteriores acabam se tornando um diferencial competitivo em termos de marca, especialmente se os mesmos se derem em torno de políticas sérias de responsabilidade social, que, como veremos no próximo capítulo, é um dos mecanismos mais eficazes na revaloração da cultura. Eliminar eventuais traços de esquizofrenia organizacional do núcleo da cultura e obter sinergia entre as imagens externa e interna é um dos principais objetivos a serem alcançados com as ações de comunicação interna/endomarketing.

Na verdade, a decisão de melhorar a comunicação interna e até de implantar um programa de endomarketing deve atender a demandas estratégicas, definidas de cima para baixo e devidamente interligadas a políticas consistentes (e coerentes) de recursos humanos. Ou seja, de nada adianta espalhar painéis e cartazes pela empresa, incentivando novas idéias e melhorias, se as respectivas chefias (ou fracos modelos sociais) não têm

---

[24] BRUM, 1999, p. 73.

sequer o hábito de ouvir sugestões de seus subordinados, muito menos de implantá-las. Assim, é necessário cultivar uma atitude de endomarketing, pela prática de uma comunicação ascendente, descendente e horizontal em todas as suas formas, antes de passar para as ações propriamente ditas.

EXEMPLO DE INSERÇÃO DE UM PROGRAMA DE ENDOMARKETING NA REVALORAÇÃO DA CULTURA

SKA E SEU CARTÃO DE ATENDIMENTO VIP

Líder na venda de *softwares* CAD-CAM, por volta de 1995, a SKA dispunha de um quadro com cerca de 40 especialistas, cuja formação técnica e comportamentos reservados dificultavam o desenvolvimento de projetos que envolvessem a contribuição de suas diferentes áreas. Com o objetivo de aumentar essa interação, gerar inovação e sedimentar valores relacionados à satisfação do cliente, a SKA criou o *Programa Cartão VIP* — com cartinha, ícone, cartazes, frases de estímulo e tudo! —, que consistia num concurso trimestral, no qual o vencedor *vipão* ganhava um *vaucher* de cerca de US$ 150 para gastar numa viagem de final de semana, e deveria trazer uma foto para colocar no quadro-mural.

Assim, no início, cada colaborador ganhava três cartões, os quais ia depositando na urna, como reconhecimento pela ajuda recebida (ou aprendizagem de algo importante) de determinado colega ou chefe. As chefias, por sua vez, dispunham de outros três cartões VIP tarja amarela para premiar os subordinados que se destacassem na execução dos trabalhos, antecipassem entrega de etapas dos projetos ou apresentassem aperfeiçoamentos técnicos importantes. Já o comitê de qualidade, que coordenava o trabalho dos temporários "Times da Caixinha de Novas Idéias/5S's", até mesmo o virtual, realizado na rede e nas estações de trabalho/certificação ISO, podia emitir os cartões VIP tarja vermelha sempre que um cliente explicitasse à direção sua satisfação com o trabalho de alguém, ou o colaborador depositasse uma nova idéia na Caixinha, ou se oferecesse para implantar uma já aprovada, ou indicasse novo cliente/ negócio/projeto, ou, ainda, participasse durante dois meses das atividades de um dos times temporários.

A cada quinze dias, os cartões VIP depositados na urna eram contados e o resultado publicado no mural, na forma de um gráfico de barras, que avançavam à medida que os colaboradores e chefias conseguiam mais e mais cartões. A curiosidade para descobrir quem premiou quem e por que fazia com que todos acabassem lendo os cartões distribuídos e que ficavam à disposição num encaixe ao lado do gráfico. Além de destacar quem eram as pessoas mais contributivas do grupo (novos modelos sociais), a leitura servia para reforçar os comportamentos representativos dos novos valores adjacentes que estavam sendo introduzidos na cultura da SKA: trabalho em equipe, inovação, compartilhamento do conhecimento e foco no cliente. A entrega do prêmio, do troféu e do diploma para os três primeiros colocados constituía-se no grande momento da reunião mensal da empresa.

Como subproduto cultural, a formação de times com especialistas de diferentes áreas — desenvolvimento, implantação, comercial, administrativa — evoluiu para grupos de trabalho em torno de determinado produto ou serviço, que deram origem às diferentes unidades de negócio da SKA. Com maior foco nas oportunidades de mercado e na satisfação dos clientes, a formação do time da participação nos resultados foi o epílogo feliz desse processo de revaloração da cultura.

Internalização de padrões comportamentais na interação com os clientes internos e externos

Nos últimos anos, o setor de serviços tem-se destacado, no Brasil, como o mais promissor em termos de crescimento econômico e de geração de empregos. A mecanização da agricultura e a automação industrial vêm gradativamente reduzindo os postos de trabalho nos setores primário e secundário da economia. Paralelamente, contudo, tem crescido a oferta de oportunidades de ocupação nas atividades terciárias, de serviços.

No exterior, especialmente nos Estados Unidos, essa tendência econômica manifestou-se há mais tempo, gerando inicialmente certo preconceito e mal-estar nos meios governamentais e até nos círculos acadêmicos, apreensivos com a possibilidade de transfiguração daquela sociedade em outra na qual os empregos seriam supridos por lanchonetes, lavanderias e salões de beleza; e isso, por conseqüência, implicaria níveis reduzidos de renda.

Todavia, a realidade tratou de demonstrar pujança e abrangência muito maiores do que a visão reducionista dos observadores, pois o rótulo "serviços" abriga incontáveis e profícuos ramos de atividade, incluindo bancos, hospitais, redes hoteleiras, concessionárias e revendas de veículos, instituições religiosas, cooperativas, universidades, empresas de consultoria, clubes e associações, empresas de transporte e muitos outros segmentos. Em última instância, muitas das empresas estatais e os próprios órgãos públicos também são, essencialmente, organizações prestadoras de serviços.

Era natural, portanto, que se iniciassem esforços para buscar formas específicas de incremento da melhoria da qualidade/produtividade no setor de serviços, abandonando as metodologias tradicionalmente empregadas em atividades fabris. Curiosamente, as organizações industriais também perceberam que, em sua essência, eram compostas de redes internas de serviços, interdependentes e interconectadas, aumentando a importância da figura do cliente interno. Por natureza, as organizações industriais abrigam numerosas atividades administrativas e de suporte operacional que nada mais são do que serviços.

Nesse contexto, um dos grandes desafios da gestão da cultura organizacional, enfocando os clientes internos e externos, é fazer com que alguns aspectos básicos da postura pessoal dos colaboradores de uma empresa venham a refletir e a expressar a cultura da organização. De sua relação direta com a sobrevivência do negócio, surge a necessidade de criar e difundir alguns padrões comportamentais quando as interações pessoais envolverem clientes. Assim, uma empresa que tenha na sua ideologia central o valor cultural *direcionamento ao cliente*, por exemplo, terá interesse em que seus colaboradores primem pela boa apresentação — hábitos de higiene pessoal, indumentária, corte de cabelo e outros —, sejam gentis, atenciosos e bem-educados e pratiquem uma seqüência de gestos que, sem exageros mecanicistas, impressionem e atraiam a clientela.

Mas como as coisas não são bem assim, especialmente nas empresas que apresentam rotatividade elevada ou, ainda, dispõem de quadro funcional com baixo nível educacional, as diferenças flagrantes entre aquilo que é declarado como valor cultural e o que é praticado nas interações diárias com os clientes causam nestes a sensação de que não passam de um mal necessário.

Um dos mecanismos que pode suavizar essa situação é o estabelecimento de padrões comportamentais na interação com os clientes internos e externos. Cabe enfatizar que usualmente as organizações descuram desses padrões de comportamento, atendo-se apenas à padronização e ao registro formalizado da mecânica e da seqüência das rotinas operacionais (até por exigência dos programas de qualidade). Nesse caso, os executivos e empresários devem entender que os padrões comportamentais representam importante complementaridade à padronização operacional. Em certas circunstâncias — especialmente na área de serviços —, a inexistência de padrões comportamentais pode comprometer a qualidade das rotinas operacionais, mesmo nas organizações que dispõem de certificação da série ISO.

Skinner e os padrões comportamentais

Na realidade, o estabelecimento de padrões comportamentais não se afigura como um caminho totalmente inovador, pois se inspira no pensamento de Skinner[25], originalmente concebido para o terreno educacional. A *teoria skinneriana* procura o controle do comportamento do indivíduo, observável em suas respostas a determinadas situações. A aplicação dessa teoria permite mudar, inovar, extinguir e diminuir atitudes e comportamentos do ser humano, mediante a administração de prêmios e castigos. Skinner parte da premissa de que o comportamento das pessoas pode ser condicionado por fatores externos (estímulos e reforços), os quais podem ser estruturados e aplicados de forma que atinjam expectativas de terceiros (pais, educadores e — por que não? — da organização).

Teoria de Skinner

No terreno empresarial, idéias semelhantes às de Skinner são utilizadas há muito tempo. Estamos nos referindo a todo e qualquer tipo de postura-padrão que a cúpula de uma firma idealiza e exige de seus subalternos. Por exemplo, a área de marketing pode estabelecer que a postura-padrão dos vendedores seja *sempre* olhar nos olhos dos clientes, sorrir e apertar-lhes adequadamente as mãos. Os vendedores que seguirem o padrão comportamental receberão tapinhas nas costas e até elogios públicos dos superiores. Assim, estarão cientes de que a subserviência aos padrões estabelecidos contará valiosos pontos para futuras promoções, avaliações de desempenho e assim por diante. Ao contrário, os vendedores que descumprirem os padrões comportamentais poderão sofrer sanções que variarão de acordo com a empresa na qual atuam: advertências, perda de promoção, demissão etc.

Utilizadas num contexto autoritário e absolutista, essas idéias evidentemente são indesejáveis, pois ensejam que poucos determinem o comportamento de muitos, levando estes a se tornarem sujeitos passivos da história, a ir a reboque, quase no cabresto (embora de forma refinada e sutil). Apesar de seu caráter manifestamente despótico e manipulador, o estabelecimento de padrões comportamentais tem seduzido muitas organizações, pois quando uma empresa opera em grande escala, dispersa geograficamente e com enorme contingente funcional, torna-se imperativo dispor de padrões comportamentais que imprimam um mínimo de homogeneidade na interação com os clientes internos e externos.

Uma das primeiras providências adotadas pelo banco inglês HSBC, quando adquiriu o Bamerindus, foi submeter os funcionários brasileiros a padrões comportamentais que incluíssem regras elementares sobre higiene pessoal. Aliás, antes de ficarmos horrorizados com a iniciativa dos ingleses, é bom lembrar que o Bradesco há muitas décadas proíbe que seus funcionários do sexo masculino se apresentem ao trabalho com cabelos longos e/ou com barba.

---

[25] CLONINGER, 1999.

A Varig também é uma das grandes organizações que proíbe a suas funcionárias o uso de cabelos longos e soltos — quando longos, os cabelos devem estar presos na forma de um coque ou com uma pequena redilha. Também na Varig, em suas agências de atendimento ao público, aos clientes geralmente servem-se cafezinhos; aos funcionários, contudo, é vedado o consumo de café, refrigerante ou balas, na presença de clientes. Antes que nos apressemos a rotular a Varig de uma empresa fascista, devemos entender que, do ponto de vista da maioria das pessoas que se encontram na fila de espera para atendimento, o fato de um funcionário aparentemente relaxar para tomar um cafezinho — ou degustar uma pastilha açucarada — pode remeter à idéia de descompromisso com o cliente ou à atitude típica do estereótipo do servidor público.

Na maioria das vezes, os clientes satisfazem-se com os serviços de uma empresa, surpreendem-se com o repetido padrão de qualidade, porém, não percebem que estão sendo atendidos dentro de estritos padrões comportamentais. Estes envolvem a apresentação pessoal dos funcionários (higiene, indumentária) e sua forma de interação com a clientela. Em alguns casos — como o das Lojas Renner —, o estabelecimento de padrões comportamentais para as atendentes e vendedoras inclui o cumprimento formal ao cliente, o sorriso, o contato visual (olhos nos olhos), a maquiagem, as unhas bem-feitas, os cabelos bem-cuidados e o uniforme impecável.

Nossa pesquisa

Pesquisa-ação de clima organizacional

No estudo realizado com as maiores e melhores empresas, verificou-se que as pesquisas de clima organizacional têm sido desenvolvidas de forma hermética e pouco participativa. O envolvimento do quadro funcional na elaboração dos instrumentos e na eleição das dimensões das pesquisas tem-se mostrado diminuto ou inexistente. O próprio *feedback* posterior à realização das pesquisas apresenta-se de forma precária ou, em regra geral, inexiste, desmotivando as pessoas a participarem de novas pesquisas e até desacreditando esse tipo de iniciativa por parte das empresas. Paradoxalmente, constata-se que a maioria das organizações analisadas já fez uso de pesquisas de clima organizacional, e muitas delas desenvolvem sistematicamente pesquisas dessa natureza. Em palavras mais diretas, as pesquisas de clima são velhas conhecidas das organizações de alto desempenho; porém, as pesquisas de clima que envolvem as pessoas desde sua criação e que originam resultados participativos são muito poucas. Pesquisas existem; pesquisas-ação não são comuns.

Revaloração da Cultura Corporativa   87

No Quadro 3.1, podemos observar algumas dimensões empregadas nas pesquisas de clima organizacional, além das tradicionais remuneração e benefícios e oportunidades de treinamento:

Quadro 3.1 Dimensões analisadas nas pesquisas de clima organizacional

1. Proatividade entre setores/departamentos.
2. Agilidade/ritmo da organização.
3. Autonomia, delegação e *empowerment*.
4. Desempenho e reconhecimento.
5. Interação entre facilitadores e colaboradores.

Nossa pesquisa

Rituais mais presentes na cultura corporativa

Nas cerimônias e rituais mais presentes na liturgia empresarial, bem como na gestão simbólica utilizada para reforçar determinados valores adjacentes, em ordem decrescente de preferência, destacam-se:

1. ritos de comemoração/integração: na maioria das empresas analisadas são feitas as referências às festas de final de ano, à organização de torneios esportivos interdepartamentais (curiosamente, só envolvendo homens) e a datas especiais como aniversários do mês, dia da secretária e outras. Também é citada a organização de churrascos, jantares, bailes e eventos similares, envolvendo também a participação de familiares dos funcionários. O modismo importado da *happy hour* às sextas-feiras, nas dependências da empresa ou nas proximidades, também é bastante comentado, bem como a organização de *open days*, que estimulam a inserção da empresa no seu entorno, com visitas de familiares e da comunidade em geral;

2. ritos de reforço: são cada vez mais utilizadas as chamadas reuniões interdepartamentais de apresentação de resultados e metas, em que os indicadores na cor vermelha, de desempenho abaixo do previsto, são acompanhados do respectivo plano de ação. Reuniões livres de coordenação, "vai-quem-quer" (disponibilidade dos gerentes de fábrica e de RH para responder às dúvidas), instantâneas (duração de até 15 minutos) são alguns dos eventos que estão "quebrando" a formalidade das reuniões de trabalho. Dando destaque ao desempenho excepcional em projetos importantes, empresas como a Procter & Gamble, Banco GM e Alpargatas aproveitam as comemorações de final de ano para premiar publicamente seus destaques e a relevância de valores culturais relacionados ao resultado, à competência etc. Este também é o caso da Nitrocarbono, que costuma festejar os recordes de produção, e da Maxitel, que promove festas como a "Conquista dos 50 mil clientes".

Ainda no calendário de rituais, aparecem com destaque eventos marcantes como a semana da Cipa, o dia da qualidade (Grupo DANA) ou o Concurso de CCQs, cujas apresentações na presença do *chairman* tornam a unidade brasileira da Stihl *benchmarking* no grupo. Enquanto a Mannesmann realiza periodicamente uma festa alemã, com música, dança e pratos típicos, reflexo de sua cultura com forte influência germânica, o Banrisul — Banco do Estado do Rio Grande do Sul — estimula seus funcionários a usarem indumentárias gaúchas e servirem rodadas de chimarrão aos clientes durante os festejos da semana farroupilha. Esse forte valor cultural, de caráter regional, é o esteio do movimento que tem impedido o encaminhamento do seu processo de privatização.

Já o Magazine Luiza, com faturamento anual de cerca de US$ 400 milhões, instituiu em todas as suas unidades um rito de comunhão, às 7h45 de todas as segundas-feiras, com a Pátria (Hino Nacional), com o espírito (prece) e com a empresa (comentários sobre as ações da semana e os resultados da anterior), ritual ao qual a quase totalidade dos colaboradores e lideranças comparece voluntariamente;

3. **ritos de passagem**: em apoio ao processo de retenção de talentos, algumas empresas já apresentam inovações na integração dos novos funcionários, tais como treinamento de "padrinhos" e lideranças, roteiro de visitas a diferentes setores, saudação ao "calouro", apresentação do seu código de ética e outros. Também promoções, casamentos, mudanças de cidade, aposentadoria e até despedidas (caso a demissão tenha sido pedida pelo funcionário ou conseqüência de programas de demissões voluntárias) são momentos da vida pessoal e funcional que provocam rituais carregados de emoção na mesma proporção do grau de integração entre os colegas. Assim, os funcionários com 15, 20 e 25 anos de serviços recebem homenagens e prêmios nas festividades de final de ano, por exemplo, na Petrobras (entrega de diplomas), Nestlé (convite aos aposentados para a Festa dos Veteranos), Andrade Gutierrez (relógios de ouro), Citigroup (admissão no Quarter Century Club, com direito à assistência médica vitalícia). Nesses casos, essas organizações estão claramente trabalhando e fortalecendo valores como tempo de casa (antigüidade), lealdade à organização, dedicação continuada, entre outros.

Nossa pesquisa

Características do modelo social corporativo

No estudo sobre a cultura organizacional das melhores e maiores empresas que atuam no Brasil, constatou-se que, paralelamente aos valores positivos emanados da forma de ser, pensar e agir de seus mitos/heróis, também persiste, em alguns casos, um legado que se mostra defasado. Entre os aspectos negativos de valores culturais defasados mais citados na figura do mito/herói, encontram-se a autocracia/centralização, o paternalismo e a sisudez no relacionamento.

Pôde-se identificar alguns atributos desejáveis nas pessoas que, nas organizações analisadas, assumem o papel de modelos sociais. Em algumas empresas, essas nuances comportamentais já são praticadas; em outras elas poderiam vir a ser implementadas, com benefícios para o modelo de gestão adotado.

Quadro 3.2 Atributos existentes e/ou desejáveis no perfil do modelo social

(exemplos selecionados)

- Construtor de compromissos.
- Transparência na tomada de decisões. Proativo.
- Inspirador de mudanças. Foco nos clientes e nos resultados.
- Comunicador. Incentivador da criatividade.
- Transparente em suas ações. Empático. Confiante no negócio/empresa.
- Mobilizador de pessoas para resultados.
- Polivalente. Atualizado.
- Visão estratégica e sistêmica. Foco em resultados. Gestor de mudanças.
- Decisão rápida e objetiva. Integridade.
- Compromisso com a obtenção de resultados.
- Dedicação ao trabalho. Produtivo, participativo. Decisões analíticas, com base em dados. Despojado. Assertivo.
- Capacidade de elogiar e de motivar as pessoas.
- Concentrado na melhoria da performance. Ágil.
- Simples, persistente e competente.
- Mentalidade aberta. Inovador.
- Dotado de qualidade emocional.
- Formador de equipes. Motivador.
- Visão global. Focado nas pessoas. Comunicador.
- Devotado à qualidade. Valoriza o ser humano. Incentiva a inovação.
- Paixão por aquilo que faz. Participativo.

Nossa pesquisa

Veículos de difusão empregados nas ações de endomarketing

Na análise sobre a cultura organizacional das melhores e maiores empresas que atuam no Brasil, foram identificados os veículos de difusão empregados como suporte ao endomarketing apresentados no Quadro 3.3.

Quadro 3.3 Alguns dos exemplos citados

1. Revistas, informativos, jornais internos.
2. Quadros de avisos e murais.
3. Cartazes, faixas, *banners.*
4. Fitas de vídeo.
5. Revistas de histórias em quadrinhos.
6. Canções/músicas com mensagens da empresa.
7. E-mails coletivos na Intranet.
8. *Cases* de sucesso.
9. Utensílios com mensagens (canecas, prismas de mesa etc.).
10. Camisetas com mensagens.

Nossa pesquisa

Padrões comportamentais com foco na interação com os clientes internos e externos

Nesse estudo, constatou-se que a maioria das organizações de grande porte adota algum tipo de padrão comportamental com foco na interação com os clientes internos e externos. O mais difundido, além do traje padronizado, é a interação telefônica, em que o funcionário atende ao telefone empregando uma expressão predefinida pela empresa, por exemplo: "Boa tarde! Setor de vendas, Fulano de Tal às suas ordens!". Foram identificadas, ainda, algumas deficiências na institucionalização de padrões comportamentais, conforme podemos observar no Quadro 3.4.

Revaloração da Cultura Corporativa

Quadro 3.4 Deficiências na instituição de padrões comportamentais

(exemplos mais citados)

- Ausência total de padrões comportamentais aplicáveis em reuniões, que poderiam envolver desde a pontualidade até a objetividade dos funcionários quanto aos assuntos debatidos/apresentados.
- Inexistência de cláusulas contratuais que prevejam a prática de padrões comportamentais a serem cumpridos por funcionários de serviços terceirizados (uniformes, relacionamento interpessoal etc.), especialmente por aqueles que circulam dentro da empresa ou têm contato com a clientela.
- Insuficiência de padrões comportamentais que estabeleçam a postura pessoal dos funcionários nas *horas da verdade* de cada organização, definidas por Carlzon como os vários momentos de interação pessoal entre clientes e organização, que se repetem cotidianamente e constróem a imagem da empresa na mente da clientela.
- Falhas na adoção de padrões comportamentais que privilegiem o cumprimento cordial, a serenidade no trato pessoal e o interesse em atender adequadamente aos clientes internos e externos.

A pesquisa também apontou que, quando os padrões comportamentais são exigidos, as empresas demonstram resistência a flexibilizar e contextualizar esses padrões. A tendência é adotar os padrões comportamentais de forma massiva, sem levar em consideração fatores como clima, usos e costumes dos diversos locais em que a empresa opera. Um dos exemplos refere-se à indumentária dos funcionários: usar gravata na sede da empresa na avenida Paulista, em São Paulo, possivelmente seja mais aceitável, coerente e produtivo do que exigir o uso da gravata, indiscriminadamente, nas unidades operacionais da mesma empresa instaladas em regiões do interior do Brasil.

Caso
PARA DISCUSSÃO

USIMINAS

A Usiminas está presente na vida de milhões de brasileiros por meio das chapas de aço empregadas na fabricação de refrigeradores, fogões e automóveis. Com sua gigantesca usina localizada no coração de Minas Gerais e detentora do controle acionário da Cosipa, em São Paulo, ela é líder de um conglomerado de empresas — o Sistema Usiminas —, que emprega aproximadamente 22 mil pessoas e atinge um faturamento anual superior a 2 bilhões de dólares. Fundada em 1958, em ato solene que contou com o amparo do presidente Juscelino Kubitschek, foi constituída mediante a integralização do capital inicial entre o Governo Federal e o Estado de Minas Gerais, com a participação minoritária da Nippon Steel.

A região escolhida para sua instalação, distante mais de 200 Km da capital mineira, era, na época da fundação da empresa, erma e desassistida em termos de transportes (longe de portos) e de comunicação, embora apresentasse algumas vantagens competitivas: havia grandes jazidas de minério e, perto, em Salto Grande, tinha sido construída uma hidrelétrica. Uma das dificuldades iniciais foi encontrar um gestor com a competência necessária para liderar um projeto dessa envergadura, considerando-se os problemas técnicos, de logística e, especialmente, de infra-estrutura da região. Os controladores, então, indicaram um engenheiro brasileiro, de 43 anos, formado em Engenharia Civil, de Minas e de Metalurgia, pela Escola de Minas e Metalurgia de Ouro Preto.

A esse homem, Amaro Lanari Júnior, coube trabalhar intimamente com os japoneses e transpor o sonho para a realidade. Durante quase vinte anos, Lanari dedicou seus esforços e seu talento para materializar a usina siderúrgica e, paralelamente, construir os alicerces de uma cultura organizacional de alto desempenho. Ele soube fazer, com perfeição, a fusão dos valores culturais japoneses — emanados da Nippon Steel — com os valores da cultura mineira. Foi, também, um estrategista e de notável visão de futuro. Apesar de ter deixado a presidência da empresa em 1976 e ter falecido no final da década de 1990, Lanari é uma lenda na cultura da organização: ele é o seu mito organizacional. Seus valores pessoais perpassam o DNA corporativo da empresa. Em sua gestão também foram enviados ao Japão, para um prolongado treinamento, sete jovens engenheiros brasileiros, que, ao regressarem, ocuparam importantes posições na empresa. Na cultura da Usiminas, esses profissionais ficaram conhecidos como os sete samurais: durante o período em que serviram à empresa, foram os exemplos comportamentais para seus liderados, fornecendo um referencial de postura pessoal e de atuação profissional. O sonho de fundação da empresa, o mito organizacional e os modelos sociais consolidaram a presença de valores culturais fortes, nobres e duradouros, como a ética e a responsabilidade social.

Em sua trajetória, a empresa teve oportunidade de encontrar um substituto à altura de Lanari, na figura do engenheiro Rinaldo Campos Soares, também egresso da Escola de Minas e Metalurgia de Ouro Preto, e que lidera a empresa desde 1989. O engenheiro Rinaldo, também chamado em seu círculo mais próximo de Professor, mostrou-se o herói revitalizador da cultura da empresa e um verdadeiro mito organizacional, solidificando a cultura da Usiminas e, ao mesmo tempo, flexibilizando-a mediante os crescentes desafios da competitividade e da globalização. Coube a Rinaldo efetuar, com extremo êxito, a transição da empresa, de estatal para privada, no processo ocorrido em 1991. Em sua gestão, os valores centrais de ética e responsabilidade social continuaram muito fortes, porém a cultura agregou novos valores, por exemplo, a última linha do balanço como parâmetro do desempenho da empresa. A questão do meio ambiente ganhou destaque e as ações na comunidade foram intensificadas. É de sua lavra a expressão "Usiminas, empresa cidadã".

Nascida em um quase-deserto, com incríveis carências materiais e humanas, a Usiminas não somente teve de construir seus altos-fornos, mas também de atrair e manter pessoas capacitadas. Como seduzir um jovem engenheiro a abandonar o conforto de uma grande cidade para aventurar-se no sertão inóspito? Como trazer pessoas de outras regiões do Brasil sem oferecer-lhes o mínimo de infra-estrutura? Dos poucos casebres que compunham a bucólica paisagem da época da fundação da empresa, emergiu uma cidade com uma economia pujante e que congrega quase 200 mil habitantes. Se naqueles tempos encontrava-se praticamente ilhada, devido às estradas então precárias, a cidade que hoje ostenta o nome de Ipatinga atualmente conta com um aeroporto cuja pista é maior, em extensão, do que a do aeroporto de Congonhas, em São Paulo, e pode receber aeronaves de grande porte. O deslocamento em vôo direto Ipatinga – São Paulo, ou vice-versa, demanda menos de 60 minutos.

O esforço de construir uma usina e, paralelamente, uma cidade, acabou por sedimentar a vocação natural da empresa — uma espécie de alma organizacional —, que privilegia a produção, as operações e a tecnologia, com o poder exercido pelos engenheiros e pelos técnicos, e as áreas operacionais e de produção contempladas com os projetos de maior relevância e interesse. O fato de ter de desbravar um terreno inóspito e sujeitar-se a um inexorável cronograma de implantação e de investimentos, que começou a tomar forma a partir da década de 1950, levou a empresa a assumir, em sua cultura organizacional, valores como centralização de comando e obediência hierárquica, que vieram agregar-se a outros já citados, como a ética. Quando privatizada, em 1991, a empresa já dispunha de uma cultura corporativa densa.

A Usiminas possui uma cultura que pode ser considerada de alto desempenho, pois contribuiu de forma efetiva para que a organização atingisse, continuamente, níveis elevados de desempenho quanto a sua razão de existir, aos seus propósitos centrais e à satisfação das necessidades e das expectativas dos seus vários públicos. Também opera, desde a sua fundação, num ambiente globalizado. Por ser detentora de capital majoritariamente nacional e pelo fato de ter sido uma estatal, passa a ser um interessante ponto de referência no campo da cultura organizacional, mostrando como é possível uma empresa brasileira manter-se saudável financeiramente, crescer e consolidar-se, apesar do ambiente por vezes caótico que caracterizou o Brasil nas últimas décadas. Alguns dos mecanismos empregados pela Usiminas para modelar a sua cultura de alto desempenho constituem-se na prática dos rituais organizacionais, na atuação dos líderes como modelos sociais, na gestão de talentos — por meio da educação corporativa —, na ativação dos instrumentos de endomarketing e na sistematização de indicadores de performance organizacional.

A empresa mostra-se repleta de eventos que reforçam, nas pessoas, o sentimento de pertencência à organização, como a reunião trimestral e anual de entrega de prêmios aos funcionários que estiverem completando 10, 20 e 30 anos de trabalho, a semana da segurança, a reunião de apresentação de resultados, dentre outros. A comunicação com o público interno utiliza-se da intranet, de cartazes, do jornalzinho, de publicações diversas como a palavra do presidente, de vídeos e muitos outros. A cultura também é reforçada pelo exemplo de atuação dos seus líderes ou modelos sociais que, na realidade, são os executivos. Os indicadores setoriais e organizacionais de performance também existem em profusão e são divulgados periodicamente. Finalmente, a gestão de talento — por meio da educação corporativa — surge como o mais novo instrumento a serviço da cultura de alto desempenho, disponibilizando treinamento ao público interno com a finalidade de introjetar conhecimentos relativos à cultura Usiminas e reforçar os princípios e valores que a norteiam. A educação corporativa modela o funcionário desde o seu ingresso na empresa, por meio de programas de integração nos quais são abordados temas relativos à sua cultura.

A Usiminas sabe que a cultura tem de ser trabalhada de forma consciente e planejada — como tem feito ao longo do tempo —, e no momento está se mobilizando em torno de um projeto de revaloração da cultura corporativa. Em novembro de 2000, a alta administração da Usiminas participou de um *workshop* e aprovou o desenvolvimento de um programa de educação corporativa com a finalidade de motivar e, especialmente, instrumentalizar os executivos da empresa para que repensassem a cultura da organização e formatassem um inovador e abrangente projeto de gestão planejada da cultura Usiminas. No contexto desse programa, em turmas sucessivas, foram treinados mais de 120 executivos da empresa, que, passando a dominar o referencial teórico sobre cultura organizacional e adquirindo capacidade para transpor a teoria para a prática, elaboraram uma espécie de diagnóstico da cultura Usiminas, identificando-a e apontando suas eventuais vulnerabilidades. Organizados em equipes autogerenciadas, esses executivos geraram diversos projetos de revaloração da cultura da empresa, que, apresentados em fóruns internos e eventos distintos, foram consolidados e propiciaram um consistente e abrangente projeto de revaloração da cultura, que foi encaminhado para o seu presidente. Na visão estratégica que a Usiminas formulou para 2002, a revaloração da cultura corporativa foi elencada como um dos fatores críticos do sucesso da empresa.

Discussão

1. Em que tipo de mecanismo básico de gerenciamento da cultura corporativa se encaixam os sete samurais, executivos citados no caso Usiminas? Fundamente a sua resposta.
2. Os eventos internos, como a reunião de apresentação de resultados, podem ser classificados em que tipo de mecanismo básico de gerenciamento da cultura corporativa?
3. Cite um dos principais mecanismos de gerenciamento da cultura corporativa que não foi citado no caso da Usiminas.
4. Na hipótese de que a Usiminas viesse a reanalisar os seus rituais organizacionais, quais aspectos deveriam merecer a sua atenção? Fundamente a sua resposta.

A revaloração da cultura corporativa é um processo de natureza qualitativa, que atua sobre as crenças e convicções das pessoas da organização, com a finalidade de refazer a sua percepção sobre os valores corporativos. Esse processo permite a atualização — ou a modernização — da cultura corporativa. O desenvolvimento de um programa de revaloração qualitativa requer o emprego de metodologia adequada, de caráter interativo e com fases bem definidas e estruturadas, que permita, em linhas gerais, o seguinte: (1) a sensibilização da alta administração, por meio de *workshop* específico; (2) o desenvolvimento da capacitação dos executivos, pelo treinamento com foco na gestão da cultura corporativa; (3) a realização de uma pesquisa-ação, no âmbito do clima organizacional; (4) a elaboração, pelos executivos da empresa, de forma interativa e participativa, de um diagnóstico e de um plano de otimização da cultura; (5) o delineamento de um modelo social a ser assumido pelos líderes; (6) a ativação ou a readequação dos mecanismos de gestão da cultura; (7) a contínua aferição de resultados, pelo processo de *feedback*.

Os mecanismos básicos de revaloração da cultura corporativa são os rituais organizacionais, a análise dos líderes como modelos sociais, as ações de endomarketing, a pesquisa-ação de clima organizacional e os padrões comportamentais com foco na interação com os clientes internos e externos. Os rituais organizacionais são eventos coletivos, celebrados com o público interno das organizações. No ambiente corporativo há uma grande quantidade de rituais, como as festas de final de ano, as reuniões de apresentação de resultados, os torneios esportivos etc. Quando colocados a serviço da revaloração da cultura, eles devem ser planejados de forma que os valores da empresa permeiem cada evento. Além do uso de símbolos — logotipos, bandeiras, *banners* —, recomenda-se o uso do endomarketing de forma criativa e que, ainda, o ritual fuja da mesmice e surpreenda as pessoas. A emoção, quando presente, é um elemento poderoso na revaloração da cultura corporativa.

A análise dos modelos sociais, como fator de gerenciamento da cultura, pressupõe que os líderes da empresa, os executivos, especialmente, são o espelho e o exemplo comportamental que expressam a cultura da organização. Na revaloração da cultura corporativa, deve-se definir o perfil de atuação dos executivos, e colocá-lo em prática no dia-a-dia. Caso esse perfil de atuação represente mudança significativa no estilo predominante dos executivos, eles precisarão de treinamento para que desenvolvam novas habilidades e competências. Após o novo modelo social ser colocado em prática, a empresa poderá instituir uma avaliação periódica dos executivos — a ser feita pelos seus respectivos subordinados —, para verificar se esse novo modelo social pretendido pela organização está sendo realmente praticado.

No mundo corporativo é comum o desenvolvimento de pesquisas de clima organizacional, geralmente elaboradas de forma conservadora e tradicional. A pesquisa tradicionalmente empregada nas organizações, em geral, é preparada por consultores externos em conjunto com a alta cúpula da empresa; aos funcionários cabe apenas responder aos questionários, no momento oportuno. Muitas vezes, as pessoas que atuam na organização sequer recebem *feedback* sobre os resultados da pesquisa, cujo relatório final é lacrado e entregue aos altos escalões. Evidentemente, essa metodologia de pesquisa de clima organizacional é restritiva — para não dizer contraproducente — quando há o real propósito de atuar sobre a cultura. Portanto, os estudos e a análise de clima organizacional devem ser feitos mediante a aplicação de uma pesquisa-ação, cuja metodologia requer o amplo envolvimento dos funcionários na definição do que vai ser pesquisado (dimensões da pesquisa), na própria coleta de dados, na interpretação dos resultados e na implementação de melhorias.

Os padrões comportamentais, como um dos mecanismos básicos da revaloração da cultura corporativa, podem ser preciosos para auxiliar a empresa a homogeneizar, em nível operacional, determinados aspectos da interação entre as pessoas, especialmente na linha de frente, no contato com a clientela e com o mundo exterior. Por meio dos padrões comportamentais, a empresa pode assegurar-se de que alguns dos seus valores corporativos estejam sendo praticados dentro de determinadas especificidades operativas. O valor foco no cliente, por exemplo, pode ensejar a criação de padrões comportamentais centrados na cordialidade no trato com o cliente, higiene e apresentação pessoal, pronto *feedback* e assim por diante. Vale ressaltar, ainda, que um padrão comportamental não pode ser vago; ele necessita ser especificado. Assim, a cordialidade no trato com o cliente somente assume a configuração de um padrão quando recebe determinado detalhamento, que pode ser um aperto de mão, o olhar direto nos olhos do cliente, o sorriso e o uso do uniforme.

GLOSSÁRIO / CONCEITOS-CHAVE

Clima organizacional: indicador do nível de satisfação das pessoas no trabalho. Avalia até que ponto estão sendo cumpridas as expectativas das pessoas, sobre como se deveria trabalhar na organização. Percepção resumida da atmosfera e do ambiente psicológico da organização.

Cultura corporativa de alto desempenho: estágio evoluído da cultura organizacional de uma empresa, que norteia a ação das pessoas para a obtenção de resultados efetivos e contribui para que a organização consiga atingir, de forma continuada, níveis elevados de performance em sua razão de existir, em seus propósitos centrais e na satisfação das necessidades e das expectativas dos seus vários públicos.

Endomarketing: também denominado marketing interno, é o conjunto de instrumentos, ações e campanhas de comunicação com o público interno. Seu objetivo básico é estabelecer uma comunicação eficaz com os colaboradores da empresa, permitindo que sejam compartilhadas informações de interesse operacional e estratégico da empresa. É um dos mecanismos de gerenciamento da cultura de alto desempenho.

Matriz de indicadores e de valores de alto desempenho: instrumento que consolida informações-chave sobre as diversas áreas da empresa, como vendas/marketing, recursos humanos, finanças, operações/produção e outras. Nas empresas organizadas na forma de processos, os indicadores refletirão o desempenho de seus pontos vitais, e serão cotejados com indicadores de outras empresas, ou comparados com parâmetros internacionais representativos da cultura de alto desempenho. Normalmente, um indicador de desempenho é representado por um índice que traduz o confronto entre um resultado obtido e determinada variável. Exemplo: lucro *versus* faturamento.

Mecanismos de gerenciamento da cultura corporativa: instrumentos que as organizações normalmente empregam para gerir de forma planejada sua cultura organizacional. A gestão da cultura corporativa de alto desempenho oferece a possibilidade de equilíbrio entre uma cultura forte/densa e ao mesmo tempo flexível/adaptativa. Tal processo requer um gerenciamento efetivo e constante, que depende da correta ativação de diversos mecanismos, como os rituais organizacionais, as ações de endomarketing, a matriz de indicadores e de valores.

Modelos sociais: pessoas que detêm o poder nas empresas (sucessores, executivos e outros) e servem de exemplo comportamental. De forma consciente e, muitas vezes, inconsciente, os modelos sociais são os maiores responsáveis pela difusão de uma cultura, pela sua forma pessoal de ser e agir. A cultura é fantasticamente difundida — e, posteriormente, compartilhada — pela prática e pelo exemplo. A gestão da cultura organizacional pode beneficiar-se muito de modelos sociais que pratiquem e expressem valores de uma cultura planejada de alto desempenho.

Padrões comportamentais: postura padrão que a cúpula de uma empresa idealiza, especifica e exige de seus subalternos na interação com o público externo. Por exemplo, a área de marketing de uma empresa pode estabelecer que uma postura padrão de seus vendedores seja sempre olhar nos olhos dos clientes, sorrir e apertar-lhes adequadamente as mãos. Os padrões comportamentais podem envolver, também, a apresentação pessoal dos funcionários (higiene, indumentária e outros).

Pesquisa-ação de clima organizacional: pesquisa social voltada para a identificação, para a ação ou para a resolução de um problema coletivo, sendo um método no qual pesquisadores e integrantes representativos da situação ou do problema estão envolvidos de modo cooperativo ou participativo.

Revaloração qualitativa da cultura organizacional: mudança planejada de um sistema de valores sedimentado ao longo do tempo, para modificação da percepção das pessoas que atuam na mesma organização. Revalorar qualitativamente significa olhar a mesma coisa com outros olhos — mudar a percepção sobre algo, ver novo sentido no mesmo valor cultural ou otimizar o potencial de alto desempenho da cultura com a internalização de novo valor.

Rituais organizacionais: eventos coletivos que congregam pessoas que compartilham os mesmos valores culturais. A cultura corporativa de alto desempenho pode ser modelada pelos rituais organizacionais, que podem constituir-se nos portais mágicos de acesso ao convencionalmente inatingível; por meio deles, a força do coletivo pode arrebatar os indivíduos, inflamando-os pelo discurso, inebriando-os com a música repleta de significado e fazendo seu espírito vibrar com uma corrente contínua de fervor, entusiasmo e determinação.

Valores culturais adjacentes: novos valores culturais agregados à cultura da empresa, no decorrer de sua trajetória e evolução. Num ambiente macroorganizacional caracterizado por intensa e contínua mudança, aumenta a necessidade de as organizações agregarem novos valores que permitam um reposicionamento cultural mediante as novas situações e desafios.

Análise da cultura
DA SUA EMPRESA

Analise a cultura da sua empresa, ou de uma organização na qual você tenha atuado, e responda às seguintes questões:

1. A sua empresa demonstrou, ao longo do tempo, capacidade de flexibilização da sua cultura organizacional, que é obtida mediante a preservação do núcleo da cultura e, ao mesmo tempo, por meio da assimilação de novos valores adjacentes? Dê exemplos que fundamentem a sua resposta.

2. No seu entendimento, a sua empresa seria beneficiada caso viesse a adotar uma metodologia de revaloração da cultura? Quais os fatores que impediriam ou restringiriam e, ao oposto, quais as forças propulsoras que, na sua organização, possivelmente agiriam na implementação do processo de revaloração da cultura?

3. Os rituais da sua organização foram planejados com enfoque no gerenciamento da cultura? Eles fogem da rotina e da mesmice? A emoção tem sido presença constante nos rituais organizacionais da sua empresa?

4. Analise a existência e as características, na sua empresa, dos seguintes mecanismos básicos de gerenciamento da cultura: padrões comportamentais, pesquisa-ação, matriz de indicadores e de valores, modelos sociais e ações de endomarketing. De forma geral, quais os aspectos que poderiam ser melhorados, em cada um deles, na sua organização?

Leitura Recomendada

PETERS, T. *O círculo da inovação*. São Paulo: Harbra, 1998.

SENGE, P. *A quinta disciplina*: caderno de campo. Rio de Janeiro: Qualitymark, 1999.

_____. *A dança das mudanças*: o desafio de manter o crescimento e o sucesso em organizações que aprendem. Rio de Janeiro: Campus, 1999.

Capítulo 4

MECANISMOS AVANÇADOS DE REVALORAÇÃO DA CULTURA CORPORATIVA

Objetivos

- Identificar os mecanismos avançados da revaloração da cultura corporativa e verificar sua importância.

- Entender o funcionamento da sistemática de reaprendizagem organizacional e sua decisiva contribuição para a cultura e para a performance da empresa.

- Demonstrar que um dos esteios da revaloração da cultura corporativa é a competente ativação da gestão de talentos.

- Ampliar a percepção sobre a natureza da cidadania corporativa e sua possível contribuição para o estabelecimento da cultura corporativa de alto desempenho.

- Reconhecer que a consolidação da cultura corporativa de alto desempenho pode ser obtida mediante um modelo de gestão autocrático, ou, ao contrário, por meio da gestão participativa.

- Possibilitar o entendimento da mecânica de funcionamento da quinta perspectiva do *balanced scorecard*, como instrumento de monitoramento da revaloração da cultura corporativa.

Introdução

Revalorar a cultura de uma empresa equivale a quebrar os moldes das velhas crenças e costumes, e fazer incessantemente a reciclagem de seus valores antes que a velocidade da mudança fora da organização torne-se muito maior que o seu ritmo interno. Embora a transformação seja um fato inescapável da vida organizacional, aprender a amá-la não é um ato natural. Ela deveria ser a filha dileta das organizações, pois propicia oportunidades que impulsionam o mundo dos negócios; mas como também traz em seu bojo ameaças e riscos, não raras vezes acaba gerando desconfiança e descrédito. A mudança está no discurso — e nas intenções — das corporações, mas em algumas delas arrasta-se penosamente, pois exige que as pessoas saiam dos seus casulos, absorvam as novas idéias, exponham-se, comprometam-se, entrem em ação.

Observa-se que as organizações que preparam a sua cultura corporativa para enfrentar as mudanças consciente e articuladamente, se fortalecem e avançam em meio a outras que acusam perdas. As empresas que se mostram vocacionadas para o êxito servem-se da mudança como combustível para o seu crescimento. Elas conseguem ativar mecanismos avançados de gestão da cultura corporativa, que mantém acesa em seus colaboradores a chama do orgulho por pertencer a tal companhia. Essas organizações planejam a sua cultura, dotando-a de verdadeiros sensores das inovações que perpassam o mundo exterior. As novas idéias, tendências e valores captados no macroambiente são coletados por equipes autogeridas e apresentados aos executivos da empresa e à alta administração, em rituais organizacionais especialmente estruturados para esse propósito.

São empresas que se mostram proativas quanto à mudança e que também efetuam um consistente gerenciamento de talentos, não compactuando com funcionários — especialmente executivos — que se mostrem acomodados, não estejam produzindo resultados satisfatórios e não consigam praticar os novos preceitos e valores derivados da mudança e desejados pela empresa. Essas empresas, porém, não se limitam apenas a perscrutar o macroambiente e a prover a sua cultura, mas ainda estimulam um sentimento de responsabilidade social. O que acontece na sociedade e na natureza passa a fazer parte da sua agenda de interesses, não somente com o fim pecuniário, mas com as idéias de que o mundo exterior pode ser melhorado com projetos comunitários ou recuperado e preservado em termos ecológicos. São organizações que desfraldam a bandeira da cidadania corporativa.

É interessante observar que à medida que as organizações se abrem aos fatores externos e se mantêm incessantemente atualizadas, seu brilho aumenta aos olhos dos seus funcionários. Situar-se no *estado da arte* no campo das idéias, das estratégias e das práticas administrativas e operacionais exerce irresistível magnetismo e fascínio no público interno. Quem não deseja pertencer a um time moderno, competitivo, vencedor? A devoção dos funcionários à organização tende, assim, a manter-se em níveis elevados; o processo de mudança contínua deixa de ser ameaçador ou desconfortável e passa a ocorrer verdadeiro regozijo com a rápida evolução organizacional. A corporação passa a ser um local no qual as pessoas acordam todos os dias em busca de melhores soluções. Fazem isso porque querem e não por imposição da empresa.

Esse estado de espírito, esse sentimento de pertencer a um importante empreendimento, que deixa todos os funcionários confiantes e orgulhosos, independe de o modelo de gestão da empresa ser autoritário ou, ao contrário, participativo. Mesmo em ambientes coercitivos e autocráticos pode ocorrer um elevado nível de devoção à empresa; basta que ela realize uma adequada gestão da sua cultura. Em muitas organizações, de acordo com Wagner e Hollenbeck[1], o "gerenciamento da cultura é desconsiderado pela alta administração, que subestima a importância competitiva da cultura organizacional. Entretanto, gerenciar esse aspecto de uma organização pode exercer, ao longo prazo, raros efeitos em seu desempenho financeiro e em sua sobrevivência". Para efetuar uma correta gestão da sua cultura, a empresa pode ativar os principais mecanismos — básicos e avançados — da revaloração da cultura corporativa, que são os seguintes:

- reaprendizagem organizacional;
- gestão de talentos;
- cidadania corporativa;
- gestão participativa;
- matriz de indicadores/quinta perspectiva do *balanced scorecard*.

■ REAPRENDIZAGEM ORGANIZACIONAL

As gigantescas corporações empresariais que atuam num ambiente globalizado empregam um exército de pessoas; estão espalhadas por centenas de países, que, em sua maioria, faturam, individualmente, mais do que o PIB de muitas nações. Vistas a distância, elas são um colosso; imponentes, sólidas, tecnologicamente avançadas, dotadas de *know-how* e de talentos. São verdadeiros impérios, com formidável poder econômico e inegável influência política.

---

[1] WAGNER III, J.; HOLLENBECK, J. *Comportamento organizacional*: criando vantagem competitiva. São Paulo: Saraiva, 1999.

E são impérios em luta permanente, combatendo por mercados, pela preferência dos consumidores, pelo aumento dos lucros. Nesse embate contínuo, em determinados períodos, algumas corporações tornam-se ainda mais poderosas, adquirindo o controle acionário de outras, que passam a ser *colonizadas* e perdem sua identidade. Outras, ainda, entram em lenta agonia que as conduz à falência e à extinção. Muitas delas, campeãs num certo espaço de tempo, acabam por perder mercado e se enfraquecem. São gigantes com pés de barro. Elas são vulneráveis — e muito.

Nos dias atuais, com extrema facilidade, a cultura corporativa pode-se defasar diante de alterações no modo de vida das pessoas, das mudanças nos valores da sociedade, do impacto da evolução tecnológica e das variações econômicas e políticas. Quanto mais forte a cultura de uma organização, maior a vulnerabilidade, pois ela corre o risco de tornar-se inflexível. A marca registrada da nossa época histórica é, inquestionavelmente, a presença de uma mudança intensa, contínua, dotada de uma velocidade estonteante e condensada num curto período de tempo. Esse aspecto histórico determina que as organizações tenham dificuldade para acompanhar as mudanças; a cada momento elas necessitam reaprender a viver num mundo cambiante.

As empresas que falham no seu processo de reaprendizagem organizacional condenam a cultura à fossilização e selam o destino. Como as corporações dispõem de imensos recursos materiais, financeiros, humanos, as falhas no processo de reaprendizagem organizacional, que ocasionam danos à cultura corporativa, muitas vezes, são encobertas e mascaradas, e se arrastam por anos. Nesses casos, o vermelho no balanço contábil passa a ter mil desculpas e justificativas, mas dificilmente os tomadores de decisão — especialmente a alta administração — são capazes de discernir que a defasagem na cultura corporativa é co-responsável pelos problemas de desempenho da empresa.

A preocupação com a defasagem desta em relação às mudanças remonta à

> década de [19]70, quando Chris Argyris cunhou a expressão *learning organization* [organizações que aprendem]. Depois disso, a literatura tornou-se vastíssima, explodindo a partir dos anos 90, com a popularização do termo por Peter Senge. Para Senge, as organizações de aprendizagem são aquelas nas quais as pessoas ampliam, continuamente, sua capacidade de criar os resultados que desejam, nas quais a aspiração coletiva é libertada e nas quais as pessoas aprendem, permanentemente, a aprender em grupo[2].

---

[2] VERGARA, S. C. *Gestão de pessoas*. São Paulo: Atlas, 1999. p. 32.

No contexto da gestão da cultura corporativa, a empresa tem de instituir instrumentos que lhe permitam um contínuo aprender. Assim, a *reaprendizagem* deve ser entendida como um processo por meio do qual a empresa instala **Reaprendizagem** apurados *sensores* no seu ambiente externo — composto por grupos de pessoas —, capta as tendências de mudanças, trabalha as mudanças no contexto interno após a devida análise do possível impacto organizacional, e, finalmente, faz a sua *ancoragem* na cultura corporativa.

Ativação dos sensores externos da cultura corporativa

No campo da cultura corporativa, podem-se definir os *sensores externos* como pessoas que atuam nos canais de interação da empresa com o seu macroambiente, capazes de acompanhar as mudanças e as inovações e, de alguma forma, compartilhar essas informações com o público interno da organização. A elas cabe monitorar as novidades e as tendências do mundo exterior, filtrá-las e divulgá-las na empresa. Cada organização deve selecionar e eleger os seus sensores externos, de acordo com as suas possibilidades e conveniências. Podem ser considerados como potenciais sensores externos da cultura corporativa funcionários que:

Sensores externos

- tenham contato constante com grandes fornecedores;
- interajam com clientes preferenciais;
- pertençam a sindicatos ou entidades de classe;
- tenham trabalhado recentemente em empresas concorrentes ou de porte;
- estejam envolvidos em projetos corporativos, como instalação de novas unidades da empresa, implantação de tecnologia avançada e outros;
- exerçam atribuições que requeiram contatos freqüentes com bancos e instituições financeiras;
- atuem em programas com apoio de consultores externos;
- participem de eventos como feiras, seminários etc.;
- tenham participado, recentemente, de viagens internacionais a negócios;
- interajam com agências de propaganda e publicidade;
- tenham contato freqüente com o meio político.

O ambiente corporativo também pode estruturar programas sistemáticos de modelagem do seu macroambiente e utilizá-los como sensores externos da cultura corporativa. Como exemplo de adoção desses programas estruturados, podemos citar:

- *benchmarking* de práticas e de processos operacionais;

- palestras internas com consultores e especialistas de várias áreas do conhecimento;
- visitas a outras organizações;
- pesquisas de imagem da organização e outras;
- *workshops* analisando a realidade da empresa e confrontando-a com a tecnologia de gestão empregada em outras organizações.

Ancoragem das mudanças na cultura corporativa

Um dos inconvenientes do envolvimento de um grande número de funcionários como sensores da cultura corporativa é a geração de um excesso de informes, que pode desandar numa indesejável caoticidade. Por outro lado, reduzir a quantidade de sensores pode significar abrir mão do acesso a informações inestimáveis. Uma boa maneira de administrar esse dilema é instituir *equipes matriciais,* autogerenciáveis, cada uma delas composta por representantes de determinadas áreas. Pode-se formar, por hipótese, uma equipe matricial integrada por quatro funcionários: um que tenha contato com grandes fornecedores; outro que interaja com clientes preferenciais; um terceiro que pertença a uma entidade de classe; e, por fim, um que esteja implantando tecnologia de ponta. Dentro dessa linha de raciocínio, pode-se também formar uma segunda equipe, composta por pessoas de outras áreas, como uma pessoa que interaja com agência de publicidade, um funcionário que esteja atuando em programas com consultoria externa, e assim por diante. O número de equipes matriciais que podem ser instituídas pela empresa dependerá da quantidade de sensores externos e do bom senso da alta administração.

Equipes matriciais

Cada equipe matricial deverá reunir-se mensalmente e trocar idéias sobre as tendências de mudança no ambiente externo, registrando-as em um relatório. Ao final de cada semestre, a equipe tem por incumbência gerar um trabalho em multimídia, baseado nos seus próprios relatórios. Esse trabalho, então, será apresentado aos executivos e à alta administração da empresa, num ritual organizacional especialmente criado para tal finalidade. Nesse ritual, as outras equipes também apresentarão seus trabalhos e, ao final, ocorrerá uma sessão de perguntas e respostas, conduzida por um facilitador com o objetivo de obter consenso sobre as principais tendências e o possível impacto na empresa.

Como as equipes têm caráter matricial, os seus membros podem — e devem — ser rotativos, o que permite que a cada semestre a composição das equipes seja renovada. Com isso, maior número de pessoas participa do processo que, a cada semestre, culmina com o ritual anteriormente explicitado. Esse ritual constitui-se no primeiro passo da ancoragem das mudanças na cultura corporativa. Isso não significa, contudo, que todas as idéias apresentadas serão aceitas e que posteriormente darão origem a ações específicas e comporão a cultura da empresa. Entretanto, certamente algumas delas sensibilizarão os executivos e a alta administração e darão início a estudos mais aprofundados que poderão alavancar a empresa. Quando uma idéia prosperar com o *board* da organização, a ancoragem da mudança na cultura corporativa poderá ser feita mediante a ativação dos demais mecanismos de revaloração da cultura, como outros rituais organizacionais, por exemplo, as ações de endomarketing, a matriz de indicadores etc.

A reaprendizagem organizacional envolve a absorção de novas técnicas e pressupõe essencialmente a adoção de nova postura; basicamente, ela encerra uma importante dimensão, que é a mudança no comportamento das pessoas. Essa dimensão talvez seja a mais difícil de ser administrada, pois exige determinação e muitas vezes os resultados demoram a aparecer. O sucesso nos mercados depende, cada vez mais, do aprendizado; todavia, a maioria das pessoas não sabe aprender[3]. Isso inclui, infelizmente, profissionais de alta qualificação, que ocupam posições-chave de liderança na corporação moderna. Para lidar com essa dificuldade, deve ocorrer perfeita sintonia entre a reaprendizagem organizacional e a gestão de talentos, que, recombinadas, podem resultar no que denominou *learning system* ou *sistema de aprendizagem*[4], pelo qual "o crescimento mútuo da organização e seus participantes em um meio ambiente caracterizado por profundas e freqüentes mutações verifica-se quando o corpo social é capaz de funcionar como um sistema de aprendizagem".

Sistema de aprendizagem

Com o tempo, esse sistema de aprendizagem passou a englobar a *educação corporativa*, que evoluiu da abordagem tradicional, que se prestava a desenvolver qualificações isoladas em sala de aula[5], para a criação de "uma cultura de aprendizagem contínua, em que os funcionários aprendem uns com os outros e compartilham inovações e melhores práticas com o objetivo de solucionar problemas empresariais reais". A educação corporativa também pode lançar mão de vários outros instrumentos para ancorar as mudanças na cultura corporativa, como os times de aprendizagem, o *benchmarking* interno e os casos de sucesso interno.

---

[3] ARGYRIS, C. In: HARVARD BUSINESS REVIEW. *Gestão do conhecimento*. Tradução de Afonso Celso da Cunha Serra. Rio de Janeiro: Campus, 2000. p. 82-107.

[4] CAVALCANTI, Bianor Scelza. DO: considerações sobre seus objetivos, valores e processos. *Revista de Administração Pública*, Rio de Janeiro, Fundação Getulio Vargas, 13(2): 49-84, abr./jun., 1979. p. 69.

[5] MEISTER, J. C. *Educação corporativa*: a gestão do capital intelectual através das universidades corporativas. São Paulo: Makron, 1999. p. 21.

GESTÃO DE TALENTOS

Gestão de talentos

A *gestão de talentos* é um dos mecanismos avançados do processo de revaloração da cultura de uma empresa. De pouco adianta a ativação de outros mecanismos importantes, como os rituais organizacionais, se a gestão de talentos não for convenientemente estruturada e colocada em prática.

Seu ponto de partida é a montagem de um *portfólio de executivos*, com uma análise de cada profissional de acordo com duas variáveis básicas: desempenho funcional representado pelos resultados operacionais que costuma alcançar e seu nível de inserção na cultura estimulada pela empresa. Na cultura corporativa de alto desempenho, é imprescindível que a totalidade — ou pelo menos a maioria — dos executivos seja composta por pessoas que: (1) obtenham resultados operacionais continuamente; (2) pratiquem os valores corporativos; e (3) atuem comportamentalmente de acordo com o modelo social delineado pela empresa e alinhado com a cultura corporativa.

Para operacionalizar o portfólio de executivos, direcionando-o ao alto desempenho, a empresa pode lançar mão da educação corporativa, da avaliação, da remuneração estratégica e da prática dos valores corporativos, dentre outros subsistemas no campo da administração de recursos humanos. É evidente que, em determinados casos e situações, a empresa também pode substituir os executivos que, ao longo do processo de revaloração da cultura, não conseguirem se enquadrar na prática dos novos preceitos corporativos.

Montagem do portfólio de executivos

Potencial x desempenho

O estabelecimento de uma cultura organizacional de alto desempenho requer elevado nível de competência por parte das pessoas que atuam na organização. O nível de competência é a combinação do potencial das pessoas com seu desempenho. Entende-se *potencial* como, em cada pessoa, o conjunto de habilidades, conhecimentos e experiências que pode ser aproveitado e desenvolvido. O *desempenho*, por sua vez, consubstancia-se nas ações praticadas pelo profissional, num determinado período de tempo, no intuito de atingir ou superar resultados fixados ou esperados pela organização. A combinação do potencial de todos os indivíduos com seu desempenho na empresa expressa o nível de competência da própria organização.

Numa cultura de alto desempenho, o nível de competência da empresa (potencial e desempenho do quadro funcional) deve permitir a obtenção continuada de resultados efetivos (atingimento de metas e objetivos). Para alcançar esse propósito, o planejamento de RH deve, necessariamente, montar um portfólio de recursos humanos disponíveis na empresa, verificando sua capacidade para sustentar a visão de futuro e o crescimento pretendido pela organização. A Figura 4.1 dá um exemplo de portfólio que foi utilizado no processo de revaloração da cultura organizacional de uma empresa[6].

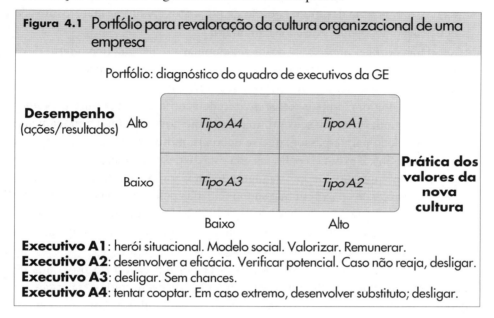

Figura 4.1 Portfólio para revaloração da cultura organizacional de uma empresa

Executivo A1: herói situacional. Modelo social. Valorizar. Remunerar.
Executivo A2: desenvolver a eficácia. Verificar potencial. Caso não reaja, desligar.
Executivo A3: desligar. Sem chances.
Executivo A4: tentar cooptar. Em caso extremo, desenvolver substituto; desligar.

O portfólio de recursos humanos permite identificar, basicamente, quais pessoas devem ser valorizadas — administração da remuneração — e, muito especialmente, permite perceber com maior precisão os indivíduos que devem ser desligados ou, então, treinados ou reciclados. Com a montagem do portfólio de recursos humanos, a empresa passa a dispor de uma ferramenta básica que, se bem trabalhada, permite a elevação do nível de competência da organização.

Por outro lado, no comércio (varejo, supermercados, lojas de departamento etc.) existe uma máxima segundo a qual *o lucro está na compra*, ou seja, repor os estoques a custos baixos é o que garante os lucros. Vender muito não significa, necessariamente, lucros. Na gestão de cultura, o lucro está no recrutamento e na seleção de pessoas. Nada é mais danoso, no âmbito da cultura organizacional, do que uma pessoa que foi mal selecionada. Ela destoa do conjunto e, por sua postura inadequada, corrói os valores da empresa. Nesse sentido, o subsistema de recrutamento e seleção de pessoal deve estar apto a identificar, nos candidatos a emprego na organização, se há uma convergência

---

[6] SLATER, R. *Jack Welch and the GE way*: management insights and leadership secrets of the legendary CEO. New York: McGraw-Hill, 1999.

de valores do indivíduo com os da organização. Uma empresa com forte valor de ética e honestidade, por exemplo, terá inevitáveis problemas com funcionários que não tenham a mesma mentalidade. Uma pessoa participativa, por exemplo, terá dificuldades para se ajustar a uma cultura autoritária. Obviamente, nesse caso, o grande desafio da gestão de pessoas é encontrar mecanismos de identificação dos valores de cada candidato.

Uma outra expressão — desta vez popular —, nos diz que o ferro deve ser malhado enquanto está quente. Neste caso, um funcionário recém-admitido não pode ser considerado um ferro a ser malhado, pois se trata de um ser humano. Contudo, ele pode ser *modelado* de acordo com a cultura e os interesses da organização. Em seus primeiros dias no novo emprego, praticamente tudo é novidade para a pessoa, que se encontra motivada e receptiva a novas idéias e desafios. Em outras palavras, ela está disposta a mostrar serviço e a se adequar à organização. Depois de algum tempo, como a maioria dos executivos sabe, as pessoas parecem que são inoculadas pelo vírus da acomodação e da resistência, o que dificulta a modelagem cultural e comportamental. Portanto, o momento mais produtivo para efetuar o aculturamento de um funcionário é nos seus primeiros dias no novo emprego.

A pessoa recém-admitida deve passar por um criterioso programa de aculturamento, em que, além de conhecer a história e a mitologia da organização, terá contato com as diferentes facetas de sua cultura. Um funcionário novo devidamente aculturado estará pronto para, rapidamente e de maneira efetiva, atuar dentro dos preceitos culturais da sua nova empresa. Ademais, o processo de integração poderá corrigir eventuais vícios do novo empregado, ou seja, inibir práticas assimiladas em outras empresas que não se coadunem com a cultura da organização. No Japão, é comum que o novato tenha um padrinho — um colega mais antigo que o acompanha e orienta nos primeiros tempos no novo emprego. As empresas brasileiras tendem a descurar do processo de integração de novos funcionários; com honrosas exceções, o processo geralmente não existe ou é um mero simulacro de integração.

Outro fator fundamental, na cultura de alto desempenho, é a adoção de mecanismos de remuneração estratégica que permitam à administração de recursos humanos focar-se no negócio, incentivando financeiramente os resultados (eficácia) obtidos por meio do desempenho das pessoas e fortalecendo nos indivíduos determinados valores da cultura organizacional, previamente definidos. A maioria das organizações analisadas no estudo sobre a cultura organizacional das melhores e maiores empresas que atuam no Brasil adota e formata sua sistemática de remuneração estratégica de acordo com sua própria cultura, estrutura organizacional, objetivos estratégicos e necessidades situacionais. As formas de remuneração estratégica — e seus critérios de concessão — variam de empresa para empresa. A remuneração estratégica também tem servido, em algumas organizações, como uma das formas de revaloração da cultura, podendo aquinhoar melhor os chamados campeões situacionais — funcionários imbuídos de novos valores e praticantes de um novo estilo de atuação almejado pela empresa.

Educação corporativa

A *educação corporativa* é um dos sustentáculos da gestão de talentos, sendo uma nova abordagem de estruturação do desenvolvimento de pessoal, baseada em padrões adotados e validados por organizações internacionais e que também já está começando a ser usada por grandes empresas nacionais. Normalmente, ela se divide em eixos de aprendizagem, como a cultura corporativa, o contexto do negócio e as competências pessoais e profissionais. No eixo da cultura corporativa, podem ser criados programas de treinamento e de desenvolvimento de pessoal, com a finalidade de compartilhar com os funcionários a visão sobre os princípios e valores que norteiam a empresa, bem como internalizar conhecimentos relativos à cultura, crenças e valores da organização.

Educação corporativa

É crescente o número de grandes empresas que se utiliza dos recursos da educação corporativa para incutir nos funcionários um modo de pensar compartilhado, enfocando o treinamento dos funcionários nos valores e na cultura da organização[7]. As empresas progressistas querem cultivar em suas forças de trabalho uma noção de vínculo e orgulho, criando programas de desenvolvimento de pessoas centrados formalmente nos valores, nas crenças, nos costumes, e nas tradições que só a empresa possui e nos comportamentos específicos que os funcionários precisam demonstrar para viver de acordo com aqueles valores, no emprego[8].

■ CIDADANIA CORPORATIVA

A cultura corporativa de alto desempenho atua em três dimensões: eficiência, eficácia e efetividade organizacional. Ela apresenta um somatório sinérgico da *eficiência* (processos, operações, ênfase na forma como as atividades são realizadas), da *eficácia* (resultados, como vendas, lucros e outros) e da *efetividade* (caracterizada pela obtenção de resultados de largo alcance aos vários públicos da empresa: funcionários, clientes, fornecedores e, com destaque especial, comunidade e meio ambiente).

Eficiência, eficácia e efetividade

---

[7] MEISTER, J. C. *Educação corporativa*: a gestão do capital intelectual através das universidades corporativas. São Paulo: Makron, 1999.
[8] Ibid.

Para Peter Drucker[9], as organizações não vivem para si próprias, mas são meios, são órgãos da sociedade que visam a realização de uma tarefa social. Compactuando com essa visão, identifica-se como *efetividade organizacional* o estágio em que uma empresa ou instituição esteja produzindo resultados socialmente relevantes[10].

Efetividade organizacional

Como evidência do crescimento do interesse pela efetividade organizacional, registra-se um movimento que tende a acentuar-se, no Brasil, que é caracterizado pelo *balanço social*, instrumento que consolida e, principalmente, divulga as realizações da empresa aos seus vários públicos. Essa idéia surgiu de uma experiência francesa que já tem 20 anos, e foi proposta inicialmente, no Brasil, pelo sociólogo Herbert de Souza, o Betinho. Em seu país de origem — a França —, o instrumento é obrigatório em todas as empresas com mais de 750 funcionários. Dada a relevância do tema, a União, os Estados e os municípios brasileiros têm demonstrado interesse em legislar sobre o assunto. O intuito da legislação brasileira é incentivar as empresas; às organizações que se enquadrarem, o poder público concede incentivos fiscais, outorga um selo de cidadania e assim por diante.

Balanço social

Independentemente de regulamentação formal, no Brasil muitas organizações de grande porte — e mesmo as de tamanho médio — estão divulgando o seu balanço social por meio de *folders* e publicações específicas e, também, pela mídia de massa (jornais de grande circulação e outros veículos). Alguns dos indicadores que têm composto esses balanços são os seguintes:

- *impostos recolhidos*: em tese, os impostos de qualquer natureza recolhidos pelas empresas aos cofres públicos devem ser destinados a investimentos em prol da sociedade. Assim, justifica-se divulgar, no balanço social, o montante de impostos recolhidos. Essa rubrica pode englobar taxas, contribuições e impostos federais, estaduais, municipais e, mesmo, contribuições para a Previdência Social;
- *salários e remuneração pagos ao quadro funcional*: entende-se como uma grande contribuição social o retorno que a empresa dá à comunidade, na forma de salários e de remuneração em geral aos seus colaboradores;
- *benefícios aos funcionários*: o balanço social também contempla o registro de todo o dispêndio da empresa com benefícios aos seus funcionários, como planos de saúde, assistência médica, atividades re-

---

[9] DRUCKER, P. *Uma era de descontinuidade*. Rio de Janeiro: Zahar, 1975.
[10] CARAVANTES, G. R. *Administração por objetivos*. 3. ed. Porto Alegre: FDRH, 1984.

Mecanismos Avançados de Revaloração da Cultura Corporativa

creativas, assistência social, alimentação, complementação de aposentadoria, planos de pensão, creches e investimentos em educação/treinamento;

- *quantidade de empregos mantidos pela empresa*: a geração de empregos é uma das maiores contribuições sociais que uma organização pode oferecer. No balanço social, normalmente consta o número de pessoas empregadas pela organização, na data do seu fechamento;

- *investimentos na comunidade*: o balanço social registra o montante dos investimentos sociais, como projetos específicos de apoio a comunidades carentes, programas de adoção de escolas, ações de suporte a instituições do terceiro setor e projetos em áreas diversas, como cultura, recuperação do patrimônio histórico e outras;

- *investimentos no meio ambiente*: o balanço social contempla os gastos com reflorestamento, despoluição e com ações que visem a preservação ambiental.

Além desses indicadores, algumas empresas também registram no balanço social:

- número médio de horas de treinamento proporcionado para cada funcionário;
- percentual de emprego de pessoas do sexo feminino;
- percentual de emprego de pessoas de origem afro-brasileira;
- percentual de emprego de indivíduos portadores de deficiências físicas ou mentais;
- número total de horas liberadas e remuneradas pela empresa, para atuação de seus funcionários em atividades em asilos, creches, escolas e outras instituições sociais;
- índice de alfabetização ou de escolarização do quadro funcional;
- número de mulheres em cargos de chefia;
- outros/diversos.

A obtenção da *efetividade organizacional* pode ser alcançada por meio de um dirigismo centralizador, no qual a cúpula da empresa define estratégias, metas e ações direcionadas à efetividade, e, ao contrário, também pode ser internalizada na cultura da organização com resultados provavelmente mais duradouros e autênticos. Neste caso, a cultura da organização passa a ser responsável pela busca da efetividade organizacional.

■ GESTÃO PARTICIPATIVA

O modelo de gestão centrado na capacitação técnica, na tecnologia e na quantificação tem sido o esteio da competitividade e do lucro desde o advento da Revolução Industrial. O *dirigismo centralizador* — ou a autocracia — tem oferecido bons resultados aos que detêm o controle acionário. Quando gerenciada com competência e eficácia, verifica-se que a cultura do absolutismo funciona com pessoas que se conformam às suas características e regras. Nada há de extraordinário nisso; basta selecionar e desenvolver as pessoas mais adequadas e propensas a atuar numa cultura autoritária.

Dirigismo centralizador

Mas, se no transcurso do tempo, as organizações autoritárias foram capazes de obter bons resultados empresariais, não podemos afirmar ou predizer que a cultura absolutista continuará oferecendo resultados efetivos num mundo que se mostra cada vez mais complexo e imerso num ritmo frenético e inexorável de mudanças. Pode-se, quando muito, arriscar um prognóstico de que as empresas autoritárias que souberem gerenciar de forma planejada e talentosa a sua cultura corporativa terão maiores chances de êxito, nos próximos anos, do que aquelas que não o fizerem. Da mesma maneira, aquelas organizações que preferirem estimular, ou mesmo solidificar, uma cultura organizacional participativa — ou democrática — certamente terão necessidade de fazê-lo de forma planejada e criativa.

Nossa aposta é de que as empresas que detiverem uma cultura democrática terão maiores chances de sucesso ante as inevitáveis turbulências do macroambiente empresarial. Afinal, se um gerenciamento adequado da cultura corporativa pode levar as pessoas a se entregarem de corpo e alma aos altares de devoção organizacional, isto ainda é mais factível quando as pessoas pertencem a uma cultura corporativa democrática. A cultura corporativa participativa não exorciza o lucro e não desestimula o analítico, o racional, o quantitativo; ocorre que ela também consegue incentivar a emoção e consente que as pessoas se sintam parte de algo maior, não como coadjuvante, mas como participante efetivo e modelador do destino da sua organização. A corporação, por seu turno, passa a desfrutar da possibilidade de ter quase todos os funcionários pensando e repensando continuamente os rumos e os processos organizacionais. E, na maior parte das vezes, sem reivindicar ganhos extraordinários. Devemos lembrar também que as organizações que atuam no Brasil — e, portanto, obtêm resultados por meio dos brasileiros — podem beneficiar-se da adoção de um modelo mais próximo da cultura e da índole do nosso povo. Observa-se, contudo, "uma significativa resistência aos sistemas participativos"[11].

---

[11] RODRIGUES, Marcus Vinícius. *Processos de melhoria nas organizações brasileiras.* Rio de Janeiro: Qualitymark, 1999. p. 190.

A consecução de uma cultura de alta efetividade exige um modelo participativo de gestão, com predomínio de atributos como negociação, comunicação, empatia, motivação, muito próximos do espectro delineado por Goleman[12]. Na *modelagem participativa* ou *democrática*, todas as pessoas da organização constróem não somente os valores da cultura, mas compartilham sua própria gestão, comprometendo-se fortemente nesse processo. Embora os dois modelos de gestão organizacional, o autoritário e o participativo, quando bem conduzidos possam estabelecer uma cultura de alto desempenho, existem fortes evidências de que um deles produz melhores resultados no curto/médio prazo e o outro oferece respostas mais duradouras no longo prazo. Contudo, a transição da autocracia para a democracia, nas organizações, também encerra riscos consideráveis.

Modelagem participativa

Há muito tempo, as pesquisas de Likert[13] já indicam que, a médio e, especialmente, a longo prazo, o modelo democrático oferece resultados melhores do que o método *top-down*. Entretanto, nos anos iniciais de introdução do modelo participativo, a empresa tende a enfrentar um período de turbulência cultural, e pode até sofrer queda na produtividade e na qualidade. Esse período de turbulência cultural é confirmado por estudos recentes de McLagan e Nel[14], que o atribuem ao fato de estarmos ainda no limiar de um novo paradigma da participação; neste momento, o exercício do poder hierarquizado ainda predomina no ambiente empresarial. A mudança de modelo — da autocracia para a comunidade inteligente e participativa — é muito forte para os padrões vigentes. Esse possível modelo flexibilizado de exercício do poder é um processo que bem pode provocar a motivação das pessoas, fazer com que se sintam comprometidas com os resultados e se engajem na tarefa de obtê-los.

A palavra *comunidade* originariamente esteve circunscrita aos estudos da Antropologia e da Sociologia; a empresa, por sua vez, necessita de algo que funcione no ambiente empresarial e dê resultados — como rentabilidade, por exemplo. Necessita, assim, de um modelo pragmático de comunidade organizacional que se aproxime da visão de Brown[15], e seja estruturado de acordo com as características de cada organização. Tratando-se de um modelo, a vantagem é que essa comunidade organizacional pode ser teoricamente mais apurada do que uma comunidade usual.

---

[12] GOLEMAN, D. *Trabalhando com a inteligência emocional*. Rio de Janeiro: Objetiva, 1999.

[13] LIKERT, R. *New patterns of management*. New York: McGraw-Hill, 1961.

[14] McLAGAN, P.; NEL, C. *A nova era da participação*. Rio de Janeiro: Campus, 2000.

[15] BROWN, J. *In*: SENGE, P. et al. *A quinta disciplina*: caderno de campo. Rio de Janeiro: Qualitymark, 1999.

O modelo participativo representa uma brutal mudança de cultura em relação ao método autocrático; as pessoas têm de ser aclimatadas nesse novo modelo, desenvolvendo sua maturidade e seu senso de responsabilidade. Um dos focos de maior resistência para a implementação da sistemática participativa reside justamente nos executivos do escalão médio das empresas — eles também têm de sofrer uma profunda mudança de mentalidade[16]. Em face desses aspectos, não se recomenda que uma organização com problemas de performance ou em crise opte pela mudança de modelo, substituindo a autocracia pela democracia. Porém, as organizações financeiramente saudáveis que desejem criar um modelo de cultura que lhes ofereça a competitividade futura — com a obtenção de alta produtividade/qualidade — terão no modelo participativo o caminho ideal. Afinal, ele gera uma empresa culturalmente inteligente e de alta efetividade.

Caso uma empresa opte por uma modelagem participativa, ser-lhe-ão de muita utilidade as idéias de Piaget[17], que, embora tenha dedicado seus estudos e pesquisas ao desenvolvimento da criança, pode ter sua teoria de aprendizagem transposta ao ambiente organizacional. Ele enfatiza que os indivíduos não apenas respondem ao ambiente, mas *atuam sobre ele*, e que a inteligência se desenvolve por meio da assimilação da realidade. A assimilação e a conseqüente transformação da realidade são as bases de um processo construtivista que permeia a própria mudança. O pleno desenvolvimento do indivíduo requer que ele analise seu ambiente, transformando-o, encontrando sentido para ele, dissociando seus elementos, reordenando-os e assim por diante. A aprendizagem deve ser algo lúdico, ativo, interessante, que fuja de atividades que sejam meras cópias, simples memorização e repetição de coisas.

Compreendendo a natureza da administração participativa

A *administração participativa* é um modelo de gestão no qual os funcionários de uma empresa podem influir nas decisões, exercer controle, ter poder, estar efetivamente envolvidos. Em seus limites superiores, ou em sua plenitude, a administração participativa pode elevar os funcionários a uma situação paritária em relação aos empresários, o que enseja que venham a ser aquinhoados com uma parcela do capital da empresa. Na iniciativa privada, essa situação pode ser alcançada de maneira essencialmente pragmática, sem

Administração participativa

---

[16] JOHANN, S. L. *O modelo brasileiro de gestão organizacional*: análise das idéias-Semler. 2. ed. São Leopoldo: Unisinos, 1998.

[17] OLIVEIRA, J. B.; CHADWICK, C. *Tecnologia educacional*. Petrópolis: Vozes, 1984.

se basear em uma posição ideológica ou doutrinária. O pragmatismo que impulsionaria o estabelecimento da gestão participativa, na verdade, é a eterna questão da melhoria do desempenho organizacional.

Na realidade, existem fortes evidências de que o modelo participativo oferece boas probabilidades para que sejam alcançadas produtividade e rentabilidade elevadas. Estas, pelo menos, são as constatações do pesquisador norte-americano Rensis Likert, que, em seus estudos, verificou que a médio e longo prazos, o sistema participativo é o que oferece maior produtividade/qualidade em relação a outras formas de gestão. Ele constatou que, na prática, as empresas conseguem implementar o modelo participativo por intermédio de um processo decisório altamente descentralizado, mas bem integrado, e por uma sistemática de comunicações multidirecional, ou seja, na qual as informações fluem na estrutura hierárquica não apenas de cima para baixo e vice-versa, mas também no sentido horizontal.

A administração participativa pressupõe que haja um envolvimento permanente dos funcionários na fixação dos objetivos, na definição de planos de recompensas econômicas, no aperfeiçoamento de métodos de trabalho e na aferição do progresso individual. Nas organizações que praticam a gestão participativa, ainda segundo Likert[18], vigora uma filosofia empresarial de total confiança nos subordinados, de estímulo à ampla interação supervisor/subordinado e de envolvimento de todos os níveis no processo de controle.

Quando se trabalha com a gestão participativa, a criação de um ambiente físico adequado é de importância capital. Na programação do ambiente de trabalho, há necessidade de que ocorra um alinhamento entre os valores culturais da empresa e seus aspectos arquitetônicos, e, muito especialmente, é imperiosa a existência de locais que incentivem e permitam a convivência informal, a interação e a comunicação entre os vários membros da comunidade. Os valores de uma cultura de *layout* aberto são muito diferentes de outra cultura de gabinetes e de divisórias fechadas. Em princípio, o *layout* aberto favorece o intercâmbio de informações, a comunicação e a interação entre as pessoas; neste caso, a gestão do conhecimento é favorecida. Uma cultura mecanicista, centralizadora, não será seduzida por ambientes que facilitem a interação e a troca de experiências entre as pessoas; o importante será registrar o conhecimento no papel, nos manuais, nos sistemas. Uma cultura participativa confiará mais no poder das equipes de alto desempenho, altamente motivadas para compartilhar e incrementar o conhecimento organizacional.

---

[18] LIKERT, 1961.

Não se deve esquecer, também, que no contexto empresarial dominante, caracterizado por um processo de contínua e intensa mudança, muitas vezes as instalações da empresa descontextualizam-se e tendem a perder sua razão de ser original. Assim, as instalações das empresas também necessitam ser periodicamente repensadas. Para agir nesse sentido, as palavras proferidas por Goethe, no século XVIII, podem servir de inspiração:

> Uma antiga observação voltou-me à mente: a de que no curso do tempo que tudo muda, o homem tem grande dificuldade em libertar-se daquilo que uma determinada coisa foi no passado, uma vez tendo ela se modificado. As instituições científicas têm o aspecto de mosteiros, porque foi nesse ambiente religioso que os estudos desfrutaram pela primeira vez espaço e sossego. Na famosa instituição que em Bolonha chamam de Instituto ou Estudos, a arquitetura é severa, tudo é decente e digno, mas uma pessoa habituada a um estudo mais livre, talvez não se sinta bem aqui[19].

Na administração participativa, há ampla e intensa cooperação entre as pessoas, com ênfase especial para a atuação em equipe, na forma de grupos de trabalho, gerências de projetos e estruturas matriciais. A comunicação é envolvente, multidirecionada e abrangente. A tomada de decisões ocorre de forma consensual, integrada e, em termos operacionais, descentralizada. A administração participativa fortalece a responsabilidade e a lealdade à instituição. Esse modelo de gestão enseja fraca rotatividade funcional, redução dos desperdícios de recursos, e, como decorrência, o moral e o ânimo elevados entre o pessoal. Todas as forças sociais, na administração participativa, dirigem-se para a consecução dos objetivos da organização formal.

Todavia, seria temerário afirmarmos que a gestão participativa possa ser buscada ou cogitada apenas porque se afigura um poderoso instrumento de produtividade/qualidade, muito embora este seja um substancial motivo para a sua implementação. O que também se observa é uma profunda mudança na sociedade brasileira, caracterizando uma democratização que vem se firmando cada vez mais, até mesmo na família e na escola, com inevitáveis reflexos na empresa.

A gestão participativa possivelmente se aproxime da índole e da cultura do povo brasileiro, avessas à autoridade e ricas em criatividade, irreverência, cordialidade, informalidade, gosto pelo trabalho em equipe, entre outros aspectos. Contudo, a aplicabilidade da gestão participativa no Brasil não depende apenas da feliz coincidência entre a flexibilidade deste modelo de gestão em-

---

[19] GOETHE, J. W. *Viagem à Itália* (1786-1788). São Paulo: Companhia das Letras, 1999.

presarial e os traços marcantes de nossa cultura e comportamento. Não há como sequer cogitar a introdução da administração participativa em muitas empresas brasileiras se elas não propiciarem aos seus funcionários, antes de tudo, uma satisfatória qualidade de vida no trabalho, na forma de salários razoáveis, segurança no emprego, respeito ao ser humano e um digno ambiente físico-psicológico. Essa satisfatória qualidade de vida no trabalho está longe de ser uma política empresarial de cunho paternalista, e pode reduzir ou eliminar problemas sérios derivados da alienação do trabalhador brasileiro e que depõem contra a duradoura qualidade e produtividade, como o alcoolismo, a ociosidade deliberada, a sabotagem, o absenteísmo, a rotatividade, as paralisações, as greves, as operações-tartaruga etc.

Cumprida esta etapa, que se fundamenta na abordagem humanística da administração, a adoção efetiva da gestão participativa ainda requer que as empresas encontrem meios de se firmarem no imaginário de seus funcionários como uma entidade que seja a própria extensão de suas casas. Aqui entende-se *casa* dentro dos preceitos sociológicos que advogam que o brasileiro cultiva um envolvimento profundo com a sua *casa*, composta pelo seu lar, sua família e seus amigos, apresentando, ao oposto, um quase absoluto descomprometimento com o destino do seu bairro, da sua cidade, do seu país[20]. De maneira geral, seguindo essa linha de raciocínio, o brasileiro vivencia um agudo descompromisso e, em certos casos, até certo desprezo pela maioria das instituições políticas, sociais e econômicas de seu país.

Ora, a gestão participativa é justamente o oposto dessa situação, pois ela significa o próprio envolvimento, atuação em equipe, comprometimento, deliberação em conjunto. Sendo assim, como encontrar o caminho da gestão democrática — ou como construir uma cultura participativa — pode ser o grande desafio a ser enfrentado pelos responsáveis das organizações brasileiras.

R. Semler e J. Welch: os arautos da nova cultura organizacional

Ricardo Frank Semler, brasileiro, vendeu mais de 700 mil exemplares, no Brasil, do seu livro *Virando a própria mesa*[21]. No exterior, o mesmo livro, rebatizado de *Maverick*, vendeu mais de um milhão de exemplares. Um livro sobre... administração de empresas!

Nos Estados Unidos, John Francis Welch Jr., norte-americano, concluiu recentemente a obra da sua vida: *Jack: straigth from the gut*, já traduzida

---

[20] DA MATTA, Roberto. *O que faz o Brasil, Brasil?* Rio de Janeiro: Rocco, 1986.
[21] SEMLER, R. *Virando a própria mesa*. São Paulo: Best Seller, 1988.

para o português[22], e, pelo expressivo valor do adiantamento recebido pelo autor — 10 milhões de dólares —, dá-nos idéia de seu formidável potencial.

Mas, afinal, o que une os dois autores? Acontece que ambos promoveram uma verdadeira revolução cultural em suas empresas, respectivamente, a Semco e a General Electric, e relatam com maestria as suas experiências. Eles são uma espécie de arautos da nova cultura organizacional. Arautos modernos, diga-se de passagem, pois alardeiam os próprios feitos. Ricardo Semler assumiu a empresa do pai aos 21 anos e, em pouco mais de duas décadas, elevou o faturamento anual de 30 milhões de dólares para mais de 240 milhões de dólares. J. Welch foi referendado no posto de principal executivo da GE, no início dos anos 1980, e, ao se aposentar, em 2001, as ações da sua corporação haviam acumulado uma valorização, no período em que esteve à frente dos negócios, de quase 4.000%.

O curioso é que nenhum deles foi movido por conselhos ou por receitas de consultores; sequer dispunham de um arcabouço teórico de mudança organizacional. Na realidade, a revolução cultural de R. Semler e de J. Welch foi resultante direta de um prosaico embate entre as suas personalidades e o "jeitão" — ou a cultura — das empresas que assumiram. Ao ascenderem aos cargos máximos em suas organizações, R. Semler e J. Welch sentiram-se livres de pressões políticas maiores e conseguiram dar vazão à sua personalidade. Confrontado com uma organização que cultuava a rigidez, o conservadorismo e a autocracia, Ricardo Semler tratou de imprimir à empresa suas características pessoais de informalidade e participação, assentando as bases de uma nova cultura organizacional na qual o poder não está no cargo ou na hierarquia de comando, mas reside na interação entre as pessoas e, principalmente, nas idéias que os colaboradores, em todos os níveis, possam oferecer à organização. Quanto a J. Welch, ele se orgulha de ter transformado uma corporação burocratizada e feudal numa cultura de "mercearia e de botequim", valorizando a simplicidade, a agilidade, a proximidade entre as pessoas e, ao mesmo tempo, a comemoração das pequenas e das grandes vitórias — até com uma dose de uísque no *happy-hour*, se for do gosto do funcionário. No botequim, como J. Welch apregoa, assim como na mercearia, o importante é saber ouvir a pessoa e, especialmente, entender o funcionamento da alma humana. Para ele, os gerentes devem abandonar as práticas autoritárias, burocráticas e mecanicistas e devem se concentrar no processo de liderança.

Nas duas empresas, contudo, os resultados custaram a aparecer e, no devido tempo, os dois heróis pagaram um preço elevado pela sua ousadia; compare-

---

[22] WELCH, J. *Jack definitivo*: segredos do executivo do século. Rio de Janeiro: Campus, 2001.

ceram compulsoriamente ao "altar dos deuses organizacionais desrespeitados" e sua imagem pública sofreu um desgaste inicial. No início das mudanças empreendidas por R. Semler, falava-se mal dele — e muito — nos corredores da poderosa Federação das Indústrias de São Paulo; chamavam-no de marqueteiro e de inconseqüente, acusavam-no de propagandear um novo modelo de gestão organizacional utópico e que não produziria resultados. Era o período em que o faturamento da Semco apenas patinava. A pressão foi tamanha que ele voluntariamente se afastou do intenso brilho das luzes da ribalta. J. Welch também enfrentou forte turbulência cultural nos primórdios da mudança organizacional por ele liderada, tendo recebido a alcunha de "Nêutron Jack", numa referência à bomba de nêutron e ao corte de 120 mil funcionários: preservava propriedades, mas dizimava pessoas. Ao final do seu mandato, porém, J. Welch contabilizou a criação do dobro dos empregos que havia suprimido. Deixou a GE com 420 mil funcionários e um faturamento anual de 100 bilhões de dólares.

Devido ao seu porte e a sua expressão internacional, é evidente que a GE é mais paradigmática do que a Semco. Caso o sucessor de J. Welch consiga manter a empresa nos eixos e continue a obter bons resultados financeiros, não se deve duvidar que ela passará a ser o *benchmark* da nova cultura organizacional. Nesse cenário, prevalecerão duas notícias: uma ruim e outra boa. A notícia ruim é que aquelas empresas que procurarem reinventar a sua cultura organizacional não disporão do "coelho dentro da cartola"; não existem soluções prontas nesta área — o caminho deve ser construído personalizadamente. Haverá necessidade de uma atualizada metodologia de mudança cultural, que não fique presa apenas à visão de líderes, por mais geniais que sejam. A modelagem da nova cultura, para ser consistente e duradoura, deverá abrir-se à participação de grande gama de pessoas na organização. A boa notícia, finalmente, é que a possível demanda significará oportunidades de trabalho e de ganhos para pesquisadores e consultores que se especializarem em gestão planejada da cultura organizacional.

■ A MATRIZ DE INDICADORES E A QUINTA PERSPECTIVA DO *BALANCED SCORECARD*

Em artigo publicado na Harvard Business Review[23], em 1992, Robert Kaplan e David Norton lançaram pela primeira vez a idéia de que os progressos na materialização da visão estratégica da empresa, além de poderem ser

---

[23] KAPLAN, R.; NORTON, D. The balanced scorecard: measures that drive performance. *Harvard Business Review* 70, n. 1, Jan./Feb. 1992. p. 71-79.

vinculados a ações operacionais, deveriam também ser monitorados por meio de uma combinação de indicadores financeiros com outros de caráter qualitativo. No *balanced scorecard*, idealizado por esses dois consultores organizacionais, a empresa define uma grande estratégia, desdobra-a em pontos críticos e vincula-os às áreas operacionais em que as ações deverão ser desenvolvidas para que o sucesso da estratégia seja alcançado. Consolidadas numa planilha, as ações propostas passam a ser acompanhadas quanto à sua progressiva execução, por meio de indicadores de desempenho de natureza quantitativa e qualitativa.

Balanced scorecard

Na concepção de Kaplan e Norton, a estratégia estabelecida pela empresa deve ter a sua evolução e performance mensuradas em quatro perspectivas distintas que, encadeadas entre si, contribuem para a implementação da própria estratégia. Essas quatro perspectivas são fixas e independem do tipo de empresa e de qual seja a sua estratégia. Embora as perspectivas sejam predeterminadas, os indicadores que as compõem podem ser customizados e adequados à estratégia formulada pela organização. As quatro perspectivas e os seus indicadores básicos — alguns dos quais de natureza não-financeira — são os seguintes:

- **financeira/acionista/negócios**: lucro, crescimento e composição da receita, redução de custos, melhoria da produtividade, utilização dos ativos, estratégia de investimentos;
- **clientes/mercado**: participação no mercado, retenção de clientes, aquisição de novos clientes, satisfação dos clientes, rentabilidade dos clientes, qualidade do produto, relacionamento com clientes, imagem e reputação;
- **processos internos/operações**: inovação (desenvolvimento de novos produtos e processos), operação (produção, distribuição, vendas), serviços pós-venda (assistência técnica, atendimento a solicitação do cliente);
- **aprendizado e crescimento = pessoas/organização**: desenvolvimento de competências da equipe e manejo da infra-estrutura tecnológica.

O *balanced scorecard* pressupõe que haja hierarquia entre as quatro perspectivas, ou seja, os ganhos e os avanços verificados em aprendizado e crescimento, que envolvem a cultura organizacional e o desenvolvimento de pessoas, redundariam em melhorias nos processos internos/operações, otimizariam a perspectiva clientes/mercados e, enfim, proporcionariam os almejados resultados financeiros para a empresa. Observa-se, assim, que o alto desempenho é decorrente de um esforço articulado e coletivo na organização e que não seria exagero afirmar que a cultura corporativa é determinante dos resultados. Afinal, a perspectiva aprendizado e crescimento — que dá abrigo à cultura organizacional — é uma espécie de alicerce das demais perspectivas. A cultura organizacional, neste caso, tem o mesmo *status* do aprendizado da infra-estrutura tecnológica e do desenvolvimento de competências funcionais.

Atualmente, grandes empresas que operam no Brasil aderiram ao *balanced scorecard*, como a Shell, a General Motors, a ABB, a Alcoa, a Suzano e a Embrapa, dentre outras. Contudo, apesar dos benefícios e da receptividade do mundo corporativo a esse novo método de gestão, persiste certo desbalanceamento quanto à facilidade de implementação e de manejo de suas quatro perspectivas. Recentemente, David Norton[24] admitiu que, após vários anos de consultoria em que teve oportunidade de projetar o *balanced scorecard* em mais de 200 empresas, constatou que a perspectiva mais difícil de ser enquadrada é aprendizado e crescimento. Para ele, o conceito sobre o assunto apresenta baixo consenso e pouca criatividade e não conta com nenhum referencial analítico. Pior ainda, ao longo dos últimos anos, raras foram as melhorias significativas na área.

Assim, à medida que a globalização e a nova economia requerem cada vez mais a valorização — e a correta ativação de ativos intangíveis —, assiste-se ao estabelecimento de um interessante enigma: o recurso mais importante é o menos compreendido, o menos sujeito a mensurações e o menos suscetível de ser convenientemente gerenciado. Trata-se de transformar não somente o capital intelectual, mas especialmente a cultura corporativa, num valioso recurso estratégico. Sintonizados com a angústia expressa por Norton, e com o propósito de oferecer uma alternativa que possa equacionar essa problemática, defendemos a criação, no *balanced scorecard*, de uma *quinta perspectiva*. A cultura organizacional deixaria de fazer parte de aprendizado e crescimento e passaria a compor essa nova perspectiva, denominada *revaloração da cultura corporativa*.

Parte-se, assim, do princípio de que a cultura corporativa é algo dinâmico, vivo, que pode ser gerenciável e que tem um impacto decisivo na consecução das estratégias empresariais. Ao elencar a revaloração da cultura corporativa como a quinta perspectiva do *balanced scorecard*, abre-se a possibilidade de monitorar a mudança planejada da cultura e os seus efeitos sobre as ações e a estratégia. Ao contrário das demais perspectivas, esta última não se subordina a nenhuma das anteriores de forma mecanicista ou hierarquizada; ela permeia e influencia, ao mesmo tempo, todas as outras perspectivas. E possibilita a

Revaloração da cultura corporativa

---

[24] BECKER, B. et al. *Gestão estratégica de pessoas com scorecard*. Rio de Janeiro: Campus, 2001.

Quinta perspectiva

sistemática mensuração, por meio de indicadores específicos, dos resultados verificados nos mecanismos básicos e avançados da revaloração da cultura corporativa. A Figura 4.2 expressa o modelo conceptual do *balanced scorecard*, com a inclusão da *quinta perspectiva*.

Figura 4.2 Modelo conceptual do *balanced scorecard* com a inclusão da quinta perspectiva

Os indicadores de desempenho da perspectiva revaloração da cultura corporativa dependem, em princípio, das características que a empresa deseja estimular na sua cultura corporativa e que, evidentemente, possam auxiliar na alavancagem da estratégia definida pela alta administração. A maioria desses índices é de natureza não-financeira, detém um caráter qualitativo e deve ser customizado. Devido a esses fatores, a construção de indicadores na área da cultura corporativa apresenta certo grau de dificuldade metodológica — que merece ser transposta — na composição de cada um deles e, especialmente, em sua coleta de dados. Assim, apresentamos a seguir, em caráter meramente ilustrativo, alguns exemplos de possíveis indicadores da revaloração da cultura corporativa.

Exemplos de indicadores da perspectiva revaloração da cultura corporativa

Mecanismos Avançados de Revaloração da Cultura Corporativa **125**

▷ **Endomarketing:**

(1) grau de conhecimento, pelos colaboradores em geral, da estratégia definida pela empresa e das respectivas metas setoriais;

(2) nível de conhecimento, pelos funcionários da organização, do progresso — ou eventuais percalços — que estão sendo verificados na implementação da respectiva estratégia.

▷ **Pesquisa-ação de clima organizacional:**

(3) índice de estresse coletivo, na organização;

(4) grau de satisfação e de orgulho das pessoas por pertencerem à companhia.

▷ **Reaprendizagem organizacional:**

(5) número de idéias aproveitadas em relação a estudos decorrentes de processos de *benchmarking*;

(6) quantidade de inovações operacionais e administrativas implementadas em função de *workshops* apresentados por equipes de monitoramento das mudanças e tendências verificadas no macroambiente.

▷ **Gestão de talentos:**

(7) grau de obsolescência técnico-gerencial dos executivos da empresa;

(8) índice de retenção do capital intelectual crítico.

▷ **Padrões comportamentais com foco no cliente:**

(9) grau de prática cotidiana dos padrões comportamentais com foco nos clientes internos e externos;

(10) nível de entusiasmo demonstrado, no dia-a-dia, no cumprimento dos padrões comportamentais.

▷ **Gestão participativa:**

(11) número de pessoas atuantes em equipes matriciais ou autogerenciadas;

(12) grau de *liberdade psicológica* que permite e estimula debates, questionamentos e apresentação de novas idéias aos superiores em geral.

▷ **Cidadania corporativa:**

(13) percentual de funcionários envolvidos em trabalho voluntário e/ou projetos de cidadania corporativa;

(14) grau de autenticidade da cidadania corporativa praticada pela empresa, que a aproxima da cultura corporativa e a afasta de aspectos puramente mercadológicos.

▷ **Gestores como modelos sociais:**

(15) índice de enquadramento dos executivos, no dia-a-dia, no modelo social fundamentado na cultura da empresa;

(16) grau de coerência verificado entre o discurso (aquilo que é verbalizado) e a prática ou a ação (aquilo que é feito) dos executivos da empresa.

▷ **Rituais corporativos:**

(17) índice de adesão voluntária de colaboradores a eventos internos cuja presença dos funcionários não seja compulsória;

(18) nível de satisfação das pessoas quanto à condução e aos resultados das reuniões, em geral, na empresa.

▷ **Macroindicadores da cultura corporativa de alto desempenho:**

(19) índice de memorização e de conhecimento dos funcionários sobre a história da empresa, seus valores centrais, sua força motriz, sua visão e sua missão;

(20) grau de aceitação e de sensibilização, pelos funcionários em geral, da necessidade de colocar em prática novos valores que estão sendo estimulados pela organização;

(21) nível de aculturamento de novos funcionários;

(22) nível de entusiasmo e de comprometimento dos executivos da empresa com as estratégias definidas pela alta administração, na percepção dos funcionários em geral;

(23) proatividade dos executivos como gestores da cultura corporativa;

(24) índice de agilidade estratégico-operacional demonstrada pela empresa, em relação ao ritmo do "pulsar do mercado";

(25) grau de intensidade da liderança exercida pela alta administração, no processo de mudança organizacional e de revaloração da cultura corporativa.

Na gestão da cultura corporativa de alto desempenho, o *balanced scorecard*, com a adição da quinta perspectiva, ainda pode ser enriquecido pela inclusão de indicadores selecionados por meio de *benchmarking* em organizações de classe mundial. Esses indicadores externos, de empresas globalizadas, permitem que os índices e números da organização sejam coteja-

Mecanismos Avançados de Revaloração da Cultura Corporativa

dos com parâmetros internacionais representativos da cultura de alto desempenho. De forma geral, observa-se que a maioria das organizações mantém atualizados seus indicadores de desempenho; contudo, na construção de uma cultura de alto desempenho, esses indicadores devem ser validados para permitir comparações com outras empresas e, especialmente, transformados num elemento internalizado na cultura da própria organização, sendo disponibilizados, de forma consolidada, a todos os funcionários.

Nossa pesquisa

Instrumentos de reaprendizagem das melhores e maiores

Nos últimos anos, muitas das melhores e maiores empresas que atuam no Brasil foram alvo de processos de *downsizing* e de reengenharia, o que gerou uma reformulação profunda em suas estruturas organizacionais e acarretou acentuada redução de seu quadro funcional. Traumáticos, em sua maioria, esses processos de reestruturação foram uma tentativa de ajuste da cultura corporativa a um macroambiente que já havia se transformado. Mais uma evidência, acreditamos, de que a reorganização ampla realizada pelas empresas é uma prova de que a sua cultura se mostrava defasada diante dos desafios emergentes. Em nossa pesquisa, identificamos alguns instrumentos empregados pelas organizações analisadas para efetuar a ancoragem das mudanças em sua cultura organizacional.

Quadro 4.1 Mecanismos selecionados da ancoragem das mudanças na cultura corporativa

1. Times de aprendizagem.
2. Encontros técnicos entre equipes.
3. Casos de práticas bem-sucedidas.
4. Páginas de discussão técnica na Intranet.
5. *Coach* técnico.
6. *Benchmarking* interno.
7. *Job rotation* (rotação de cargos).
8. *Layout* aberto.
9. Multifuncionalidade/polivalência dos funcionários.
10. Equipes autogerenciadas.

Nossa pesquisa

Ações de efetividade social praticadas pelas melhores e maiores empresas no Brasil

No estudo sobre a cultura das maiores e melhores empresas que atuam no Brasil, constatou-se que todas as organizações analisadas, sem exceção, praticam ações de efetividade organizacional e parcela significativa delas publica o balanço social. Observou-se, ainda, que o balanço social foi estimulado, em boa parte, pela existência de legislação que oferece incentivo fiscal para o desenvolvimento de ações no campo da efetividade organizacional. Muitas das empresas constituíram fundações, com efetiva atuação no campo social. Algumas iniciativas criativas e pioneiras, no Brasil, merecem destaque, conforme mostra o Quadro 4.2.

> **Quadro 4.2** Iniciativas criativas/pioneiras no campo da efetividade organizacional
>
> **(exemplos selecionados)**
>
> 1. Agência de Desenvolvimento Regional: tem como objetivo o crescimento do município de Timóteo, no Vale do Aço, Minas Gerais, por meio do fortalecimento e da diversificação da economia regional, visando a redução da dependência da economia local em relação à empresa. **(ACESITA)**
> 2. AABB Comunidade: abertura dos ginásios desportivos da organização, para desenvolver programas de reforço escolar e práticas esportivas para a população carente. **(BANCO DO BRASIL)**
> 3. Adoção de Hospital: a empresa custeia o funcionamento de um hospital, na região de Campinas, São Paulo, aberto à comunidade em geral. **(BOSCH)**
> 4. Meio Milhão de Livros Impressos: a empresa edita livros ligados às Ciências Agrárias (colheita, irrigação, tecnologia de alimentos e outros) e os distribui gratuitamente a instituições de ensino, órgãos públicos, pesquisadores e professores. **(CARGILL)**
> 5. Bandas de Música: manutenção de bandas de música em três municípios de Minas Gerais, arcando com todas as despesas decorrentes do pagamento dos músicos e maestros, manutenção e substituição dos instrumentos e outros. **(CEDRO CACHOEIRA)**
> 6. Parque Florestal: a empresa mantém um parque florestal, com a reintrodução e o cultivo de espécies nativas, num processo de reconstituição da biodiversidade. No parque são desenvolvidos diversos programas educativo-ambientais abertos à comunidade. **(CHAMPION)**

7. Biblioteca Viva: implantação de módulos de bibliotecas em entidades sociais que cuidam de crianças e de adolescentes carentes. **(CITIGROUP)**

8. Conselho Comunitário: a empresa implementou um conselho comunitário na cidade de Paulínia, São Paulo, formado por cidadãos comuns da comunidade (barbeiros, alfaiates, motoristas de táxi, manicures). Esse conselho tem como objetivo aproximar a comunidade da empresa, discutir problemas e implementar programas com o apoio da organização. **(DUPONT)**

9. Parceiros Voluntários: a empresa é uma das conselheiras e mantenedoras da ONG-Parceiros Voluntários, que incentiva o trabalho voluntário e busca mobilizar a sociedade para o encaminhamento de soluções para os problemas sociais. A ONG congrega pessoas físicas e jurídicas que dedicam parte do seu tempo para transferir conhecimento e experiência profissional às organizações sociais. **(GERDAU)**

10. Global Day of Caring: os funcionários, voluntariamente, trabalham durante um final de semana por ano em atividades beneficentes. **(LUCENT)**

11. Instituto da Hospitalidade: entidade criada para estimular o espírito da hospitalidade e formar recursos humanos para atuação em atividades e empreendimentos ligados ao turismo. **(ODEBRECHT)**

12. Amigos do Tietê: tratamento de efluentes antes de serem lançados no rio Tietê. **(SADIA)**

13. Empresa Cidadã: conjunto de ações articuladas que tornam a empresa co-responsável e participante ativa no desenvolvimento econômico, social e na preservação ambiental das comunidades em que atua, especialmente a cidade de Ipatinga, Minas Gerais. **(USIMINAS)**

14. Escola que Vale: a empresa investe no aprimoramento da capacidade e aprendizagem dos envolvidos no processo educacional — administradores, funcionários, professores, alunos e pais —, transformando determinadas escolas em espaços significativos para a comunidade, e que possam servir de modelo de referência para outras escolas. **(VALE DO RIO DOCE)**

15. Combate ao Cólera: aproveitando a capilaridade do seu sistema de distribuição, a empresa orientou seus funcionários de forma que, cada vez que um produto fosse entregue numa residência, nos mais diferentes pontos do Estado da Bahia, os funcionários entregariam material informativo sobre o combate ao cólera e, ao mesmo tempo, inspecionariam possíveis focos do mosquito transmissor da doença. **(ULTRAGAZ)**

Nossa pesquisa

Percepção sobre o modelo de gestão participativa

No estudo sobre a cultura organizacional das melhores e maiores empresas que atuam no Brasil, verifica-se que a maioria das empresas analisadas demonstra preocupação em flexibilizar/democratizar seus modelos de gestão. Contudo, são muito poucas as organizações que estão conseguindo sair do estágio de mera preocupação ou interesse na gestão participativa para avançar de forma efetiva na implantação da democracia empresarial. As causas para a morosidade na flexibilização do modelo de gestão predominante, a *autocracia*, são mostradas no Quadro 4.3.

Quadro 4.3 Aspectos que inibem/retardam a implantação do modelo participativo

1. A democracia assusta; o quadro executivo é tomado de assalto por uma sensação de perda de poder e de controle.

2. Na autocracia manda-se; na democracia convence-se. O modelo participativo é muito mais trabalhoso e complicado do que a gestão centralizada/autoritária.

3. A empresa não dispõe de modelos sociais (executivos/líderes) que pratiquem a gestão participativa e possam servir de exemplo para os demais.

4. Há uma grande carência, na empresa, de competências interpessoais que dêem suporte à gestão participativa, como negociação, comunicação e outras.

5. A alta administração da empresa e os executivos em geral desconhecem em profundidade o que é e como se constitui a gestão participativa.

De outro ângulo, o estudo sobre as melhores e maiores empresas do Brasil também permite identificar fatores que poderão induzir as empresas a acelerar seus propósitos de democratização/flexibilização. O Quadro 4.4 apresenta alguns desses fatores.

Quadro 4.4 Fatores indutores da gestão participativa

(fatores selecionados)

1. Com a globalização, a competitividade passa a ser a peça-chave das empresas, e, nesse ponto, a gestão participativa permite que a organização aproprie-se dos *corações e mentes* dos colaboradores — ou sirva-se da *mais-valia intelectual* de seus empregados.

Mecanismos Avançados de Revaloração da Cultura Corporativa

2. Caso a General Electric continue a obter lucros crescentes com seu novo modelo de gestão flexibilizado/participativo, este poderá se tornar o novo paradigma do mundo dos negócios no limiar do século XXI.

3. Algumas organizações recém-privatizadas, no Brasil, estão estimulando o modelo participativo; caso obtenham sucesso, ou seja, alta rentabilidade, outras organizações deverão segui-las.

Nossa pesquisa

Os indicadores de desempenho no ambiente corporativo

No estudo da cultura organizacional das melhores e maiores empresas que atuam no Brasil, constata-se que a totalidade das organizações analisadas dispõe de indicadores de desempenho. Entretanto, em boa parte dessas organizações, os indicadores são setoriais e se destinam a públicos específicos, como os executivos da área de produção. Isso não significa, contudo, que a alta administração dessas empresas não disponha, de forma consolidada, de uma matriz de indicadores. No entanto, embora existente, ela não costuma ser divulgada aos vários níveis da organização.

E as multinacionais, embora comparem os indicadores com os de suas unidades localizadas em outros países, raramente os cotejam com os de outras empresas de classe mundial. Além disso, apenas um número diminuto de empresas costuma associar a divulgação dos indicadores de desempenho com outros mecanismos da gestão da cultura organizacional, como o endomarketing e os rituais. Pode-se inferir, em princípio, que a não-ativação/divulgação de uma adequada matriz de indicadores de alto desempenho deve-se a pouca consistência, na cultura dessas empresas, do valor cultural *transparência*.

PARA DISCUSSÃO

NORBERTO E A ORGANIZAÇÃO ODEBRECHT

Quando sua família mudou-se para a Bahia, o menino Norberto Odebrecht sofreu um forte impacto cultural. Estranhava muitas coisas, dentre as quais o fato de seus colegas, em Salvador, no Ginásio Ipiranga, terem babá para fazer a mala. Em sua percepção, a cultura baiana da década de 1930 parecia ter parado nos idos da colônia, com toda a sua carga de aversão ao trabalho e culto à servidão. Segundo suas palavras, "eram pessoas acostumadas a serem servidas, e eu, a servir".

Norberto sentiu na pele a diferença entre a cultura baiana daquela época e a sua educação toda modelada no rigor germânico de seus pais e avós, um dos quais originário do reino da Prússia, que se haviam estabelecido durante gerações no Vale do Itajaí, em Santa Catarina. Como a vida das pessoas e a cultura dos povos são dinâmicas e ao longo do tempo costumam se influenciar mutuamente, ambas evoluíram: o modo de ser dos baianos e do próprio Norberto. Inserido no modo de ser nordestino, ele construiu um verdadeiro império empresarial. Aculturou-se a tal ponto que, durante um processo de expansão em seus negócios, na década de 1970, estranhou muito o estilo de vida dos habitantes do Sul do Brasil: "nossa cultura empresarial era toda gerada no Nordeste, numa relação de confiança no homem e nos parceiros. No Sul, era uma relação só profissional, de toma lá dá cá. Não havia envolvimento pessoal, comprometimento algum a não ser com o lado do trabalho. Era tudo muito frio. Diziam sempre 'eu' e não eram solidários como os trabalhadores do Nordeste, que foram modelados e assumiam o 'nós'". Isso não impediu, entretanto, que seus empreendimentos também prosperassem nas regiões Sul e Sudeste do Brasil.

Da mãe, Hertha, Norberto aprendeu a força construtiva da disciplina: diariamente tinha de realizar tarefas como arrumar a cama, cortar a lenha e engraxar os sapatos. Marcou presença em sua educação, também, o pastor luterano Arnold, que lhe ministrava aulas em alemão. Do pai, Emílio, engenheiro diplomado pela Escola Politécnica do Rio de Janeiro, herdou o gosto pelos negócios, pelo desbravamento de fronteiras, e obteve a oportunidade de colocar em prática valores fundamentais da sua educação, como a ética e a cultura do trabalho. A casa em que a família vivia funcionava como residência e também como local de trabalho, e ficaram famosas as reuniões noturnas que seu pai organizava, com equipes de trabalho de sua empresa de obras públicas e construção civil. Aos 14 anos, Norberto começou a trabalhar como pedreiro nas obras do pai. Em lugar da mesada, recebia salário por horas trabalhadas. Ainda adolescente, foi serralheiro, ferreiro, chefe de almoxarifado, coordenador e responsável pelo controle de caminhões.

Seu batismo de fogo ocorreu na época em que cursava Engenharia na Escola Politécnica da Universidade Federal da Bahia, quando o pai o chamou e anunciou sua decisão de retornar para Santa Catarina. Corria o ano de 1941 e havia dificuldades de compras de matérias-primas importadas, problemas econômicos no Estado da Bahia e hostilidade contra os alemães e seus descendentes. A empresa ia de mal a pior. Nessas circunstâncias, Norberto assumiu a responsabilidade de liderá-la, buscando sua recuperação. A tarefa era imensa: renegociação de contratos com clientes e fornecedores, construções a concluir, dívidas a pagar. A família havia sido forçada a entregar aos bancos seu patrimônio para garantir a continuidade das obras.

Mecanismos Avançados de Revaloração da Cultura Corporativa

Nesse cenário, Norberto se mostrou disposto a não se render, e adotou uma série de medidas que se mostraram exitosas e que, no futuro, seriam a marca (*imprinting*) da cultura corporativa das diversas empresas que viriam a compor a Organização Odebrecht. De pronto, ele não se deixou influenciar pelos conselhos de que deveria enxugar a empresa, ao gosto da reengenharia dos dias atuais. Contudo, passou a cobrar resultados, recompensando os que produziam e demitindo os ineptos. Revolucionou a organização — e surpreendeu o mundo empresarial da época — ao dividir a companhia no que hoje se poderia chamar de unidades de negócios. Cada mestre passou a ser uma espécie de alto executivo da obra que tocava, com total liberdade para formar sua equipe e chegar aos resultados previamente acordados. Os méritos pelos objetivos alcançados passaram a ser partilhados entre o mestre, sua equipe e a empresa. Norberto também conseguiu convencer os credores a se tornarem seus sócios nos canteiros de obras, esgrimindo como recompensa prazos e custos menores. A descentralização e a responsabilidade compartilhada permitiram que Norberto reerguesse a companhia, num processo que demandou vários anos.

Decorrido o período de saneamento da empresa, Norberto voltou-se ao mercado de grandes obras de engenharia, tendo como clientes preferenciais o governo federal e a Petrobras. Continuou praticando os preceitos de valorização do ser humano, da descentralização e da cultura do trabalho, reconhecendo aos olhos do mercado os atributos da sua empresa, como a integridade, a ética, a experiência, a tecnologia e a competência. Empregou uma bem-sucedida estratégia que o aproximou dos círculos políticos e militares e lhe permitiu ocupar espaços certos nos momentos certos. A Construtora Odebrecht começou a destacar-se na construção de megaempreendimentos, como a sede da Petrobras, o aeroporto do Galeão, no Rio de Janeiro, a usina nuclear de Angra dos Reis, no Estado do Rio de Janeiro, e a ponte Colombo Salles, em Florianópolis. O crescimento foi rápido e também abriram-se as portas da internacionalização, com a construção de hidrelétricas no Peru e em Angola e obras de grande porte em diversos países e continentes.

Por meio do seu exemplo pessoal, da sua forma de ação, da completa sintonia entre o seu discurso e os seus atos, Norberto forjou a cultura corporativa de alto desempenho, com verdadeiras legiões de pessoas confiantes e orgulhosas de pertencer a algo maior. Uma cultura que respeita o ser humano e que possibilita o desenvolvimento das pessoas que tenham potencial e vontade de crescer. Em contrapartida, elas precisam entender e aceitar a cultura que está assentada nas concepções filosóficas da empresa. Fiel ao princípio de que o ser humano é o objetivo último — seja ele sócio, parceiro, funcionário, cliente ou a própria comunidade —, criou a Fundação Odebrecht, com a finalidade de promover a educação dos jovens, estimulando sua participação como sujeito ativo, bem como sua postura autônoma, solidária e produtiva diante da comunidade. Na década de 1990, as ações desenvolvidas pela Fundação Odebrecht beneficiaram cerca de 500 mil adolescentes e 12 mil educadores, em todo o Brasil.

Cedo, Norberto levou o filho Emílio Odebrecht — com o mesmo nome do avô — para trabalhar na empresa e, posteriormente, estudar Engenharia. Emílio acompanhou todo o desenrolar da diversificação das atividades da empresa, que passou a ser um grande grupo empresarial com atuação destacada nos segmentos químico, petroquímico e de celulose e engenharia de obras públicas. Sob a liderança da Organização Odebrecht, atuam de forma integrada várias subsidiárias, como a OPP-Petroquímica, a Trikem, a Veracel Celulose, a CBPO-Engenharia, a Tenenge, dentre várias outras empresas. Hoje, a Organização Odebrecht pouco se assemelha àquela pequena empresa de engenharia. É integrada por 45 mil pessoas em 14 países da América do Sul, América do Norte, África e Europa. Sua receita total em 1997 foi de R$ 5,6 bilhões. Suas empresas de engenharia e construção são responsáveis pela maior exportação brasileira de serviços. Pesquisa publicada pela revista norte-americana *Engineering News Records* — ENR —, em 2000, classificou a Odebrecht como a maior empresa de engenharia e construção da América Latina e uma das trinta maiores exportadoras desses serviços em todo o mundo.

Em 1991, Emílio Odebrecht assumiu o comando da organização, dando continuidade à cultura corporativa consolidada pela Tecnologia Empresarial Odebrecht — TEO —, redigida originalmente por Norberto e publicada em forma de livro, que passa por constante atualização. Emílio empenhou-se para dar prosseguimento à estratégia de expansão das empresas e à sua prática dos valores corporativos. Na sua gestão, foi criado o Instituto de Hospitalidade, com o apoio de 32 organizações governamentais e privadas e com o objetivo de promover a educação da hospitalidade, aprimorando o setor de turismo. Sem fins lucrativos, dentre os seus programas, destaca-se a Certificação da Qualidade Profissional, que, por meio de produtos e processos educacionais, cria padrões, treina pessoas e avalia serviços buscando a melhoria da qualidade nas atividades ligadas ao segmento turístico.

Ainda na gestão de Emílio, a TEO, espécie de bíblia da cultura corporativa, também recebeu um importante *up-grade*: a responsabilidade social deixou de ser exercida apenas por iniciativas isoladas da empresa, como a Fundação Odebrecht e o Instituto de Solidariedade, e adquiriu um novo *status*, passando a ser designada por um conjunto de valores que deve ser praticado por todos na organização. Esses valores, que expressam a filosofia da empresa quanto à responsabilidade social e à sua forma de materialização são os seguintes: (a) os produtos e serviços da empresa devem resultar na melhoria da qualidade de vida das comunidades que a eles têm acesso; (b) a empresa deve contribuir para o desenvolvimento socioeconômico, tecnológico e empresarial nos setores e países nos quais atua; (c) a organização deve criar oportunidades de trabalho e de desenvolvimento para as pessoas, inclusive com reinvestimento dos resultados obtidos; (d) a empresa deve gerar riquezas para o governo e para a sociedade, por meio do recolhimento de encargos, e da remuneração aos fornecedores, integrantes e acionistas; (e) a organização deve assegurar o permanente respeito ao meio ambiente nas ações empresariais.

Com a ascensão de Emílio, Norberto passou a se dedicar às suas fazendas de cacau e a um projeto de defesa ambiental. Ele ainda voltou à ativa em 1999, aos 80 anos de idade, para ajudar a organização — com o seu *know-how* e carisma pessoal — a superar sérias dificuldades de liquidez.

Discussão

1. No caso da Odebrecht, além da ímpar atuação do mito/herói organizacional, o texto descreve a preponderante ativação de um dos mecanismos avançados da revaloração da cultura corporativa. Que mecanismo é esse? Fundamente a sua resposta com exemplos extraídos do texto.
2. Identifique qual dos mecanismos avançados da revaloração da cultura corporativa não aparece no caso.
3. Selecione uma ou duas frases do caso que possam ser classificadas, no âmbito da revaloração da cultura corporativa, como pertencentes ao mecanismo avançado denominado gestão de talentos.
4. Na hipótese de a Odebrecht vir a fortalecer a sua reaprendizagem organizacional como um dos mecanismos de revaloração da sua cultura, de que maneira ela deveria proceder?

O processo de revaloração da cultura corporativa, impulsionando a organização ao alto desempenho, depende da obtenção — e da manutenção — de um alto nível de devotamento, de amor e de desprendimento das pessoas pela organização. A revaloração cultural requer colaboradores que adorem as mudanças e estejam dispostos a constantes questionamentos sobre regras, crenças e costumes. São indivíduos que devem apresentar um forte sentimento de orgulho por atuarem na empresa e *pertencerem a algo maior*. Para obter uma elevada adesão voluntária aos seus propósitos organizacionais, as corporações lançam mão de alguns mecanismos avançados de revaloração da sua cultura, como a reaprendizagem organizacional; a gestão de talentos; a cidadania corporativa; o modelo de gestão participativa; a matriz de indicadores/*balanced scorecard*.

Por meio da reaprendizagem organizacional, as empresas provêem meios de captar a constante evolução no seu macroambiente. O crescente ritmo do *pulsar do mercado* exige que a cultura corporativa seja abastecida de novos valores, de práticas diferenciadas e de uma renovada visão de mundo. Uma das maneiras de as empresas administrarem a sua reaprendizagem organizacional é a instalação de sensores externos da mudança, na figura de colaboradores que tenham contato freqüente e representativo com segmentos significativos do mundo exterior. Esses funcionários normalmente atuam em equipes autogerenciadas, monitorando e registrando as mudanças. Periodicamente, por meio de rituais organizacionais específicos, as novas tendências são consolidadas e apresentadas aos executivos e à alta administração da empresa, podendo gerar desdobramentos e estudos detalhados quanto ao possível impacto na organização. Quando há consenso, a mudança passa a ser trabalhada por meio dos vários mecanismos, básicos e avançados, da revaloração da cultura corporativa.

Pela gestão de talentos, a empresa pode estruturar um portfólio dos seus funcionários, muito especialmente dos executivos, de modo que possa avaliar cada um deles quanto a duas dimensões: obtenção de resultados e prática dos valores da cultura corporativa. Os colaboradores que obtiverem um bom enquadramento nos dois tópicos deverão ser recompensados mediante inclusão na remuneração estratégica. Os demais deverão ser monitorados e desenvolvidos, via treinamento, por exemplo, e caso não apresentem avanços poderão ser desligados da empresa. O objetivo da gestão de talentos é formar, ao longo do tempo, uma equipe de campeões que simultaneamente atinja resultados e que seja a própria expressão da cultura da corporação.

A cidadania corporativa, por sua vez, engloba as diversas iniciativas e ações da empresa na busca de resultados socialmente relevantes, na comunidade e no meio ambiente. Os investimentos e os projetos no campo da responsabilidade social são divulgados, periodicamente, por meio de um instrumento denominado balanço social. Como um dos mecanismos avançados da revaloração da cultura, a cidadania corporativa desperta e reforça, nos indivíduos, o orgulho em participar de uma empresa que se preocupa com a realidade social e age no sentido de melhorá-la.

Por sua vez, o modelo de gestão participativa oferece a possibilidade de que uma grande quantidade de pessoas, na organização, possa se preocupar com o destino da empresa e oferecer sugestões para otimizar os negócios. Muito embora o modelo tradicional de gestão organizacional — absolutista e centralizado —, quando bem gerido, propicie a formação de uma cultura corporativa de alto desempenho, não há garantias de que o autoritarismo continuará oferecendo resultados efetivos num mundo cada vez mais complexo e imerso num ritmo de transformações intenso. A administração participativa requer e alavanca a atuação em equipe, a formação de grupos de trabalho, a instituição de gerências de projetos e o uso de estruturas matriciais. A comunicação deixa de ser apenas de cima para baixo — *top-down* — e se torna multidirecionada e abrangente. A tomada de decisões passa a ser flexibilizada, com ênfase no consenso, no *empowerment* e na descentralização. Muito embora a administração participativa fortaleça a responsabilidade e a lealdade à instituição, colocando os *corações* e *mentes* dos funcionários a serviço da organização, a sua implementação apresenta riscos e dificuldades. Afinal, para os executivos, pode ser mais cômodo mandar ao invés de *convencer*, determinar ao invés de *compartilhar*, impor ao invés de abrir espaço para *questionamentos*. Esses fatores fazem com que, no curto e no médio prazos, a gestão participativa ofereça resultados inferiores, em termos de produtividade/qualidade, aos proporcionados pelo modelo autoritário. Contudo, as pesquisas indicam que os ganhos pela introdução do modelo participativo ocorrem de dois a três anos após sua vigência, quando os resultados tendem a crescer continuamente, superando os que seriam obtidos pelo dirigismo centralizador. Em outras palavras, quando ativado na revaloração da cultura corporativa, o modelo de gestão participativa contribui para que a empresa possa melhorar a sua competitividade.

Finalmente, a revaloração da cultura deve ser monitorada com os indicadores especialmente delineados para tal fim. Com esse propósito, pode-se utilizar a matriz de indicadores/*balanced scorecard*, instrumento que vincula a estratégia definida pela alta administração da empresa a ações operacionais e à própria evolução e contribuição da cultura organizacional que podem levar ao sucesso da respectiva estratégia corporativa, permitindo o seu acompanhamento por meio de índices financeiros, combinados com outros de natureza qualitativa. Como a cultura é determinante dos resultados da empresa, defende-se a idéia de que ela seja monitorada, por via de *balanced scorecard*, e da inclusão, nesse instrumento, de uma nova perspectiva, composta exclusivamente de índices atinentes à revaloração da cultura corporativa.

Glossário / Conceitos-chave

Balanced scorecard: instrumento de controle e de gestão idealizado por Robert Kaplan e David Norton, que vincula cada estratégia definida pela alta administração a áreas e ações específicas que deverão ser ativadas para que a respectiva estratégia alcance sucesso. As ações operacionais que concorrem para a materialização da estratégia são monitoradas por indicadores de desempenho, alguns de natureza financeira e outros de caráter qualitativo.

Balanço social: instrumento de cidadania corporativa, que consolida e divulga as realizações da empresa em relação a seus clientes internos e externos, fornecedores, meio ambiente, sociedade na qual a empresa está inserida e outros. A idéia do balanço social surgiu de uma experiência francesa iniciada na década de 1980 e foi proposta inicialmente, no Brasil, pelo sociólogo Herbert de Souza, Betinho. Independentemente de regulamentação formal, no Brasil muitas organizações de grande porte — e mesmo de tamanho médio — estão divulgando seu balanço social, por meio de *folders* e publicações específicas e, também, por intermédio da mídia de massa (jornais de grande circulação e outros veículos).

Cidadania corporativa: prática de valores, na cultura corporativa, mobilizadores de resultados socialmente relevantes. A cidadania corporativa engloba ações e projetos na esfera da responsabilidade social, pressupondo que as organizações não vivam para si próprias, mas que sejam meios, órgãos da sociedade que visem à realização de uma tarefa social. Em princípio, quanto maior o envolvimento das pessoas nas realizações sociais e ecológicas patrocinadas por suas organizações, melhor para os propósitos da cultura corporativa de alto desempenho, devido ao crescente orgulho que as pessoas passam a experimentar em relação às empresas nas quais atuam.

Cultura corporativa de alto desempenho: estágio evoluído da cultura organizacional de uma empresa, que norteia a ação das pessoas para a obtenção de resultados efetivos, e que contribui para que a organização consiga atingir, de forma continuada, níveis elevados de performance quanto à sua razão de existir, aos seus propósitos centrais e à satisfação das necessidades e das expectativas dos seus vários públicos.

Gestão de talentos: o estabelecimento da cultura corporativa de alto desempenho requer um elevado nível de competência das pessoas que atuam nas organizações, e é necessário que os subsistemas de recursos humanos — admissão, integração, treinamento, administração da remuneração e outros — sejam colocados a serviço da obtenção continuada desse elevado nível de competência. A gestão de talentos busca dotar a empresa de uma verdadeira equipe de campeões, capazes de, simultaneamente, alcançar resultados e praticar os valores da cultura corporativa.

Mecanismos avançados de revaloração da cultura corporativa: instrumentos que as organizações normalmente empregam para obter um alto nível de devoção e para estimular o orgulho das pessoas por pertencerem *a algo maior*. Desses mecanismos, fazem parte: (1) a reaprendizagem organizacional; (2) a gestão de talentos; (3) a cidadania corporativa; e (4) o modelo de gestão participativa.

Modelo de gestão participativa: mecanismo avançado de revaloração da cultura corporativa, capaz de proporcionar, à empresa, a adoção de um modelo flexibilizado, ou participativo, de gestão organizacional. Pode ser considerado um modelo pragmático de gestão, que objetiva atender aos objetivos da organização, estruturado por meio do estabelecimento de uma comunidade organizacional. Na modelagem participativa ou democrática, todas as pessoas da organização constróem não somente os valores da cultura, mas compartilham a própria gestão cultural, comprometendo-se fortemente nesse processo.

Reaprendizagem organizacional: mecanismo avançado da revaloração da cultura corporativa, por meio do qual a empresa capta as mudanças em curso no mundo exterior, analisa-as e, se for de sua conveniência, cria novos valores adjacentes e ancora-os em sua cultura.

Revaloração qualitativa da cultura organizacional: mudança planejada de um sistema de valores sedimentado ao longo do tempo, com a modificação da percepção das pessoas que atuam na mesma organização. Revalorar qualitativamente significa olhar a mesma coisa com outros olhos, ou seja, mudar a percepção sobre algo, ver um novo sentido num mesmo valor cultural ou otimizar o potencial de alto desempenho da cultura pela internalização de um novo valor.

Rituais organizacionais: eventos coletivos que congregam pessoas que compartilham os mesmos valores culturais. A cultura corporativa de alto desempenho pode ser modelada pelos rituais organizacionais, que podem constituir-se nos portais mágicos de acesso ao convencionalmente inatingível; por meio deles, a força do coletivo pode arrebatar os indivíduos, inflamando-os pelo discurso, inebriando-os pela música repleta de significado e fazendo seus espíritos vibrar, com uma corrente contínua de fervor, entusiasmo e determinação.

Valores culturais adjacentes: novos valores culturais que vão sendo agregados à cultura da empresa no decorrer de sua trajetória e evolução. Num ambiente macroorganizacional caracterizado por intensa e contínua mudança, aumenta a necessidade de as organizações agregarem novos valores que permitam um reposicionamento cultural em face das novas situações e desafios.

DA SUA EMPRESA

Analise a cultura da sua empresa, ou de uma organização na qual você tenha atuado, e responda às seguintes questões:
1. Os funcionários da sua empresa têm demonstrado alto nível de devoção e sentimento de orgulho por pertencerem à organização? Dê exemplos que fundamentem a sua resposta.

Mecanismos avançados de revaloração da cultura corporativa: instrumentos que as organizações normalmente empregam para obter um alto nível de devoção e para estimular o orgulho das pessoas por pertencerem *a algo maior*. Desses mecanismos, fazem parte: (1) a reaprendizagem organizacional; (2) a gestão de talentos; (3) a cidadania corporativa; e (4) o modelo de gestão participativa.

Modelo de gestão participativa: mecanismo avançado de revaloração da cultura corporativa, capaz de proporcionar, à empresa, a adoção de um modelo flexibilizado, ou participativo, de gestão organizacional. Pode ser considerado um modelo pragmático de gestão, que objetiva atender aos objetivos da organização, estruturado por meio do estabelecimento de uma comunidade organizacional. Na modelagem participativa ou democrática, todas as pessoas da organização constróem não somente os valores da cultura, mas compartilham a própria gestão cultural, comprometendo-se fortemente nesse processo.

Reaprendizagem organizacional: mecanismo avançado da revaloração da cultura corporativa, por meio do qual a empresa capta as mudanças em curso no mundo exterior, analisa-as e, se for de sua conveniência, cria novos valores adjacentes e ancora-os em sua cultura.

Revaloração qualitativa da cultura organizacional: mudança planejada de um sistema de valores sedimentado ao longo do tempo, com a modificação da percepção das pessoas que atuam na mesma organização. Revalorar qualitativamente significa olhar a mesma coisa com outros olhos, ou seja, mudar a percepção sobre algo, ver um novo sentido num mesmo valor cultural ou otimizar o potencial de alto desempenho da cultura pela internalização de um novo valor.

Rituais organizacionais: eventos coletivos que congregam pessoas que compartilham os mesmos valores culturais. A cultura corporativa de alto desempenho pode ser modelada pelos rituais organizacionais, que podem constituir-se nos portais mágicos de acesso ao convencionalmente inatingível; por meio deles, a força do coletivo pode arrebatar os indivíduos, inflamando-os pelo discurso, inebriando-os pela música repleta de significado e fazendo seus espíritos vibrar, com uma corrente contínua de fervor, entusiasmo e determinação.

Valores culturais adjacentes: novos valores culturais que vão sendo agregados à cultura da empresa no decorrer de sua trajetória e evolução. Num ambiente macroorganizacional caracterizado por intensa e contínua mudança, aumenta a necessidade de as organizações agregarem novos valores que permitam um reposicionamento cultural em face das novas situações e desafios.

DA SUA EMPRESA

Analise a cultura da sua empresa, ou de uma organização na qual você tenha atuado, e responda às seguintes questões:
1. Os funcionários da sua empresa têm demonstrado alto nível de devoção e sentimento de orgulho por pertencerem à organização? Dê exemplos que fundamentem a sua resposta.

Capítulo 5

LIDERANDO A REVALORAÇÃO DA CULTURA CORPORATIVA

Objetivos

- Perceber que a construção da cultura corporativa de alto desempenho pode elevar o valor de mercado da empresa, cabendo, nesse processo, um papel de destaque ao seu líder máximo.

- Distinguir as diferenças fundamentais entre as ações de gerenciamento e a liderança da mudança e do processo de revaloração da cultura.

- Tornar familiar vários exemplos de revaloração da cultura.

- Entender o porquê dos riscos de insucesso no aculturamento de empresas adquiridas e na instituição de *joint ventures*.

- Entender e reconhecer que, apesar dos riscos que existem no aculturamento de empresas colonizadas, pode-se alcançar êxito por meio de um programa planejado de revaloração da cultura dessas organizações.

Introdução

Qual é o valor de mercado das marcas Gerdau, Tigre e Itaú? Uma fortuna, não? Significam tanto que, em qualquer processo de avaliação econômico-financeira dessas e de outras empresas, as marcas são consideradas como integrantes dos seus patrimônios. Em certos casos, como o da Coca-Cola, a marca pode apresentar um valor superior ao somatório de todos os bens físicos da empresa. Na venda de uma grande empresa, além da marca, costumam ser avaliados monetariamente outros elementos considerados intangíveis, como o *know-how* da organização, sua *expertise* no mercado em que atua e assim por diante. Curiosamente, contudo, a cultura da empresa não costuma ser avaliada. Quanto vale uma cultura corporativa nos moldes da Gerdau? E a cultura do Itaú? Caso aferidas, essas culturas poderiam atingir cifras extraordinariamente altas; infelizmente, entretanto, não há notícia de uma metodologia que permita essa aferição.

Defendemos a idéia de que a cultura da empresa deva ser valorada e possa ser contabilmente apropriada. Diferentemente da marca, porém, a cultura de uma empresa tanto pode ser positiva como negativa. Uma cultura problemática, fossilizada, reativa, deveria entrar no contencioso da empresa; ela é um passivo. Nessa linha de raciocínio, poderíamos deixar os detalhes técnicos para os contadores e auditores, desculpando-nos previamente por essa intromissão em sua área. Caso fosse possível apropriar o valor monetário da cultura de uma organização, ou pelo menos estimá-lo, teríamos algumas mudanças de regras nas fusões, incorporações e vendas de empresas. Cremos até que essa mudança de enfoque teria tido conseqüências até mesmo no recente processo de privatização das empresas públicas brasileiras, pois a nossa convicção é de que algumas organizações que foram privatizadas, ou ainda estão no decurso desse processo, poderiam ter obtido um maior valor agregado por serem detentoras de uma cultura de alto desempenho. Este é o caso da Copel, cujo valor de mercado poderia ser mais elevado, caso fosse contabilizada a sua cultura corporativa. Ao contrário, há empresas que foram subjetivamente depreciadas em função de sua cultura distanciada dos padrões modernos; nesse patamar, situou-se, por exemplo, o Banerj. Quando um grupo econômico adquire uma empresa com cultura fossilizada, na prática compra um negócio que pode ser bom, potencialmente rentável, mas que carrega consigo *um a mais* indesejável, que passa a ser um problema a ser administrado.

No caso do Banerj, sua cultura apresentava mais feições de uma cultura *corporativista* do que de outra corporativa, o que é muito diferente. O Itaú achou tão difícil revalorar a cultura do Banerj — por estar muito distanciada da sua —, que optou por renovar quase totalmente o quadro funcional. Dos milhares de funcionários que acompanharam o Banerj na época da sua privatização, decorridos poucos anos, os remanescentes representam apenas um número aproximado de 200 pessoas; os demais se aposentaram ou receberam incentivos financeiros para se afastar da organização. Quem não lembra de outra situação emblemática: a venda do Banespa? Na hora de apresentarem formalmente as suas propostas de compra, vários pretendentes vacilaram e recua-

Liderando a Revaloração da Cultura Corporativa

ram, alegando a existência de dívidas não contabilizadas e outros fatores. O problema central, contudo, permaneceu vagando como se fosse um fantasma, rondando as empresas interessadas no Banespa. Ninguém ousou pronunciar o seu nome: cultura corporativa depreciada.

Evidentemente, assim como a cultura de uma empresa pode alavancar seus negócios, quando deteriorada pode também contaminar a imagem e a própria marca da organização. Pela importância do tema e pelo impacto que exerce nos resultados e nos destinos da organização, recomendamos que a construção da cultura corporativa e a sua constante revaloração — para mantê-la nos preceitos do alto desempenho — devam merecer atenção redobrada da alta administração das empresas. As pesquisas sobre cultura corporativa desenvolvidas na Harvard Business School e na Stanford University concluíram que a liderança máxima da empresa tem papel decisivo na revaloração da cultura. Em algumas corporações, o corpo gerencial é destacado para produzir mudanças incrementais — passo a passo, evolucionista —, gerando alterações na cultura. Isso foi suficiente até o final dos anos 1970 e o início dos anos 1980, quando havia certa estabilidade em um mundo de moderada concorrência. Este não é mais o caso, pois o macroambiente mostra-se cada vez mais instável e competitivo, requerendo uma ruptura de paradigmas.

Há premente necessidade de ousadia, visão e energia, imprescindíveis para romper com o passado e criar mudanças grandes e difíceis. Para liderar esse processo, requer-se autoridade, poder e carisma; é imperioso haver a atuação e o envolvimento direto do líder maior da organização. São afortunadas as organizações que conseguem uma continuidade qualificada na sua liderança[1]. Para elas, não é tão importante — ou o mais importante — a empresa ter, num determinado período da sua trajetória, um líder excepcional. O que faz diferença é a empresa dispor de bom quadro interno que, no processo natural de sucessão, consiga abastecer de talentos, continuamente, a alta administração. A descontinuidade na qualidade da liderança pode ser desastrosa para a cultura de uma organização.

John Kotter e James Heskett[2], no entanto, têm uma opinião um pouquinho diferente. Eles concordam que a liderança é decisiva na formatação da cultura corporativa de alto desempenho, mas ressaltam que muitas vezes é necessário que a sucessão, no topo da companhia, dê espaço a pessoas que não se sintam totalmente confortáveis com a cultura predominante na empresa. Defendem a idéia de que uma mudança de paradigma — ou uma ruptura muito forte na

---

[1] COLLINS, J.; PORRAS, J. *Feitas para durar*. Rio de Janeiro: Rocco, 1999.
[2] KOTTER, J.; HESKETT, J. *A cultura corporativa e o desempenho empresarial*. São Paulo: Makron, 1994.

cultura de uma empresa — somente pode ser liderada por alguém que não ajudou a construir a cultura antiga. Essa pessoa pode ser um executivo recrutado fora dos quadros da companhia ou, pelo menos, alguém que, na organização, se manteve suficientemente afastado do poder central, a ponto de preservar sua visão crítica.

O risco de a mudança ser promovida por um executivo egresso de outra empresa é o de estabelecer a política de "terra arrasada", ou seja, tudo o que pertence ao passado tende a ser classificado como inservível ou pernicioso. Nesta hipótese, a perda cultural e as seqüelas da mudança podem ser inestimáveis; afinal, o núcleo da cultura de uma empresa — os mitos/heróis, a força motriz, a ideologia central — devem ser preservados e revitalizados. O núcleo da cultura corporativa é um patrimônio e como tal deve ser encarado. O que deve ser revalorado, com talento e sem traumas, são os valores adjacentes da cultura da empresa. Em outra circunstância, quando o processo de mudança for encabeçado por um executivo de carreira da própria empresa, o risco que pode existir é de que esse líder, mesmo que seja carismático e dinâmico, não esteja suficientemente convicto da profundidade que a mudança requer ou disposto a realizá-la.

Nos dois casos, seja o executivo proveniente de outra organização, ou da casa, é necessário um forte envolvimento da liderança no processo de revaloração da cultura. O líder deverá determinar a ativação dos mecanismos de revaloração da cultura corporativa, e, simultaneamente, caberá a ele criar e compartilhar uma visão futura da cultura, além de estimular uma atmosfera de urgência na absorção de novos valores. Nos seus estudos, John Kotter[3] constatou que os verdadeiros líderes são aqueles capazes de delegar as tarefas de gerenciamento e de assumir os desafios da liderança. Gerenciar não é, portanto, a mesma coisa que liderar.

O gerenciamento introduz certa ordem e consistência em questões básicas como produção, qualidade, operações de vendas, redução de custos etc. A liderança mexe com a complexidade e com a mudança. Gerenciar é colocar ordem e dar sentido ao presente e ao futuro próximo; liderar é sonhar com o futuro e mobilizar as pessoas para voluntariamente materializá-lo. Um bom gerente nem sempre é um bom líder; a recíproca também é verdadeira. No âmbito da cultura corporativa, é tarefa dos executivos efetuar a gestão planejada da cultura, reformatando e administrando os mecanismos de revaloração. Ao líder máximo da empresa cabe apontar o norte da revaloração da cultura corporativa.

---

[3] KOTTER, J. *Afinal, o que fazem os líderes?* Rio de Janeiro: Campus, 2000.

■ EXEMPLOS CLÁSSICOS DE REVALORAÇÃO DA CULTURA

Na maioria das vezes, a revaloração de uma cultura ocorre pelo confronto com uma circunstância externa imperiosa que leva obrigatoriamente à mudança. A primeira revaloração cultural de que se tem notícia remonta à época em que Deus chamou Adão e lhe disse:

— Não tem mais almoço grátis!

Antes que Adão pudesse recobrar-se do susto, Deus complementou:

— E tem mais um detalhe: terminou a imortalidade. Se vire!

A partir dessa quebra do *contrato psicológico*, Adão e seus descendentes — ou seja, nós — tratamos de criar uma escala de valores e uma cultura que permitisse atuar com dignidade e produzir resultados dentro desse novo contexto.

A revaloração da cultura corresponde a uma mudança de paradigma que se insurge contra um sistema de valores sedimentado ao longo do tempo, de forma lenta e quase imperceptível, e que se expressa, na cultura de um povo, por meio de seus costumes, seus rituais, seus hábitos e suas regras. A revaloração pode ocorrer, em determinados períodos da História, por força de um acontecimento externo ou pela ação de uma liderança atuante.

O carisma de um líder pode levar um povo a uma revolução cultural significativa ou, ao contrário, pode mergulhá-lo nas sombras. No decurso da História, a maior parte das revalorações qualitativas realizadas por lideranças carismáticas aconteceu na forma *top-down*, autoritária. Imagine o espanto do povo judeu, por exemplo, quando Moisés desceu de uma montanha, no deserto, carregando duas tábuas e, dirigindo-se aos seus conterrâneos, determinou: "daqui para a frente, não poderás mais desejar a mulher do próximo!"

Presume-se que esse novo preceito — "não desejar a mulher do próximo" — não pertencia ao menu cultural do povo judeu, à época. Ou, se pertencia, era um valor impreciso, vago, que necessitava ser fortalecido. Em qualquer dos casos — reforço de um valor latente ou internalização de um novo valor —, trata-se de uma revaloração qualitativa.

A atuação de Moisés foi magistral: criou um *clima*, uma expectativa. Ele disse que, tendo sido chamado por Deus, subiu à montanha e, quando desceu, mostrou as tábuas com as leis ao povo reunido a sua espera no inóspito deserto, contando-lhe que as havia recebido diretamente do Todo-Poderoso. É fácil imaginar, nesse processo de revaloração qualitativa, a força do cenário, da dramaticidade e da intensidade das emoções, que, consubstanciadas num ato de fé coletivo e arrebatador, são os verdadeiros responsáveis pela assimilação de novos valores e de sua subsistência ao longo do tempo.

Nem sempre um processo de revaloração qualitativa de uma cultura é de natureza positiva, ou produz resultados favoráveis para a humanidade. Os valores nazistas, que impregnaram a Alemanha e a levaram aos delírios de conquista do espaço vital e à Segunda Grande Guerra, são um exemplo acabado de como fazer a gestão profissionalizada de uma cultura com fins espúrios. Na revaloração qualitativa da cultura germânica, para transformá-la numa cultura nazista, todos os detalhes da gestão da nova cultura foram pensados e programados dentro de uma visão nítida de manipulação das massas. E essa manipulação foi alcançada — a nova cultura disseminou-se, fortaleceu-se e dominou a Alemanha.

A cultura nazista foi programada para ser rapidamente difundida e compartilhada. Seus símbolos, por exemplo, foram projetados com perfeição para atingir de modo eficaz amplos segmentos da população e possibilitar conversão em massa. A cruz suástica era de uma simplicidade espantosa e, ao mesmo tempo, um belo manifesto estético. Inspirado em imagens medievais, seu desenho permitia que as pessoas a assimilassem rapidamente. Após o primeiro contato visual com a cruz suástica, qualquer cidadão alemão poderia reconhecê-la no futuro, nas mais variadas circunstâncias — numa reunião do partido, num muro, num panfleto, num ônibus. Além disso, seu desenho era de facílima reprodução. As cores nazistas, por seu turno, utilizadas nos *banners*, nos estandartes e nas bandeiras, ainda hoje fariam inveja aos papas da publicidade mundial.

A Alemanha mobilizava sua população por meio de gigantescos rituais, que reuniam formidáveis e imensas massas humanas. Sincronizada e disciplinadamente, a multidão abaixava-se e levantava-se, como se fosse um só corpo, sob o comando dos animadores de plantão, bradando palavras de ordem previamente difundidas. Esses rituais, por via de regra, tinham como apoteose a participação do líder máximo da nova cultura alemã, que, com seus gestos estudados e seu desvario verbal calculado, levava milhares de pessoas a crer num futuro em que os inimigos da pátria seriam esmagados e a Alemanha seria a dona do mundo. Tudo predefinido para difundir um sentimento de superioridade e de orgulho por pertencer à nova cultura. E nisso se incluíam as vestimentas, os uniformes, as condecorações, os padrões de comportamento — os cumprimentos militares, o passo de ganso dos soldados nos desfiles.

Os apelos ao resgate da auto-estima dos alemães, enfraquecida após a Primeira Grande Guerra, incluíam a necessidade de a Alemanha ter inimigos — e vencê-los. A máquina de guerra que Hitler montou — e mostrou exaustivamente em seus rituais — ajudava a elevar essa auto-estima. O que importava, realmente, era que os alemães tivessem a clara percepção de pertencer a uma elite, a um povo escolhido e superior, à raça ariana.

Liderando a Revaloração da Cultura Corporativa

Quaisquer pruridos morais ou éticos que algumas parcelas da população alemã porventura tivessem ao ingressarem numa nova guerra deveriam ser banidos. A nova cultura foi montada para impulsionar o esforço bélico e para lhe dar força e respaldo popular. Assim, Hitler mobilizou a sua poderosa máquina de propaganda. Por meio dela, os valores da nova cultura foram difundidos, e os alemães acreditaram na idéia de que eram superiores e compactuaram com ela. A máquina de propaganda nazista não somente difundiu valores, mas criou o estereótipo dos inimigos da nação alemã: os não-arianos, ou seja, os negros, os pardos, que eram considerados pelos nazistas etnicamente inferiores, bem como os ciganos, os aleijados, os retardados e portadores de outras deficiências.

Em seus discursos amplificados pelo rádio e pelos telejornais, que antecediam as sessões de cinema, Hitler freqüentemente recorria ao tema dos *untermenshen* (os subumanos), exortando o povo a exterminá-los, especialmente os de origem judaica. O processo de revaloração da cultura alemã, transformando-a numa cultura nazista, valia-se muito do uso habilidoso da propaganda de massa e da repetição diuturna de mentiras, que, bombardeando *corações* e *mentes*, promoviam uma verdadeira lavagem cerebral e, ao final do processo, passavam a ser aceitas como verdade[4].

Analisando superficialmente os exemplos de revaloração empreendidos por Moisés e por Hitler, pode-se chegar à conclusão errônea de que a mudança de uma cultura é, em essência, relativamente fácil. Na realidade, o risco de insucesso ronda todo e qualquer processo de revaloração. Que o diga o nosso conterrâneo Osvaldo Cruz, que, confrontado com a necessidade de erradicar a varíola do Rio de Janeiro, no início do século XX, teve de incutir — revalorar — na população a necessidade da vacinação. Devido à escassez de tempo, pois o inimigo estava na porta, e à falta de instrumentos e conhecimento de gestão de cultura de massa, na época, Osvaldo teve de agir de forma autoritária e centralizadora. Em decorrência, num determinado momento, grande parcela dos habitantes da cidade recusou-se a ser vacinada, colocando em risco todo o programa de erradicação da doença. Ao abrigo da lei, Osvaldo Cruz determinou que as equipes de agentes de saúde adentrassem cada residência e obrigassem as pessoas a se vacinar. Houve, então, violento levante popular, com protestos, depredações, saques e bondes incendiados.

Medidas adicionais foram tomadas, como busca de apoio de pessoas influentes na comunidade, e maiores informações foram fornecidas à população. Ao longo do tempo, e aos trancos e barrancos, o novo valor *vacinação*

---

[4] STEVENS, A. *Jung*: vida e pensamento. Petrópolis: Vozes, 1993.

foi internalizado na cultura brasileira. Essa revaloração já ajudou a erradicar a poliomielite e a reduzir drasticamente o número de vítimas de outras doenças endêmicas.

O episódio que envolveu Osvaldo Cruz nos mostra que a revaloração qualitativa às vezes decorre da necessidade de encontrar saída para uma crise profunda ou um grave acontecimento. Por força da necessidade imperiosa, a ação acontece. É o que ocorreu na década de 1940, nos Estados Unidos, quando o país ingressou na guerra e destinou os seus melhores recursos, humanos e materiais, para o *front*. As fábricas de automóveis foram adaptadas para produzir veículos de combate, e a linha de montagem em série idealizada originalmente por Ford foi adotada por outros ramos industriais para aumentar a produção de uniformes, botinas, alimentos enlatados, equipamentos, aeronaves, fuzis etc. A nação se mobilizou inteiramente para o esforço militar. Os melhores talentos e os detentores de melhor saúde física foram requisitados pelas forças armadas.

As mulheres americanas, acostumadas à vida de dona de casa, foram convocadas para postos no governo, na indústria e na sociedade civil mobilizada para a guerra. A imensa legião que formava a retaguarda em solo americano era composta essencialmente por essas mulheres, mas também por seus filhos pequenos e adolescentes, por seus pais envelhecidos e por pessoas com deficiências mentais ou físicas. As donas de casa gerenciavam os escassos recursos domésticos para que o governo americano pudesse destinar ao *front*, ao palco dos combates, ao soldado que estava pegando em armas pela pátria, o melhor que a América pudesse lhe oferecer, desde o tecido para os uniformes até os mantimentos de melhor qualidade. Nesse contexto, os Estados Unidos se defrontaram com um grande problema cultural. A produção de proteínas, especialmente fornecidas pela carne de gado, era insuficiente para atender, simultaneamente, os combatentes no *front* e as famílias que permaneceram em solo americano. Como a totalidade da carne bovina considerada nobre era destinada às forças armadas, restavam à população apenas as vísceras, cujo valor protéico, comprovadamente, assemelha-se ao da carne de maior preferência. O problema era que, na cultura norte-americana da época, havia aversão ou preconceito em relação ao consumo desse alimento. Solução lógica e plausível: revalorar as vísceras.

Detectado o problema, o governo norte-americano entrou em ação, iniciando um processo de revaloração qualitativa. Imediatamente, as donas de casa foram bombardeadas por mensagens que eram divulgadas pela mídia disponível — jornais, *outdoors*, filmes, revistas e outros — com a informação de que o valor protéico das vísceras equivalia ao de um filé *mignon*, por exemplo.

Liderando a Revaloração da Cultura Corporativa

Em termos nutricionais, portanto, a dona de casa podia substituir a picanha pelas vísceras. Decorridas seis semanas de vigência da campanha, o consumo de vísceras não havia aumentado. Preocupadas, as agências governamentais acionaram os meios publicitários e mercadológicos em busca de sugestões para melhorar a comunicação e atingir os propósitos de aumentar o consumo de vísceras. Os publicitários foram unânimes em afirmar que o governo errara na formulação da campanha, pois havia atuado apenas no nível cognitivo, racional. O segredo para mobilizar as pessoas, segundo eles, seria ativar também os componentes emocionais.

Nova campanha foi deflagrada, e as mulheres norte-americanas foram alvo de mensagens que informavam o valor protéico das vísceras, e, mais ain-da, lançavam fortes apelos emocionais pelo consumo dessa carne, evocando o patriotismo da dona de casa, o zelo à saúde dos filhos e assim por diante. Decorridas mais seis semanas, o consumo de vísceras mantinha-se estável. O governo, então, encomendou uma pesquisa de opinião que, ouvindo uma amos-tra significativa do público-alvo, concluiu que as mulheres norte-americanas haviam entendido e assimilado a informação sobre o valor protéico das vísceras, haviam-se emocionado com os aspectos sentimentais que cercavam a questão, mas, mesmo assim, não estavam dispostas a comer vísceras! Ou seja: "Tudo bem, entendi, estou sensibilizada, mas comer tripas, jamais!"

Nesse ponto do processo de revaloração qualitativa, instaurou-se um impasse. Como prosseguir? Entrou em cena, então, o psicólogo social Kurt Lewin, que, utilizando um método inovador, atingiu os objetivos desejados. Lewin passou a reunir grupos de vinte mulheres em *workshops*, nos quais promovia jogos e atividades lúdicas de integração entre as participantes. Em seguida, estimulava uma sessão de catarse contra o consumo de vísceras, em que todas se manifes-tavam com veemência contra esse tipo de alimento. Após a catarse, Lewin relembrava as costumeiras informações positivas sobre vísceras e procurava reavivar aspectos, como o bem da pátria, que emocionalmente poderiam influen-ciar um hipotético aumento de consumo. Quase ao término da sessão, ele agra-decia às presentes, ressaltava que os Estados Unidos eram um país livre e que ninguém estava obrigado a consumir o que não desejasse. Como tarefa final, então, pedia um esforço e um sacrifício pessoal às participantes: que se dirigis-sem a uma sala contígua, na qual fora instalada uma cozinha industrial, e que colocassem em ação os seus melhores dotes culinários, preparando os pratos mais saborosos que pudessem — utilizando carne de vísceras, que estava à dis-posição. Para estimulá-las, Lewin criava uma competição entre elas. Uma delas poderia ser a campeã. Todas agiriam como juízas, ou seja, cada uma delas prova-ria um pouquinho da comida elaborada pelas demais.

Ao colocar a mão na massa, esmerando-se em produzir um prato delicioso com tal matéria-prima, as mulheres, sem perceberem, estavam assumindo o papel de defensoras de um novo valor. Ao final, quando todas já haviam provado todos os pratos, Lewin perguntava em quantas delas havia aparecido a possibilidade de rever sua posição contrária àquele tipo de carne. O índice histórico obtido por ele foi de aproximadamente 60%. Então, as mulheres que trocavam de posição participavam de um treinamento específico e se tornavam multiplicadoras, coordenando novos *workshops* com outras mulheres, eventos estes que, por sua vez, geravam novas multiplicadoras, numa cadeia contínua que se alastrou por toda a nação norte-americana.

Após o término da guerra, o método desenvolvido por Kurt Lewin — batizado de *T-group* — foi incorporado às grandes empresas e passou a ser utilizado no treinamento e desenvolvimento de pessoas como um dos instrumentos para minimizar a resistência às inovações.

■ A REVALORAÇÃO DA CULTURA NA GENERAL ELECTRIC

O salão de eventos do Helmsley Palace, em Nova York, estava lotado e abrigava a elite dos executivos e empresários norte-americanos. Todos pareciam à vontade. A estrela da festa era um homem calvo e de estatura baixa. Parecia estar com *toda a bola* e conseguia magnetizar as pessoas, que se aproximavam dele e cumprimentavam-no efusivamente. Afinal, aos 43 anos de idade e depois de uma disputa acirrada, Jack Welch estava assumindo as funções de CEO — *chief executive office* — de uma das dez maiores corporações do planeta, um conglomerado de empresas que produziam desde lâmpadas até aparelhos de raios X e turbinas de avião a jato. Nada mal para o filho único de uma dona de casa e de um modesto funcionário de trens de subúrbio. Da família, Welch herdara valores como a devoção ao trabalho e a integridade; de sua mãe recebeu o estímulo contínuo que lhe permitiu formar-se em Engenharia e, posteriormente, obter o título de *PhD*. Acometido de uma gagueira persistente, na infância, sua mãe aumentava-lhe a auto-estima dizendo-lhe que não se preocupasse, pois na realidade ele não tinha problema de fala, mas sim alta dose de inteligência, que tornava a sua cabeça muito mais rápida do que a sua boca.

Corria o ano da graça de 1981 e Welch sabia que tinha pela frente — com a sorte ao seu lado — cerca de vinte anos para tornar realidade o seu grande sonho: promover uma ampla e profunda mudança na cultura organizacional da sua empresa. Conforme suas próprias palavras, tratava-se de infundir na alma de uma grande empresa o clima de informalidade da mercearia de um bairro

Liderando a Revaloração da Cultura Corporativa

familiar. Welch indignava-se, há muito tempo, com o sentimento de amabilidade superficial que reinava em sua corporação e estava disposto a substituí-lo por um relacionamento autêntico em que predominasse a franqueza e a objetividade. Quanto maior o negócio, menos envolvidas pareciam as pessoas, afundadas em burocracia. A empresa era mastodôntica: nela conviviam mais de 25 mil gerentes e cerca de 130 executivos ostentavam o galardão de vice-presidente disto, vice-presidente daquilo. A organização era maciça e formal, com doze níveis hierárquicos entre o CEO e o chão de fábrica. O número total de funcionários passava de 400 mil. Nas reuniões do *board*, rotineiramente, dezenas de pessoas se submetiam a reuniões de avaliação de projetos impessoalizados e frios. Os indivíduos comportavam-se como *cachorros amestrados* e submetiam-se a rituais nos quais a letra fria da papelada valia muito mais do que a energia, o entusiasmo, a postura corporal e o empenho das pessoas em vender as suas idéias. A empresa não valorizava a paixão; interessava-se por rotinas e por números, incapazes de mobilizar adequadamente o coração das pessoas.

Apesar de ser contrário à cultura predominante em sua empresa, Welch fizera uma carreira brilhante, atuando durante muitos anos em subsidiárias geograficamente distantes do poder central. Embora conhecido por seu comportamento diferenciado — informal, extrovertido, aglutinador e um pouco rebelde —, que apresentava discrepância ante o formalismo e a circunspecção dos modelos sociais de sua corporação, ele foi hábil o suficiente para nunca estourar a bolha do seu sonho de crescer na empresa; sabia que se molestasse em demasia e xingasse o sistema, este se voltaria contra ele. Ao longo do tempo, a empresa proporcionou-lhe uma quantidade incrível de experiências diversas, às quais ele soube corresponder com resultados excepcionais. A cada novo desafio que lhe era proposto, Welch procurava cercar-se das pessoas certas que, aglutinadas e agindo sob a sua batuta, viessem a oferecer o melhor de si para a empresa. Sua marca registrada também era o costume de celebrar com a sua equipe — geralmente em bares — as pequenas e as grandes vitórias. Ele sempre procurou pensar grande e oferecer idéias para os seus superiores, com o intuito de se destacar da multidão de executivos. Aos poucos, seus repetidos sucessos despertaram um interesse maior da cúpula, e ele passou a trabalhar no escritório central da companhia. O peixe que sempre se movimentara em águas rasas, agora nadava num lago profundo. Com a transferência, novamente reformulou o seu time, agregando novos profissionais brilhantes, com habilidades complementares em finanças, recursos humanos, estratégia e legislação. Sua responsabilidade aumentava cada vez mais: saíra da administração de um negócio de U$ 100 milhões e estava comandando divisões com orçamentos de mais de U$ 2 bilhões. Para continuar obtendo êxito, Welch percebeu que não bastava motivar e aglutinar as pessoas; precisava recompensar muito bem as melhores e tratar de afastar aqueles cujo desempenho não fosse brilhante.

Sua atuação na sede corporativa proporcionou-lhe uma perspectiva ambígua: ao mesmo tempo que sua imagem se firmava como aquele que fazia acontecer, o radar do sistema político e de poder da corporação o detectava. Iniciava-se a luta pela sucessão do *chairman* da companhia, e Welch estava no páreo. A disputa era dura e a lista de oponentes multiplicava-se. Como indicador do calor da batalha, o principal executivo de recursos humanos corporativos assinalou na ficha funcional de Welch: "foco excessivo nos resultados; sua rebeldia é motivo de preocupação". O fogo vinha de inimigos poderosos. Mas foram justamente suas características diferenciadas, como o inconformismo, a desconcentração, a grande habilidade em lidar com pessoas e formar equipes campeãs, que decidiram seu futuro na empresa. O conselho de administração julgou que a companhia necessitava mudar e que Welch reunia as qualidades para fazê-lo. E, assim, aos 44 anos de idade, ele se tornara CEO. Nas suas palavras: "finalmente o cargo máximo era meu".

Como CEO, seu caminho estava livre. Agora, poderia fomentar uma nova cultura; a mercearia poderia substituir o dinossauro. Contudo, a tarefa era portentosa e monumental. Sua primeira providência foi, novamente, cercar-se das pessoas certas para lidar com as circunstâncias, com as responsabilidades e a abrangência do novo cargo. Áreas novas, como relacionamento com a mídia e com o mercado de capitais, tiveram de ser confiadas a profissionais hábeis e competentes. Ele também tinha um trunfo em seu favor: a empresa não estava em crise, tinha um ótimo balanço patrimonial e mostrava-se forte e estável. Para a maioria dos consultores, executivos e analistas, a pergunta óbvia talvez fosse: para que mudar? Para Welch, a pergunta também era essa, mas ele tinha a resposta: mudar para se preparar para os novos tempos. Afinal, ele percebia com nitidez que a concorrência asiática e a possível globalização poderiam infligir, num futuro não muito distante, pesados danos à sua empresa, caso ela não se preparasse adequadamente. Eram notórios os estragos que os japoneses já estavam impondo, no território norte-americano, a alguns segmentos econômicos em que a sua empresa não operava, como o de fabricação de automóveis. Era, portanto, o momento certo de agir. Tratava-se de dotar um superpetroleiro das capacidades de uma lancha de assalto, rápida, ágil e capaz de manobras repentinas.

Welch tinha nítida percepção do que desejava. Sua intenção era tornar a empresa repleta de empreendedores autoconfiantes que enfrentassem a realidade todos os dias. Cada marco da estrada, registrando a distância percorrida, deveria ser comemorado, a fim de tornar os negócios mais divertidos. Embora tivesse formado com maestria a sua equipe, ele sabia que a sua missão extrapolaria, em muito, o círculo dos seus colaboradores diretos; teria de encontrar meios de divulgar continuamente suas idéias, convencendo os funcionários de todos os níveis, de forma que elas fossem assimiladas e passassem a permear a nova cultura organizacional. Deveria, também, formular estratégias inovadoras que pudessem mobilizar as pessoas. E, por fim, deveria alterar ou extinguir as práticas administrativas que estivessem em desacordo com a nova cultura. Parecia ser tarefa para um titã. A cultura vigente fora sedimentada em consonância com outros tempos, quando a estrutura de comando e de controle fazia sentido. Vigorava o preceito POIM — planejar, organizar, integrar e medir. Por ter atuado durante tanto tempo no campo, Welch nutria forte preconceito contra a maioria do pessoal da sede corporativa. Ele tinha a impressão de que aquele pessoal praticava a amabilidade superficial — agradável na superfície, mas, no fundo, cheia de desconfiança e hostilidade selvagem. Essa expressão talvez resuma com precisão o comportamento dos burocratas num ambiente de jogos de poder e de politicagem, sorrindo para o interlocutor, mas sempre procurando, pelas costas, um *Te peguei*!

Para confrontar — e tentar vencer — a barragem da antiga cultura, Welch tratou de traduzir a percepção de futuro que ele tinha para a companhia em algo que fizesse sentido para todos e, mais, que permitisse verificar o deslocamento ou o progresso da empresa em direção a esse novo dia. Nesse sentido, enunciou uma filosofia de trabalho com algumas idéias centrais norteadoras, como as mostradas a seguir.

Enfrentar a realidade: significa que o contrato psicológico anterior entre a empresa e seus subordinados foi rompido. Não há mais estabilidade no emprego e tampouco espaço para a zona de conforto. O foco deve estar no mercado, no ambiente.

Faça algo. Ponha a bola em jogo!: é um incitamento à ação. Significa que a empresa necessita — e aprecia — a velocidade, o ritmo forte.

Empresa sem fronteiras: significa que os feudos e as barreiras de quaisquer espécies devem ser derrubados. É bem-vindo o esforço cooperativo entre as pessoas. Os recursos dos diversos setores, unidades e empresas devem estar à disposição de quem necessitar. É aberta uma guerra às barreiras.

Número um, número dois: esta expressão sintetiza a visão estratégica da corporação. Significa que, na nova cultura, nos segmentos empresariais em que a empresa atuar, ela deverá ser a primeira em tamanho/desempenho, ou, na pior das hipóteses, a segunda.

Círculo dos negócios corporativos: trata-se de uma figura composta por três círculos superpostos, retratando os interesses estratégicos da organização. O primeiro deles, o do centro, indica os negócios centrais da corporação (por exemplo, turbinas, transportes, motores, linha branca, iluminação); o segundo contém os negócios de alta tecnologia (eletrônicos industriais, equipamentos médicos, aeroespaciais); e o terceiro, os negócios relativos a serviços (serviços nucleares, construção e engenharia, crédito/finanças). Significa que os negócios que ficam dentro dos círculos receberão recursos da empresa; os de fora, não. As empresas da corporação fora dos três círculos serão vendidas. Os círculos superpostos também sinalizam que a corporação está se dimensionando para a área de serviços de elevado valor agregado.

Empresa A+: a corporação é uma empresa de classe mundial (A+) e necessita de executivos tipo A1. Este modelo de líder consegue atingir resultados e, paralelamente, coloca em prática os novos valores da cultura da organização. Os demais tipos de chefia (A2, A3 e A4) deverão ser culturalmente administrados. A corporação deverá desenvolver os executivos A2 (os que compartilham valores da cultura, mas não atingem resultados satisfatórios) e deverá demitir os executivos tipo A3 (aqueles que não atingem resultados e não compartilham os valores da cultura). Finalmente, a corporação deverá tentar cooptar os executivos tipo A4 e, caso não consiga incorporá-los à nova cultura, deverá demiti-los. O tipo A4 atinge resultados, mas não compartilha os valores da nova cultura.

Paralelamente aos esforços de criação e de divulgação da nova filosofia de trabalho, Welch obteve a aprovação, do conselho de administração, para dispor de uma verba de U$ 46 milhões para modernizar o centro de treinamento da empresa, um verdadeiro *campus* denominado Crotonville. As reformas permitiram atualizar tecnologicamente o centro de treinamento, renovar as instalações físicas e a infra-estrutura, ao mesmo tempo que ampliavam e modernizavam a ala residencial, tornando-a um verdadeiro hotel de luxo. Welch decidira que Crotonville seria o templo a partir do qual irradiaria a sua revolução cultural. Com a coordenação de um ex-professor da Harvard Business School, Crotonville passou a contar com Welch como conferencista emérito e assíduo. Para ele, era um prazer dirigir a palavra e comunicar suas idéias aos executivos da empresa, que participavam de programas de imersão. Porém, no início, os resultados se revelaram profundamente desoladores. As pessoas pareciam ter ouvidos de mercador. Rapidamente, Welch percebeu que a sua nova filosofia estava levando as pessoas a um estado de confusão e temor. Afinal, os gerentes haviam se alistado numa empresa diferente da que ele pretendia. Suas idéias lhes pareciam mais opressoras do que motivadoras. Ele tentava estabelecer um novo pacto com as pessoas, a fim de tornar a empresa o melhor emprego do mundo para os indivíduos competitivos. A empresa garantiria o

Liderando a Revaloração da Cultura Corporativa

treinamento e os recursos necessários para que aderissem ao novo pacto, da mesma forma que estava disposta a remunerar à altura aqueles que se destacassem. Todavia, a densidade da cultura antiga falava mais alto; as pessoas não pareciam apreciar a mudança.

Acuado, Welch passou a depender desesperadamente de resultados práticos que lhe possibilitassem mostrar às pessoas que as suas idéias eram viáveis e interessantes. A estratégia de se desfazer de empresas que estivessem fora de seu foco estava em execução, porém não contava com a simpatia dos empregados, que consideravam que a organização estava se enfraquecendo ou diminuindo de tamanho. A venda de algumas empresas antigas chegou a provocar uma enxurrada de cartas criticando a decisão corporativa. Na realidade, essa estratégia fortalecia o caixa da empresa, mas provocava o corte de muitos postos de trabalho. Na mídia, Welch passou a ser conhecido como "Nêutron Jack", uma alusão à bomba de nêutrons, que mata sem danificar propriedades. Então, felizmente, surgiu o grande lance, que desestimulou os pessimistas e convenceu os descrentes: capitalizada, a empresa pôde adquirir uma poderosa e conceituada rede de TV norte-americana. Esse fato reafirmou o orgulho dos funcionários, novamente contentes em pertencer à companhia, e foi o grande divisor de águas no processo de mudanças. Mas a nova cultura ainda não estava consolidada. Dentro dessa perspectiva, Welch percebeu que os programas de desenvolvimento de executivos, no *campus* de Crotonville, eram muito tradicionais e não alcançavam os propósitos almejados, ou seja, obter uma legião de seguidores da nova cultura. Algo tinha de ser feito e, de preferência, que unisse a teoria à prática, isto é, não bastava somente divulgar, mas era necessário especialmente praticar em sala de aula alguns dos preceitos da nova filosofia. Surgiu, então, o programa *workout*, composto de sessões de treinamento de dois ou três dias, nos quais os participantes avaliavam, em sala de aula, como retirar do sistema o trabalho desnecessário. Cada sessão começava com a apresentação inicial de um gerente, que propunha um desafio ou definia uma agenda de trabalho ampla e depois se retirava. Sem a presença do chefe e com um facilitador para animar as discussões, pedia-se aos participantes que identificassem problemas, debatessem soluções e se preparassem para vender suas idéias na volta do chefe. Ao final, o gerente retornava e os participantes lhe apresentavam suas idéias, e ele decidia, no ato, sobre 75% das propostas, dando-lhes um sim ou um não. Quando era impossível receber um sim ou não imediato, fixava-se uma data para a decisão final. Não se engavetava nenhuma proposta. Quando as pessoas perceberam que suas propostas eram levadas a sério, analisadas e aprovadas ou rejeitadas na hora, o *workout* converteu-se em verdadeiro demolidor da burocracia. Em meados de 1992, mais de 200 mil empregados da empresa já haviam participado de *workouts*, numa fantástica difusão da nova cultura, na qual as idéias de todos se tornaram importantes, e os líderes passaram a realmente liderar, em vez de apenas gerenciar. Durante o desdobramento da sua gestão, Welch também foi pioneiro na implementação de uma série de técnicas gerenciais inovadoras, como o *feedback* 360 graus, o *benchmarking*, o direcionamento para os serviços e a reengenharia. Ele também apoiou programas de vanguarda, como o *seis sigma* e o *e-business*. Ao se aposentar compulsoriamente, em 2001, John Francis Welch Jr. tornara-se uma espécie de herói corporativo norte-americano, sendo conhecido até do grande público. Alguns segmentos da mídia e do meio acadêmico consideram-no o mais influente líder empresarial do século XX. Por ter modificado radicalmente a cultura da sua empresa e adotado uma boa estratégia de negócios, deixou a General Electric como a primeira colocada entre as 100 maiores empresas do mundo, pelo critério *valor de mercado*, superior neste *ranking*, por exemplo, a empresas de grande peso como a Coca-Cola, a Shell, a NTT (Japão) e a Microsoft. A General Electric também é uma das maiores empresas do mundo em faturamento e — importante — em lucratividade. Segundo suas palavras, as vitórias foram obtidas "porque se deve gerenciar menos e liderar mais, essa é a lei".

■ ADMINISTRANDO A CULTURA CORPORATIVA NAS FUSÕES E AQUISIÇÕES

Premissas da produção

Durante muito tempo, o atendimento das premissas de produzir *mais* (volume, escala de produção) *e melhor* (qualidade) foi suficiente para garantir a sobrevivência econômica de uma empresa. Atualmente, no entanto, estamos diante de uma nova realidade — a globalização — que exige o atendimento de outras dimensões: além de produzir mais e melhor, as empresas também necessitam produzir *mais barato* (custos menores) e *mais rapidamente* (agilização operacional). Em decorrência dessa situação, está em curso uma verdadeira escalada tecnológica, com as organizações buscando contínuos ganhos — ou saltos — de produtividade derivados do uso de nova tecnologia. Até a década de 1980, procurava-se a tecnologia como forma de estruturar a organização e otimizar os seus controles (investimentos massivos em informática e computadores, por exemplo); hoje, essa tecnologia é utilizada para agilizar o ritmo da organização e reduzir custos. Em certos setores da economia, isso tem proporcionado avanços no que diz respeito a produzir mais barato e mais rapidamente, porém, tem ocasionado perda de postos de trabalho, como no segmento das grandes instituições financeiras.

Liderando a Revaloração da Cultura Corporativa

O movimento de globalização da economia também força as empresas a promover um realinhamento estratégico e operacional que lhes permita continuar competitivas diante de novos atores que, advindos de várias partes do mundo, insinuam-se nos mercados locais. Nos últimos anos, uma grande quantidade de companhias tem investido em países estrangeiros, comprando instalações já existentes ou construindo novas fábricas. Percebe-se, atualmente, que os pesados fluxos de capital têm um alvo bem definido: construir novos centros de produção e bases operacionais nos assim chamados mercados emergentes, como algumas nações escolhidas da América Latina, da Ásia e do Leste Europeu. O Brasil é um desses países eleitos[5]. De fato, várias empresas nacionais têm-se defrontado com novos concorrentes internacionais atuando no mercado brasileiro, e outras ainda se encontram diante da possibilidade de se tornarem fornecedoras de serviços e de componentes para empresas multinacionais. Além disso, o capital internacional tem marcado forte presença no programa de privatizações de empresas estatais brasileiras.

A década de 1990, no Brasil, caracterizou-se por um crescente número de aquisições de empresas nacionais por organizações estrangeiras e, também, por uma significativa quantidade de fusões, incorporações e criação de *joint ventures*. De acordo com um estudo da empresa internacional de consultoria KPMG[6], na década de 1990, ocorreram 2.308 fusões e aquisições no Brasil, envolvendo empresas de grande porte. Somente no ano 2000, foram realizadas 353 operações de fusões e aquisições, e 65% delas tiveram a participação de capital estrangeiro. O setor de tecnologia liderou esse *ranking*, seguido pelos setores de alimentos, bebidas e fumo, companhias energéticas, instituições financeiras e produtos químicos e petroquímicos. Evidentemente, o processo brasileiro reflete um intenso movimento mundial de fusões e incorporações, que tem como carro-chefe as megacorporações.

As fusões, incorporações e formação de *joint ventures* são uma verdadeira prova de fogo para a cultura corporativa. A junção, ou a atuação em conjunto, da cultura de duas empresas é como uma espécie de casamento. Não raro acontecem desavenças, desacertos e conflitos. Em muitos casos, advém o divórcio. Quando os núcleos das duas culturas são semelhantes — mesmo tipo de força motriz, valores da mesma categoria na ideologia central, algumas facetas similares no *self* organizacional —, o casamento tem grandes chances de dar certo. Mas quando há muita disparidade nesses aspectos, diminuem as probabilidades da convivência pacífica e produtiva. As energias que deveriam ser direcionadas ao mercado, ao lucro, aos resultados, passam a ser drenadas pelo sorvedouro do choque de culturas.

---

[5] GREIDER, W. *O mundo na corda bamba*. São Paulo: Geração Editorial, 1998.
[6] Research Mergers & Acquisitions, KPMG, 2001.

Ideologias centrais discrepantes

No caso de ideologias centrais discrepantes entre ambas as empresas, certamente pode-se catalogar o casamento, de antemão, como a crônica da morte anunciada. Não pode dar certo. Estamos falando, por exemplo, de uma empresa que tenha em sua ideologia central valores como *integridade* e *honestidade* e adquira outra empresa — ou forme com ela uma *joint venture* — , que tenha, na sua cultura, valores centrais do tipo *ética em demasia pode nos prejudicar*. É o casamento da santa com o bucaneiro. Vai gerar muito sofrimento e o final todos já sabem: será desastroso, a não ser que a santa redima o bucaneiro... e rapidinho, antes que ele consiga lapidar o patrimônio comum. E, para redimir um bucaneiro, somente um milagre!

Quando o tipo de força motriz for diferente, entre uma e outra empresa, pode-se instaurar a guerra pelo poder. A cultura dominante tenderá a impor a sua cartilha, gerando uma contracultura que fará de tudo para desprestigiá-la e, até, sabotá-la. Deve-se entender que qualquer um dos tipos de força motriz organizacional permite que uma empresa obtenha alto desempenho. O segredo é valorizar e fortalecer a força motriz e jamais tentar subjugá-la, ou pior, substituí-la. Caso a força motriz da empresa que detenha o controle acionário seja, digamos, crescimento/lucro, e o da empresa colonizada seja, hipoteticamente, capacidade de produção/tecnologia, o mais sensato será revitalizar esta última. O resultado desejado — no caso, o lucro — derivará da correta ativação da respectiva força motriz, independentemente de qual seja ela. Agora, se for constatado que, na cultura da empresa colonizada, os preceitos de produtividade, redução de custos, rentabilidade e outros estão enfraquecidos, ainda assim não se deve tentar impingir um novo tipo de força motriz; esses preceitos, que necessitam ser mais bem trabalhados, deverão ser internalizados na cultura da empresa colonizada na forma de novos valores adjacentes.

O *self* organizacional, quando muito discrepante em suas facetas, nas empresas em processo de fusão, *joint venture* ou aquisição, poderá trazer discórdia ao casamento, instaurando nele o *samba do crioulo doido*. Uma empresa cuja cultura apresentar, no seu respectivo *self* organizacional, uma imagem mecanicista, por exemplo, poderá se sentir desconfortável ao atuar em conjunto com outra organização cujo *self* não apresente um contorno muito nítido em relação a esse tipo de imagem. Ademais, os aspectos inconscientes do *self* — tabus, preconceitos, e outros — são potenciais pontos de atrito na vida organizacional em comum. Um desses aspectos por vezes inconscientes, para ficar em apenas um ponto, é o contrato psicológico vigente em determinada empresa; embora subjetivo, ele é o espelho da cultura daquela organização. Ora, se o *self* da empresa dominante contiver um tipo de

Liderando a Revaloração da Cultura Corporativa

159

contrato psicológico muito diferente do da empresa colonizada, um dos contratos tenderá a ser questionado e repactuado, o que poderá gerar muito choro e ranger de dentes.

Entretanto, embora haja o risco da turbulência cultural e das crises, o inferno conjugal e o divórcio não são inevitáveis. Observa-se que, na maioria das fusões, *joint venture*s e aquisições, a cultura corporativa dos potenciais parceiros não é analisada e sequer levada em conta. Não se desenvolve um plano de ação para aculturar a empresa colonizada. E não estamos falando apenas de redação e envio de um comunicado aos funcionários e da entrega a cada um deles de uma bandeirinha com as cores da nova empresa e de uma caixa de bombons. De que servem essas gentilezas, quando existem, se não há uma estratégia articulada, advinda da alta administração da empresa detentora do controle acionário, para revalorar a cultura da organização colonizada? A inexistência de uma estratégia articulada faz crescer as dificuldades do percurso. Problemas não faltam. Um dos mais comuns, por exemplo, no confronto de culturas corporativas, é o etnocentrismo, ou a tendência de cada uma das partes, e muito especialmente da cultura dominante via controle acionário —, de perceber o seu *modo de ser* como o melhor e o único válido. A arrogância e o orgulho da cultura corporativa, quando densa e não flexível, podem estimular o surgimento da contracultura na empresa colonizada. Além disso, o etnocentrismo é uma espécie de miopia que impede que a cultura dominante observe e valorize aspectos realmente positivos em outra organização e que poderiam ser assimilados com proveito.

A administração da cultura corporativa nas fusões e nas aquisições não comporta uma fórmula mágica nem apresenta uma única receita (ou *one best way*), porém uma boa alternativa consiste em tornar o processo consciente e transparente a todos os envolvidos. É interessante que os funcionários da empresa colonizada possam participar de *workshops* de identificação e análise da cultura da sua empresa, para confrontá-la com as nuances e os preceitos da cultura corporativa emanante da organização que passou a deter o controle acionário. Após essa análise, identificação e confronto entre as culturas das duas empresas, normalmente fica evidenciado o *gap* que as distancia, e este é um bom momento para motivar as pessoas a elaborar um plano de ação para reduzi-lo, mediante a ativação dos mecanismos de gerenciamento da cultura corporativa (abordados em capítulos anteriores). Parte-se do pressuposto, portanto, de que os indivíduos se comprometem com algo quando dele participam efetivamente.

Quando há o interesse de uma grande empresa em adquirir outra organização, ou de fundir-se com outra companhia ou, ainda, de unir-se a outra corporação e criar uma terceira empresa na forma de uma *joint venture*, com muita pertinência a agenda da alta administração concentra-se em questões consideradas vitais, como procedimentos legais, investimentos necessários, possibilidades de alavancagem nas operações e nos lucros e assim por diante. Nada mais justo que as atenções se voltem para esses aspectos, pois, afinal, estão sendo defendidos os interesses dos acionistas. Caso o negócio se revele apetecível e viável, ele é concretizado; a cultura de cada organização sequer é mencionada ou analisada. O resultado é que um negócio que *a priori* mostra-se atrativo e potencialmente rentável pode ser solapado — o que não é incomum — pelo posterior choque de culturas. A cultura corporativa, em nosso entendimento, deve obrigatoriamente constar da agenda da alta administração quando das negociações sobre fusões, *joint venture*s e aquisições. Em princípio, a cultura de uma empresa não deve ser impeditiva para a realização de negócios, salvo em casos extremos. O importante é que, após a transação ser concretizada, a liderança máxima da empresa envolva-se na definição de uma estratégia e de um plano de revaloração da cultura. Ao líder máximo compete criar um clima de excitação quanto às mudanças, delegando a implementação de um programa de aculturamento organizacional da empresa colonizada e o gerenciamento dos mecanismos de revaloração da cultura. Afinal, uma cultura corporativa bem gerenciada pode levar ao alto desempenho organizacional.

■ O GERENCIAMENTO E A LIDERANÇA DA CULTURA CORPORATIVA

No estudo sobre a cultura corporativa das melhores e maiores empresas que atuam no Brasil, constatou-se que a maioria das áreas de recursos humanos das organizações analisadas é percebida, informalmente, como responsável pelo gerenciamento da cultura da empresa. Contudo, ainda em muitas empresas, as áreas de recursos humanos não são percebidas como estando, necessariamente, a serviço da construção e/ou da solidificação da cultura de alto desempenho, sendo visualizadas, na maioria dos casos, como meras guardiãs do *status quo*, e não como fator de mudança organizacional.

Esse estudo também apontou que o gerenciamento da cultura engloba mecanismos, normalmente não articulados entre si, que ficam sob responsabilidade de outros níveis gerenciais que não as áreas atinentes a recursos humanos. Assim, níveis hierárquicos diversos ocupam-se da cidadania corporativa, do endomarketing, da matriz de indicadores etc. O gerenciamento dos rituais é o que apresenta uma maior pulverização ou distribuição nas empresas, e cada área tende a organizar os seus rituais organizacionais específicos. Alguns rituais corporativos de maior abrangência, como as festividades de final de ano, muitas vezes são confiados a algumas áreas do *staff* da alta administração, como o setor de comunicação social.

No espectro das ações bem-sucedidas, com o apoio efetivo da área de recursos humanos, no campo do gerenciamento da cultura de alto desempenho, pode-se citar, em caráter ilustrativo, a experiência exitosa da Volvo, que utiliza sistematicamente a pesquisa-ação para balizar suas estratégias de recursos humanos. Anualmente, seus funcionários nas subsidiárias espalhadas pelo mundo inteiro, inclusive no Brasil, respondem a um questionário eletrônico, remetido por *e-mail* para a matriz da empresa. Após a tabulação do questionário, a empresa envia a todos os funcionários um conjunto de gráficos que expressam o resultado das pesquisas. Da mesma maneira, são comunicadas novas ações da empresa sobre aspectos organizacionais que ainda deixam a desejar e o envolvimento das pessoas nessas melhorias.

A Acesita, o Baneb, a Brahma, a Odebrecht e a Johnson & Johnson são corporações que investem no programa de integração, em que o novo funcionário tem a oportunidade de assimilar valores, comportamentos desejáveis e conhecer as principais normas da empresa, seu código de ética e seu modelo de gestão. Em várias outras empresas, a presença efetiva de recursos humanos no gerenciamento da cultura permite que os novos funcionários sejam submetidos a um bem-elaborado processo de integração. Este, no caso de pessoas admitidas para funções técnicas e executivas, estende-se, muitas vezes, a um período de várias semanas, quando, durante algumas horas por dia, o novo funcionário assiste a palestras proferidas por executivos da própria organização e visita outros setores da empresa, nos quais tem contato com os responsáveis pelas respectivas áreas. Nessas palestras e contatos, transparece o *modo de ser* da corporação, numa espécie de conscientização que visa explicitar ao novo funcionário o que a organização espera dele.

A presença efetiva da área de recursos humanos também se faz sentir no Banco Real (ABN Amro Bank), que tem distribuído a todos os seus funcionários, como endomarketing, fitas de vídeos com minidiscursos da alta administração da empresa. Contudo, a tarefa primeira da área de recursos humanos ainda é a correta ativação dos seus subsistemas, como recrutamento e seleção, treinamento e desenvolvimento, administração da remuneração e outros. Na Cargill, a área de recursos humanos está colaborando de forma efetiva para a solidificação de uma cultura de alto desempenho ao introduzir o Programa de Medição de Performance, que abrange todos os funcionários da empresa e serve de ferramenta para promoções, aumentos por mérito, transferências e mudanças de função. Nessa empresa, a política de remuneração também se mostra compatível com uma cultura de alto desempenho, uma vez que remunera as pessoas acima da média do mercado e lhes oferece participação nos resultados.

No terreno dos rituais, em organizações como Petrobras, Nestlé, Ivaí Obras, Siemens, Andrade Gutierrez, Champion ou Citigroup, os funcionários com 15, 20 e 25 anos de serviços recebem homenagens e prêmios. Nesse caso, essas organizações estão claramente trabalhando e fortalecendo valores como antigüidade, lealdade à organização e dedicação continuada. Em outras empresas, como Procter & Gamble, Alpargatas ou Maxitel, festividades da mesma natureza servem para premiar publicamente funcionários que se destacaram por seu desempenho excepcional em projetos importantes no ano findo. Nesses casos, os valores culturais que estão sendo trabalhados na comunidade organizacional já não são antigüidade ou valorização de uma vida inteira dedicada à empresa; os valores passam a ser performance, competência e assim por diante. A Cargill, por sua vez, mantém um ritual anual denominado *Chairman's Innovation Award*, realizado na matriz da empresa, em Minneapolis, Estados Unidos, que homenageia funcionários de várias partes do mundo que se destacaram por um projeto de inovação, melhoria e/ou redução de custos. Essa solenidade é registrada (endomarketing) numa revista interna distribuída em todas as unidades da empresa. Algumas organizações conseguem compatibilizar valores como antigüidade e dedicação funcional continuada com os valores emergentes de competência e obtenção de resultados. Na Siemens, por exemplo, cada grande conquista alcançada por uma de suas unidades costuma ser comemorada com a presença de todos os colaboradores da respectiva localidade/fábrica.

Mesmo nas empresas que procuram disseminar e fortalecer os mesmos valores culturais — antigüidade e dedicação, por exemplo —, os rituais apresentam algumas diferenciações. Enquanto a Petrobras entrega diplomas aos funcionários antigos, a Ivaí Obras e a Andrade Gutierrez oferecem relógios de ouro, a Nestlé organiza a Festa dos Veteranos (os aposentados são convidados), e o Citigroup confere aos funcionários com mais de 25 anos de empresa um título de admissão no *Quarter Century Club*, uma distinção que lhes assegura alguns benefícios, como assistência médica vitalícia. Nesses casos, essas organizações estão claramente trabalhando — e fortalecendo — valores como antigüidade, lealdade à organização, dedicação continuada e outros da mesma natureza.

As empresas que gerem adequadamente sua cultura organizacional também têm consciência de que a imagem corporativa se expressa pela maneira de ser e de agir de seus funcionários. A instituição de padrões comportamen-

Liderando a Revaloração da Cultura Corporativa

163

tais muitas vezes envolve aspectos básicos na postura e na apresentação dos funcionários em geral. Embora simples, esses aspectos favorecem a produtividade e podem ter enorme influência na imagem que a organização projeta entre a clientela, a comunidade e os concorrentes. Muitas empresas, como a Bosch, estimulam seus funcionários a utilizar terno e gravata nas viagens. Na Johnson & Johnson, dentre outras empresas, o atendimento telefônico é caracterizado por uma fraseologia padrão, algo como "bom dia! Fulano de Tal... Setor X". No Citigroup, o padrão comportamental especifica que o funcionário se levante quando o cliente chega e o cumprimente de determinada forma, e abrange também regras de higiene pessoal. Em outras empresas, predomina um padrão comportamental em que cabe ao funcionário adotar uma postura de constante zelo pela limpeza e arrumação de sua mesa de trabalho, como é o caso da DuPont, na qual se estimula o *housekeeping* como padrão de comportamento.

Embora o processo de integração de novos funcionários possa se constituir num dos mais potentes rituais de aculturamento de um novo membro na comunidade organizacional, ele é insuficiente para sustentar a cultura planejada de uma organização. É necessário que exista um calendário de rituais que, constantes e presentes ao longo de cada ano, permitam manter acesa a chama dos valores culturais estimulados pela organização. Nesse calendário, obviamente há espaço para as festividades de final de ano, anteriormente enfocadas, e para vários rituais culturalmente diferenciados, como é o caso da Mannesmann, que prioriza a realização periódica de uma festa alemã, com música, dança e pratos típicos, reflexo de sua cultura com forte influência germânica. Esse é um campo fértil para a imaginação e para a criatividade; a Schincariol, por exemplo, promove *happy hour* semanal, às sextas-feiras, no final do expediente e, claro, com o *chopinho da casa*! A Motorola, dentre outros rituais, organiza um videokê.

Em algumas empresas, quando um funcionário é promovido, o gerente da unidade reúne o pessoal e, sob aclamação de todos, enaltece os méritos da pessoa promovida, relatando a trajetória do colaborador. O envolvimento da família dos funcionários nos rituais organizacionais é uma tendência que também se observa em algumas empresas, por exemplo, na Kaiser e na Siemens, que oferecem aos familiares dos funcionários um programa de visita às suas fábricas. A Nestlé, por sua vez, presenteia os filhos de seus funcionários, numa festividade de final de ano. No calendário de eventos internos das organizações, muitos rituais não possuem uma data predefinida, mas se concretizam quando da ocorrência de um motivo culturalmente predeterminado para sua realização, como a promoção de um colega de departamento, o atingimento de uma meta setorial significativa, a finalização de uma importante reunião da empresa. Algumas empresas costumam festejar os recordes de produção: a Maxitel promove festas do tipo *conquista dos 50 mil clientes*, e na Siemens, após importantes reuniões de trabalho, há o costume da confraternização, muitas vezes envolvendo refeições em conjunto.

Ainda no estudo sobre a cultura corporativa das melhores e maiores empresas que atuam no Brasil, a liderança efetiva e o comprometimento da alta administração com a mudança foram analisados em termos de obtenção de resultados na revaloração da cultura. Em outras palavras, a ação dos líderes foi vista em relação à capacidade que as culturas de suas empresas demonstram para reduzir — ou eliminar — a permanência das pessoas na chamada zona de conforto e, também, para contribuir para que a empresa ofereça respostas ágeis às intensas e constantes mudanças que caracterizam o macroambiente.

Nossa pesquisa

As empresas pesquisadas foram divididas conforme mostra o Quadro 5.1.

Quadro 5.1 Classificação das empresas pesquisadas

Grupo 1 (**45% das empresas**)

Cultura corporativa atualizada, ágil e pronta para se posicionar de forma efetiva diante dos desafios conjunturais e para responder a eles. Pouca ou nenhuma incidência de colaboradores atuando na zona de conforto.

Grupo 2 (**24% das empresas**)

Cultura corporativa relativamente atualizada, com um ritmo de evolução e de mudança ligeiramente inferior ao do macroambiente. Um grupo reduzido de pessoas ainda atua na zona de conforto.

Grupo 3 (**31% das empresas**)

Cultura corporativa lenta na absorção de tendências, atuando num ritmo inferior ao das mudanças que permeiam o macroambiente. Razoável número de pessoas ainda atua na zona de conforto.

Grupo 4 (**nenhuma empresa enquadrada neste grupo**)

Cultura corporativa defasada em relação às mudanças conjunturais e excessivamente lenta nas respostas aos desafios conjunturais. Grande número de pessoas atuando na zona de conforto.

Liderando a Revaloração da Cultura Corporativa 165

Os resultados consolidados no quadro anterior permitem inferir que 31% das melhores e maiores empresas que atuam no Brasil são detentoras de uma cultura defasada e, portanto, essas organizações são vulneráveis em termos de mercado. Contudo, esses dados devem ser relativizados, pois são essas empresas que, em sua maioria, vêm apresentando elevada performance econômico-financeira. Uma possível explicação para o seu bom desempenho, apesar de a sua cultura apresentar características indesejáveis, pode residir no fato de que algumas delas sejam estatais e outras ainda atuem num mercado oligopolizado ou desprovido de uma concorrência mais aguda.

Certamente, este não é o caso de todo o elenco de empresas que constituem o grupo 3 — categorizado no quadro anterior —, evidenciando, assim, que algumas delas realmente não estão conseguindo acompanhar o ritmo de mudanças do macroambiente, o que é preocupante.

Cumpre ressaltar, ainda, que a maioria — cerca de 69% — das melhores e maiores empresas que atuam no Brasil apresenta uma cultura corporativa adequada a um macroambiente em intensa mutação.

Caso
PARA DISCUSSÃO

AS PERIPÉCIAS, NO BRASIL, DA CULTURA CORPORATIVA DA AES - APPLIED ENERGY SERVICE

No início da década de 1980, dois ex-funcionários do governo norte-americano resolveram atrair investidores e fundar uma empresa. O ramo escolhido foi o de geração, distribuição e comercialização de energia elétrica. Os negócios prosperaram, e, em pouco mais de vinte anos, tinham em mãos um verdadeiro império empresarial, constituído por mais de 100 plantas industriais, em 27 países. Os dois amigos, Dennis Bakke e Roger Sant, tornaram-se os mitos/heróis da sua organização, a AES — Applied Energy Service.

Atuando também na América Latina, a AES se instalou no Brasil pela sua participação acionária na Light, na Cemig e na Eletropaulo/Metropolitana. Ela também está construindo, no Brasil, a maior usina térmica de gás natural, localizada na fronteira com a Argentina, e que permitirá o aproveitamento do gás daquele país, na matriz elétrica brasileira. Embora tivesse participação acionária nessas organizações, a AES somente começou a sentir o Brasil — e a cultura de suas empresas públicas — quando adquiriu o controle acionário da Cesp-Tietê e, muito especialmente, de uma empresa de distribuição de energia elétrica desmembrada da CEEE. Com esta última aquisição, a cultura corporativa da AES passou a interagir e a conviver com a cultura de uma empresa brasileira, que de pública passava a ser privada. Sua primeira providência foi trocar o nome da empresa adquirida, assumindo a nova denominação AES Sul.

A AES, no contexto internacional, tem a cara de Dennis Bakke e de Roger Sant. O primeiro, um cristão devoto que tem a tendência de falar em termos religiosos, incutiu na ideologia central da empresa os valores justiça e responsabilidade social. Detentor de um diploma de MBA da Harvard Business School, Bakke costuma dizer, nas reuniões, que a bíblia é o único manual de gerenciamento confiável. O outro sócio, Roger Sant, ex-professor de Finanças na Stanford University, legou à cultura corporativa a força motriz organizacional crescimento/lucro. Sant, que trabalha apenas meio expediente, também conseguiu internalizar como valor central da empresa o preceito *fun* (algo como para valer a pena, o trabalho tem de ser divertido).

Para quem olha de fora, não está sempre claro se a AES é uma empresa ou uma religião. Bakke e Sant têm sabido liderar de forma exemplar a revaloração da cultura da empresa. Muito embora a AES formule a sua missão evocando a religiosidade, como "a missão de nossa empresa é de honrar a Deus administrando e servindo os recursos de energia elétrica do mundo", em verdade os funcionários são catequizados e mobilizados pela visão da empresa, muito mais mundana e concreta, que é "nós vamos ser a maior e a melhor empresa de energia elétrica do mundo". Essa visão transmite a sensação de pertencer — ou de vir a pertencer — a algo maior no mundo dos negócios. Essa visão é constantemente citada e compartilhada pelos dois mitos/heróis da AES, que peregrinam por diversos países, visitando cada uma das unidades da empresa.

Nessas visitas, eles se misturam aos funcionários de diversos níveis, reunindo-se às vezes com mais de 300 pessoas num único evento, em vez de se encontrarem apenas com a cúpula diretiva. Nos contatos com as pessoas, eles se apresentam de forma simples, são afáveis, de fácil acesso via *e-mail* ou telefone, muito informais e abertos a novas idéias. Apreciam delegar poderes e costumam fazer uma pregação sobre os valores da ideologia central da AES: *fun*, justiça e responsabilidade social. Enfatizam que as pessoas têm o direito de errar, desde que aprendam com os erros e que para crescer na organização não há necessidade de diploma ou de ser um especialista; basta demonstrar bom tino comercial e produzir resultados.

Bakke e Sant também batem muito na tecla de que o importante é as pessoas colocarem em prática os valores corporativos, ou terem sua vivência, que é apreciada e estimulada, mas, para serem colocados em ação, todos os projetos envolvem o crivo de muitos especialistas, que avaliam o volume de recursos necessários e o seu retorno financeiro. Cada idéia é vista do ângulo

Liderando a Revaloração da Cultura Corporativa

das possibilidades de crescimento/lucro, sendo que as pessoas com melhor nível de remuneração e que são mais facilmente promovíveis, geralmente, têm formação em Contabilidade, Administração e Economia.

A cultura da AES é densa, com amplo compartilhamento dos valores corporativos entre as pessoas. Há um esforço deliberado para reforçar a história de vida de seus fundadores, evidenciando os percalços que enfrentaram — e venceram — para construir a empresa e chamando a atenção para que os valores corporativos sejam devidamente praticados no dia-a-dia. Nos seus principais rituais organizacionais, a empresa contrata bufê, música e faz um reconhecimento em público aos funcionários que se destacaram por sua determinação em atingir metas ou pela iniciativa de fazer algo que tenha inovado seu trabalho ou trazido retornos para a empresa. Executivos discursam enaltecendo a cultura da empresa, material impresso é distribuído relatando as conquistas de alguns colaboradores que vivenciaram os valores corporativos. Sempre há menção a resultados alcançados e as pessoas são exortadas ao cumprimento de metas. Os melhores funcionários são premiados. As pessoas sentem que estão participando ativamente da materialização do futuro.

Os horários de trabalho são flexíveis, mas com freqüência as pessoas extrapolam a sua carga horária, voluntariamente. A AES gerencia tão bem a sua cultura que existe um sentimento comum em todos os funcionários de que cada um deles está disposto a sacrificar a sua vida pessoal em prol da empresa.

No Brasil, quando a AES assumiu o controle acionário de uma empresa desmembrada da CEEE, e passou a operar como AES Sul, imediatamente foram colocados em ação os mecanismos de gerenciamento da cultura. Num primeiro momento, foram identificadas algumas pessoas competentes e com potencial que pertenciam à antiga CEEE. Em seguida, a empresa foi buscar no mercado os melhores talentos, que foram catequizados mediante deslocamentos seguidos, ao Brasil, dos mitos/heróis. O endomarketing foi colocado a serviço da cultura e as pessoas passaram a fazer parte de um intenso processo de aculturamento. Paralelamente, foram estipuladas metas ambiciosas de crescimento e retorno financeiro, e a empresa montou uma estrutura organizacional compatível com as suas necessidades e expectativas. As pessoas integrantes da nova equipe não tardaram a se entusiasmar e a apresentar uma elevada devoção à empresa; ao contrário, o grosso dos funcionários da antiga cultura da CEEE mostrou-se apático e rapidamente passou para a contracultura.

Auto-suficiente e orgulhosa, a cultura corporativa da AES acreditou que o melhor caminho seria impor os seus valores e o seu modo de ser aos remanescentes da antiga cultura CEEE. Ao não identificar ou avaliar devidamente as nuances da cultura da empresa que havia adquirido, perdeu a oportunidade de gerenciar de forma efetiva a transição de uma cultura para outra. O preço desse erro foi pago com um desastroso choque de culturas, que durante um período drenou as energias organizacionais. A força motriz organizacional da AES — crescimento/lucro — bateu de frente com a respectiva força motriz da antiga CEEE, que era capacidade de produção/tecnologia. No dia-a-dia, também começou a ocorrer um surdo e duro embate entre duas ideologias centrais muito diferentes. De um lado, a nova cultura exigia a prática da justiça e da responsabilidade social, de outro, os ranços da cultura corporativista dispunham, do vício de utilizar a companhia em proveito dos empregados, mesmo que em detrimento do lucro ou da própria sociedade.

Na cultura da antiga CEEE, havia uma série de benefícios que não pertenciam — nem em sonho — à cultura da AES. Contudo, por força da legislação que regulamentou o processo de privatização de empresas estatais, a AES Sul tinha de honrar a concessão desses benefícios, até a aposentadoria dos funcionários egressos da antiga CEEE. As duas culturas se mostravam tão diferentes e discrepantes em vários aspectos que os esforços da AES Sul para cooptar culturalmente os antigos funcionários da CEEE redundavam num fortalecimento da resistência passiva. Os desajustes e os contratempos avolumavam-se. Os valores corporativos da AES, quase religiosos, depreciavam-se com telefonemas anônimos dando conta de que funcionários estariam cobrando propina para efetuarem determinados tipos de serviço. Os investimentos em equipamentos e em treinamento também eram solapados pelo aumento da demora no atendimento, na morosidade dos processos e no alongamento das filas de reclamações de clientes. Não demorou para que os movimentos desse choque de culturas fossem registrados no balanço da AES Sul, cujos números ingressaram no vermelho.

Foi dado, então, o alerta máximo. Do ponto de vista financeiro, a situação era insustentável. Fiel aos seus princípios, Dennis Bakke deslocou-se de Arlington, nos Estados Unidos, e fez questão de se reunir com os funcionários da AES Sul. Diante de uma atenta platéia, ele mostrou com transparência os números da empresa, no Brasil, e assegurou que os investidores internacionais — principal fonte de recursos da AES, em todo o mundo — não aceitariam a continuidade do déficit financeiro. A única saída, segundo ele, era enxugar a estrutura organizacional e de custos e desacelerar o programa de expansão. Evidentemente, isso implicava reduzir o quadro de funcionários, demitindo certo número de pessoas, que não tinha estabilidade assegurada, bem entendido. Houve choro, convulsões e ranger de dentes. Mas a decisão, embora traumática, foi seguida à risca. Não há como negar, contudo, que no rito de demissão, a cultura corporativa da AES soube ser digna e coerente. Nas palavras de um alto executivo que foi demitido na ocasião: "foi uma sensação brutal de perda. Mas eu entendi a situação. Em momento algum culpei a empresa. Hoje, decorridos dois anos da minha saída, minha alma ainda está lá. Se pudesse, eu retornaria...".

Discussão

1. Qual o papel de Dennis Bakke e Roger Sant na liderança do processo de revaloração da cultura da AES? Para fundamentar sua resposta, exemplifique com trechos do próprio caso.
2. Você acredita que a cultura corporativa da AES contribuiu para que a empresa viesse a se tornar uma das maiores do mundo no ramo da energia elétrica? Por quê?
3. Em termos de revaloração da cultura corporativa, o que poderia ter sido feito para evitar — ou pelo menos para minimizar — o choque ocorrido entre as culturas das duas empresas?
4. A análise do caso permite concluir que houve etnocentrismo por parte da AES? Quais são as evidências?

A construção da cultura corporativa de alto desempenho agrega valor à empresa e atende aos interesses dos acionistas, pode alavancar não somente os negócios e os lucros da organização, como também multiplicar o seu valor de mercado. Nesse sentido, observa-se certa tendência dos líderes máximos das corporações em envolverem-se ativamente no processo de revaloração da cultura das suas empresas. O exemplo mais significativo é proporcionado pela General Electric, que, sob a liderança de Jack Welch, promoveu uma revolução cultural que a situou dentre as mais rentáveis empresas globalizadas. O papel decisivo do líder na revaloração da cultura também transparece em diversos exemplos históricos — e em outros de caráter empresarial —, demonstrando que uma mudança profunda somente pode ser alcançada mediante a atuação de uma liderança eficaz.

Existem diferenças fundamentais entre *gerenciar* a cultura e *liderar* a mudança e a revaloração da cultura corporativa. Gerenciar pressupõe colocar ordem e dar certo sentido ao presente e ao futuro próximo, ao passo que liderar é sonhar com o futuro mais distante, construir uma visão compartilhada da principal meta da empresa e estimular as pessoas a materializar esse futuro, de forma voluntária e espontânea. O gerenciamento da cultura e a liderança da mudança complementam-se. Aos diversos executivos da empresa cabem as atividades de ativação e de gerenciamento cotidiano dos mecanismos básicos e avançados da revaloração da cultura; ao líder máximo da organização compete formular a visão de futuro e compartilhá-la com seus liderados, instituindo um senso de urgência quanto às mudanças. Em última instância, a liderança que ocupa cargos na alta administração pode ser avaliada pelo sucesso — ou pelo insucesso — no cumprimento da sua responsabilidade em dotar a empresa de uma cultura de alto desempenho.

Em face das exigências do macroambiente empresarial, cada vez mais complexo e internacionalizado, nos últimos anos tem-se verificado um grande número de fusões, de aquisições de empresas e de formação de *joint ventures*. Essas transações requerem o aculturamento de empresas, carecendo de um processo planejado de transição e de revaloração da cultura. Caso o aculturamento de empresas colonizadas seja feito sem uma programação satisfatória, podem ocorrer sérios transtornos advindos de choques de culturas organizacionais. Quando a ideologia central e a força motriz organizacional de duas empresas são semelhantes, há grande possibilidade de a fusão, a aquisição ou a *joint venture* dar certo. Mas quando existem discrepâncias profundas entre esses elementos, há sérios riscos de desacertos culturais e da geração de contracultura organizacional. O choque de culturas drena as energias organizacionais e, não raro, origina percalços operacionais e inflige perdas à empresa detentora do controle acionário.

Muito embora não haja um único melhor caminho para o processo planejado de aculturamento e de revaloração da cultura de empresas colonizadas, uma boa iniciativa é fazer com que os funcionários dessas empresas analisem a cultura da sua organização de origem, em *workshops* estruturados especificamente para esse fim. Identificando e analisando a cultura de suas empresas, eles podem compará-las com a cultura corporativa da empresa financeiramente majoritária, vislumbrando o *gap* entre as culturas. Ato contínuo, esses funcionários podem ser estimulados a formular um plano de ação para reduzir as diferenças culturais, mediante ativação dos mecanismos básicos e avançados de revaloração da cultura corporativa. Parte-se, assim, da premissa de que as pessoas mudam e evoluem quando participam de algo, comprometendo-se com a sua mudança.

GLOSSÁRIO / CONCEITOS-CHAVE

Aculturamento organizacional: situações e iniciativas que buscam inserir as pessoas de uma mesma organização no contexto de uma cultura dominante que prevalece em outra empresa.

Liderando a Revaloração da Cultura Corporativa **171**

Contracultura organizacional: grupos ou subgrupos que rejeitam o que a organização representa ou o que ela tenta conseguir. Oposição, geralmente dissimulada, aos valores dominantes e/ou à estrutura de poder da empresa. Pode surgir em épocas de tensão, no decorrer de grandes transformações na empresa. A existência de acentuada contracultura numa organização pode ser indício de degradação da sua cultura.

Cultura corporativa de alto desempenho: estágio evoluído da cultura organizacional de uma empresa, que norteia a ação das pessoas para a obtenção de resultados efetivos e contribui para que a organização consiga atingir, de forma continuada, níveis elevados de performance quanto à sua razão de existir, aos seus propósitos centrais e à satisfação das necessidades e das expectativas dos seus vários públicos.

Empresa colonizada: empresa adquirida por uma outra organização, que precisa ser aculturada. *Joint venture* constituída por duas ou mais empresas e que necessita ser conformada nos moldes da cultura corporativa dominante, detentora do controle acionário.

Etnocentrismo organizacional: tendência que as pessoas têm de ver a cultura da sua empresa como a única válida e a melhor, no confronto ou comparação com tipos de culturas diferenciadas prevalecentes em outras organizações.

Gerenciamento do processo de revaloração da cultura corporativa: alinhamento das ações gerenciais com a visão de futuro formulada e compartilhada pelo líder máximo da organização. Ativação, pelos diversos executivos da empresa, dos mecanismos básicos e avançados de revaloração da cultura corporativa.

Liderança do processo de revaloração da cultura corporativa: ação efetiva do líder máximo da organização. Sonhar com um futuro próspero e desafiante para a organização, compartilhar a sua visão e estimular e mobilizar as pessoas para que, voluntariamente, venham a realizá-la. Instituir um senso de urgência para as mudanças e delegar as tarefas de gerenciamento da cultura. Monitorar a continuidade do processo de revaloração da cultura e celebrar os resultados à medida que forem alcançados.

Mecanismos avançados de revaloração da cultura corporativa: instrumentos que as organizações normalmente empregam para obter um alto nível de devoção e estimular o orgulho das pessoas por pertencerem a algo maior; entre eles, estão: (1) a reaprendizagem organizacional; (2) a gestão de talentos; (3) a cidadania corporativa; e (4) o modelo de gestão participativa.

Mecanismos básicos de revaloração da cultura corporativa: instrumentos que as organizações normalmente empregam para gerir de forma planejada sua cultura organizacional. A gestão da cultura corporativa de alto desempenho oferece a possibilidade de equilíbrio entre uma cultura forte/densa e ao mesmo tempo flexível/adaptativa. Tal processo requer um gerenciamento efetivo e constante, que depende da correta ativação de diversos mecanismos, como os rituais organizacionais, as ações de endomarketing, a matriz de indicadores e de valores e outros.

Revaloração qualitativa da cultura organizacional: mudança planejada de um sistema de valores sedimentado ao longo do tempo. Modificação da percepção das pessoas que atuam na mesma organização. Revalorar qualitativamente significa olhar a mesma coisa com outros olhos — mudar a percepção sobre algo, ver um novo sentido num mesmo valor cultural ou otimizar o potencial de alto desempenho da cultura por meio da internalização de um novo valor.

Rituais organizacionais: eventos coletivos que congregam pessoas que compartilham os mesmos valores culturais. A cultura corporativa de alto desempenho pode ser modelada por meio dos rituais organizacionais, que podem constituir-se nos portais mágicos de acesso ao convencionalmente inatingível; por meio deles, a força do coletivo pode arrebatar os indivíduos, inflamando-os pelo discurso, inebriando-os pela música repleta de significado e fazendo seus espíritos vibrar, com uma corrente contínua de fervor, entusiasmo e determinação.

DA SUA EMPRESA

Analise a cultura da sua empresa, ou de uma organização na qual você tenha atuado, e responda às seguintes questões:

1. Caso a sua empresa viesse a ser colocada à venda, você acredita que a cultura que ela apresenta possa ser percebida, pelos potenciais compradores, como valiosa e atrativa? Por quê?

2. A cultura da sua empresa tem conseguido contribuir para que ela seja efetiva nas dimensões organizacionais de produzir *mais* (volume, escala de produção), *melhor* (qualidade), *mais barato* (custos menores) e *mais rapidamente* (agilidade operacional)?

3. Na hipótese de a sua organização adquirir outra empresa, quais os procedimentos que você recomendaria para aculturar satisfatoriamente a empresa colonizada?

4. Se houver a possibilidade de ser efetuada a revaloração da cultura da sua empresa, de forma planejada, quais as distinções que você faria entre as atividades de gerenciamento da mudança e a função da liderança do processo de revaloração?

Leitura Recomendada

COLLINS, James; PORRAS, Jerry. *Feitas para durar*: práticas bem-sucedidas de empresas visionárias. Rio de Janeiro: Rocco, 1999.

KOTTER, John. *Afinal, o que fazem os líderes?* Rio de Janeiro: Campus, 2000.

_____; HESKETT, James. *A cultura corporativa e o desempenho empresarial*. São Paulo: Makron, 1994.

WELCH, Jack. *Jack definitivo*: segredos do executivo do século. Rio de Janeiro: Campus, 2001.

REFERÊNCIAS BIBLIOGRÁFICAS

AGUIRRE, A. *Los rituales de la empresa*. Barcelona: Perspectivas de Gestión (2), 1996.

ANGELONI, M. T. (Org.). *Organizações do conhecimento*: infra-estrutura, pessoas e tecnologias. São Paulo: Saraiva, 2002.

BARDWICK, J. *Perigo na zona de conforto*. São Paulo: Pioneira, 1998.

BENNIS, W. (Org.). *Leaders and leadership*. Boston: Harvard Business Review Book, 1992.

BERRY, L. *Serviços de marketing*: competindo através da qualidade. São Paulo: Maltese, 1992.

BROWN, J. In: SENGE, P. et al. *A quinta disciplina*: caderno de campo. Rio de Janeiro: Qualitymark, 1999.

BRUM, A. M. *Endomarketing como estratégia de gestão*. Porto Alegre: L&PM, 1998.

CALLIGARIS, C. *Hello Brasil!*: notas de um psicanalista europeu viajando ao Brasil. São Paulo: Escuta, 1992.

CARAVANTES, G. R. *Administração por objetivos*. 3. ed. Porto Alegre: FDRH, 1984.

CERQUEIRA, W. *Endomarketing*. Rio de Janeiro: Qualitymark, 1994.

CLONINGER, S. *Teorias da personalidade*. São Paulo: Martins Fontes, 1999.

COLLINS, J.; PORRAS, J. *Feitas para durar*. Rio de Janeiro: Rocco, 1999.

COUVRE, M. L. M. *A formação e a ideologia do administrador de empresas*. Petrópolis: Vozes, 1982.

COVEY, S. R. *The seven habits of highly effective people*. New York: Simon & Schuster, 1989.

DA MATTA, R. *O que faz o Brasil, Brasil?* Rio de Janeiro: Rocco, 1986.

DAVENPORT, T. H.; PRUSAK, L. *Conhecimento empresarial*. Rio de Janeiro: Campus, 1998.

DRUCKER, P. *Uma era de descontinuidade*. Rio de Janeiro: Zahar, 1975.

_____. *Reminiscências*: de Viena ao Novo Mundo. São Paulo: Pioneira, 1982.

FADIMAN, J.; FRAGER, R. *Teorias da personalidade*. São Paulo: Harbra, 1986.

GOETHE, J. W. *Viagem à Itália (1786-1788)*. São Paulo: Cia. das Letras, 1999.

GOFFMAN, E. *Manicômios, prisões e conventos*. São Paulo: Perspectiva, 1990.

GOLEMAN, D. *Trabalhando com a inteligência emocional*. Rio de Janeiro: Objetiva, 1999.

GREIDER, W. *O mundo na corda bamba*. São Paulo: Geração Editorial, 1998.

HANDY, C. *Os deuses da administração*. São Paulo: Saraiva, 1994.

JOHANN, M. E. P. *Endomarketing*. (Apostila de curso do MBA da Fundação Getulio Vargas.) Rio de Janeiro: FGV Management, 2001.

JOHANN, S. L. *Gestão de pessoas*: aspectos gerenciais. (Apostila de curso do MBA da Fundação Getulio Vargas.) Rio de Janeiro: FGV Management, 2001.

_____. *O modelo brasileiro de gestão organizacional*. 2. ed. São Leopoldo: Ed. Unisinos, 1998.

JUNG, C. G. *Estudos sobre psicologia analítica*. Petrópolis: Vozes, 1981. v. VII

KOHLRAUSCH, M. *Leve sua empresa ao primeiro lugar*. São Paulo: Ed. Gente, 1996.

KOTTAK, C. P. *Una exploración de la diversidad humana*. Madrid: McGraw-Hill, 1994.

KOTTER, J. P.; HESKETT, J. L. *A cultura corporativa e o desempenho empresarial*. São Paulo: Makron, 1994.

LACOMBE, Francisco; HEILBORN, Gilberto. *Administração*: princípios e tendências. São Paulo: Saraiva, 2003.

LIKERT, R. *New patterns of management*. New York: McGraw-Hill, 1961.

LODI, J. B. *A empresa familiar*. São Paulo: Pioneira, 1978.

McLAGAN, P.; NEL, C. *A nova era da participação*. Rio de Janeiro: Campus, 2000.

MEISTER, J. C. *Educação corporativa*: a gestão do capital intelectual através das universidades corporativas. São Paulo: Makron, 1999.

MINARELLI, J. *A empregabilidade*: o caminho das pedras. São Paulo: Ed. Gente, 1995.

MORGAN, G. *Imagens da organização*. São Paulo: Atlas, 1996.

MUNNÉ, F. *Entre el indivíduo y la sociedad*: marcos y teorías actuales sobre el comportamento interpessoal. Barcelona: PPU, 1993.

_____. Las teorías de la complejidad y las ciencias del comportamento. *Revista Interamericana de Psicología*, 1995, 29, 1, p. 1-12.

OLIVEIRA, J. B.; CHADWICK, C. *Tecnologia educacional*. Petrópolis: Vozes, 1984.

PETERS, T. *O círculo da inovação*. São Paulo: Harbra, 1998.

ROBBINS, Stephen. *Administração*: mudanças e perspectivas. São Paulo: Saraiva, 2000.

ROESCH, S. *Projetos de estágio e de pesquisa em administração*. São Paulo: Atlas, 1999.

SCHEIN, E. *Psicologia organizacional*. Rio de Janeiro: Prentice-Hall, 1982.

SENGE, P. *A quinta disciplina*. São Paulo: Ed. Best Seller, 1990.

Referências Bibliográficas **175**

_____. *A dança das mudanças*: o desafio de manter o crescimento e o sucesso em organizações que aprendem. Rio de Janeiro: Campus, 1999.

SLATER, Robert. *Jack Welch and the GE way*: management insights and leadership secrets of the legendary CEO. New York: McGraw-Hill, 1999.

STEVENS, Anthony. *Jung* — vida e pensamento. Petrópolis: Vozes, 1993.

TERRA, J. C. C. *Gestão do conhecimento*: o grande desafio empresarial. São Paulo: Negócio, 2000.

THIOLLENT, M. *Pesquisa-ação nas organizações*. São Paulo: Atlas, 1997.

TREGOE, B.; ZIMMERMANN, J. *A estratégia da alta gerência*. Rio de Janeiro: Zahar, 1984.

VÁZQUEZ, M. S. *El clima en las organizaciones*. Barcelona: EUB, 1996.

VERGARA, S. C. *Gestão de pessoas*. São Paulo: Atlas, 1999.

_____. *Projetos e relatórios de pesquisa em administração*. São Paulo: Atlas, 1998.

WAGNER III, J.; HOLLENBECK, J. *Comportamento organizacional*: criando vantagem competitiva. São Paulo: Saraiva, 1999.

WHITE, L. A. *The evolution of culture*: the development of civilization to the fall of Rome. New York: McGraw-Hill, 1959.

ZWEIG, S. *Momentos decisivos da humanidade*. São Paulo: Record, 1999.

ÍNDICE REMISSIVO

A

aculturamento organizacional, 170
adhocracias, 32
adjacentes, 43
Administração e a complexidade, 27
administração participativa, 116
agilidade na mudança, 43
alto desempenho, 97

alvos, 78
ambientes estáveis, 30
análise dialética, 34
antropologia, 26
Applied Energy Service — AES, 165-168
aprender a aprender, 33, 34

B

balanced scorecard, 64, 78, 101, 138
  quinta perspectiva do, 121-124
balanço social, 112, 138

banners, 77, 96, 146
benchmarking, 4, 105, 121, 156
benefícios aos funcionários, 112
business man, 49

C

cachorros amestrados, 151
Caixa Econômica Federal, 50-52
camadas, 27
case, 62
chairman, 152
Chairman's Innovation Award, 162
chão de fábrica, 31
chief executive office — CEO, 150
cibernética, 33
ciclo de vida organizacional, 32
classificação das empresas, 164-165
clima organizacional, pesquisa-ação,
  64, 66-68, 97, 125
coach, 34, 49, 57
comunicação, 76
comunidade, 115

contracultura organizacional, 10-11,
  22, 171
contratos psicológicos, 32, 36, 44-45,
  53, 145
  corporativos, exemplos, 44
  negativos, exemplos, 44-45
  neutros, 45
  positivos, exemplos, 44
contribuintes, 13
corporação, 2
  modo de ser, 161
corporativa
  cidadania, 111-113, 125, 138
  educação, 111
criatura organizacional, 30
cultura, 10

corporativa, 22
  adaptativa, 4
  administrando nas fusões e aquisições, 156-160
  ancoragem das mudanças na, 106-107, 127
  ativação dos sensores externos da, 105-106
  constructo, 27
  da *Applied Energy Service*-AES, 165-168
  e o alto desempenho, 1-23, 97, 126, 138, 171
  estrutura da, 25-54
    objetivos, 25
  estudos sobre, 4-8
  flexível, 4
  fundamentos da, 10-11
  gerenciamento e liderança da, 160
  gerenciar a, 9
  mecanismos básicos de gerenciamento, 63-64, 98
  núcleo da, 59-60
  revaloração da, 55-99
  rituais, 87-88
  valores adjacentes, 60

de devoção, 7
densa, 10-11
diferenças entre, 26
elementos disfuncionais da, 5
fossilizada, 47-48
gestor da, 21
material, 10
não-material, 10
organizacional, 6, 8, 22
  adaptativa, 42
  arautos da nova, 119-121
  de alto desempenho, 22
  densa, 22, 42
  flexibilização, 56
  gestão da, 8
  revaloração qualitativa, 53, 98, 139, 171
popular, 12-14
vencedora, 5
cultural
  DNA, 11
  força, 4
  legado, 15-17
  modelagem, 9
  retardamento, 10
  vácuo, 12-14

D

desafios e riscos, 39
desempenho, 108
  empresarial, 4-8
  no ambiente corporativo, 131
desimportância, 9
diferenças transculturais, 35
diferentes percepções, 65
dimensão

externa, 48
interna, 48
dirigismo centralizador, 114
disfunções, 30
downsizing, 4, 79, 127
dupla moral brasileira, 13
durmódromo, 62

E

e-business, 156
educação corporativa, 107, 111

efeito *Orloff*, 13
efetividade, 111

Índice Remissivo

organizacional, 112-113, 128
social, 128
eficácia, 111
eficiência, 111
elementos disfuncionais da cultura, 5
empowerment, 49, 57, 75, 137
emprego, 78
quantidade mantida pela empresa, 113
empresas
colonizadas, 171
de comparação, 6

egocêntricas, 34
públicas, 12-14
visionárias, 6
endomarketing, 65, 76-78, 79, 82, 90, 97, 125
Engineering News Records-ENR, 134
equipes matriciais, 106
estado da arte, 103
ética, 158
etnocentrismo organizacional, 171
excitement, 48
expertise, 142

F

face repugnante, 31
falsa democracia, 70
feedback, 32, 42, 68, 73, 95, 156
ferramenta de gestão, 8
feudos, 5
filosofia de trabalho, 153
círculo dos negócios corporativos, 153-154
empresa
A+, 154
sem fronteiras, 153
enfrentar a realidade, 153
faça algo, 153
número um, número dois, 153
fluxo e transformação, 34
focus groups, 8

folders, 77, 112
fomento das bases da cultura de alto desempenho, 80
força motriz
capacidade de produção/tecnologia, 40
crescimento/lucro, 41
identificação da, 49
método de vendas/distribuição/logística, 40
necessidades do mercado, 40
organizacional, 39-42, 53
produtos oferecidos, 40
formação de sucessores e liderança, 76
fun, 74, 166
fusões, problemas nas, 42

G

gaps, 72, 159
gerenciamento, 8
da cultura, 169
de carreira, 39
gerentes treinados, 7
gestão
da cultura organizacional, 8

desimportância estratégica, 9
de talentos, 108, 125, 138
participativa, 114, 125, 130, 139
simbólica, 60
ambiente físico e artefatos, 61
histórias, 60
ícones, 61

jargão compartilhado, 61
tabus, 60-61
visão e valores da empresa, 61

gestor de mudança, 72-73, 75
grupo de controle, 6

H

happy hour, 163
herói
  na ideologia central, 46-47

organizacional, 11-15
revitalizador, 22, 76
housekeeping, 163

I

iceberg organizacional, 29
ideologia
  central, 36-39, 53
    discrepante, 158
  nacionalista, 38
idioletos, 76
imagem
  institucional, 81-82
  organizacional, 29
impostos recolhidos, 112
imprinting, 133
inconsciente coletivo organizacional, 29

inovação, 39
inputs, 32
insights, 74
instrumentos de dominação, 31
integridade, 158
interação, 26
internalização de padrões comportamentais, 83-84
investimento
  com retorno, 6
  na comunidade, 113
  no meio ambiente, 113

J

J. Welch, 119-121
job rotation, 34, 44
jogos de poder, 12, 31

joint ventures, 141, 157, 158, 170
Jung, 28

K

know-how, 40, 59, 135, 142

L

layout, 101, 117
learning
  organization, 104

system, 107
liderança, hiatos de, 76
lucro, 50

M

mais-valia, 31, 34
  intelectual, 130

materialização, 9
matriz de indicadores, 121-127

Índice Remissivo

mecanismo, 29
  de revaloração, 58
método, 8
mito
  figura do, 11-14, 16
  idéias do, 12
  identificação do, 14-15
  influência do, 46-47
  organizacional, 22-23
modelagem
  da nova cultura, 58
  participativa ou democrática, 115
modelo

participativo, 130
patriarcal, 30
modelos
  mentais, 10, 22
  sociais, 58, 71, 89, 98
    atributos desejáveis, 73-75
    construção dos, 72-73
    gestores como, 126
modismo, 4
modus operandi, 36
mudança, liderar a, 169
mundo dos vivos, 43

N

novos valores adjacentes, 53, 54
  compartilhamento da ideologia central e dos, 79-80
  corporativos, 47
  dificuldades na absorção de, 47-48

internalização de, 42-43, 47
núcleo, preservar o, 7
  cultura de devoção, 7
  gerentes treinados, 7

O

objeto, 8
Odebrecht, 131-135
ombudsman, 40
organicidade, 32
organizacional
  aculturamento, 170
  ciclo de vida, 32
  clima, 64, 66-68, 97, 125
  contracultura, 10-11, 22, 171
  criatura, 30
  cultura, 8
  etnocentrismo, 171
  herói, 11-15

iceberg, 29
inconsciente coletivo, 29
mito, 22-23
reaprendizagem, 103-105, 125, 127, 139
ritual, 139, 172
self, 28, 29, 32, 36, 42, 45, 52-53, 59, 157, 158
vida, 31
organizações podem reviver, 57
outputs, 32
overtime, 44

P

padrões comportamentais, 90-91, 98, 125
pensar com
  a cabeça, 2

o coração, 2
perspectivas e indicadores básicos, 122
  aprendizado e crescimento, 122

clientes/mercado, 122
financeira/acionista/negócios, 122
processos internos/operações, 122
pertencência, 2
pesquisa
    da Harvard Business School, 4
    da Stanford University, 6
    nas empresas que operam no Bra-
    sil, 7-8
pesquisa-ação, 64, 66, 86-87, 98
    aplicação e coleta, 68
    designação de equipes matriciais, 68
    divulgação dos resultados/plano de
    ação, 68
    escolha do padrinho, 67
    instrumento de coleta de dados, 67
    montagem do instrumento, 67
    objetivos/dimensões da pesquisa, 67
    população alvo/amostra, 67
    preparação das chefias/coleta de

sugestões, 67
tabulação/tratamento estatístico, 68
portfólio de executivos, 108
    montagem do, 108-111
potencial, 108
premissas da produção, 156
    mais barato e mais rápido, 156
    mais e melhor, 156
princípio holográfico, 33
prisões psíquicas, 30
processo de revaloração, 48
progresso, estimular o, 7
    metas audaciosas, 7
    nunca é suficiente, 7
    tentativa de estratégias, 7
psicologia do direito adquirido, 43
Psicologia Social, 26
público
    de fora, 78
    interno, 78-79

Q

Quarter Century Club, 162

quinta perspectiva, 124

R

R. Semler, 119-121
ranking, 156
realidade social, 34-35
reaprendizagem organizacional, 103-
105, 125, 127,139
redundância de funções, 34
reengenharia, 79
religião corporativa, 2
replacement, 79
responsabilidade social, 38
ressignificação dos valores culturais, 57
reuniões, 69-70
revaloração da cultura corporativa, 55-
99, 123, 139
    exemplos clássicos, 145-150
    gerenciamento do processo de, 171

liderando a, 141-172
mecanismos
    avançados de, 101-140
    básicos de, 171
    modelo conceptual, 57
    na General Eletric, 150-156
    portfólio para, 109
    visão sistêmica da, 56-57
riscos para a alta direção, 65
ritos de
    comemoração/integração, 87
    passagem, 87
    reforço, 87
ritual
    corporativo, 68-69, 87-88, 98, 126
    organizacional, 139, 172

S

sabedoria convencional, 39
salários e remuneração, 112
seis sigmas, 4, 156
self
  conformações do, 29-35
  individual, 28
  organizacional, 28, 29, 32, 36, 42,
    45, 52-53, 59, 157, 158
self-made man, 19
sensibilização, 58
senso de humor, 74
sensores externos, 105
sinais culturais, 69
Sistema Brasileiro de Televisão — SBT,

17-20
sistema de aprendizagem, 107
sistemas políticos, 30-31
social
  realidade, 34-35
  responsabilidade, 38
sociedades organizacionais, 35
Sociologia e os papéis, 26
staff, 161
status quo, 160
subculturas, 10-11, 23
subordinados, 2
superiores, 2

T

talentos
  atração, retenção e doutrinamento
    de, 80
teoria
  de Skinner, 85
  dos traços de personalidade, 73

T-group, 150
top down, 58, 115, 137, 145
trabalho, 78
trainees, 78
treinamento de gerentes, 7

U

untermenshen, 147

Usiminas, 91-94

V

valor de mercado, 156
valores
  adjacentes, 54, 98, 139
  culturais, 54
    ressignificação dos, 57

  obsolescência planejada de, 57
valores-chaves, 26
vício cultural, 71
vida organizacional, 31
visão de mundo, 16

W

workouts, 155, 156

workshops, 41, 58, 94, 106, 149, 159, 170

Z

zona de
  conforto, 43

  sombras, 5, 28, 29-35, 36, 45-46